KB145310

한국환경공단

FINAL 실전 최종모의고사

+ 무료NCS특강

SD에듀
(주)시대고시기획

PREFACE

머리말

한국환경공단은 2023년 상반기에 신입직원을 채용할 예정이다. 채용절차는 「서류전형 → 필기전형 → 면접전형 → 최종합격자 발표 → 신체검사 및 결격사유 조회」 순서로 진행된다. 입사지원서 불성실 작성자를 제외하고 서류전형 점수를 평가하여 고득점자 순으로 채용인원의 10배수 이내를 선발하여 필기시험 응시기회를 부여한다. 필기시험은 인성검사, 직업기초능력평가, 직무수행능력평가를 진행한다. 그중 직업기초능력평가는 모든 직렬에서 의사소통능력, 수리능력, 문제해결능력, 조직이해능력 총 4영역을 평가하고, 직무수행능력평가는 일반직 6급에 한해 직무별 전공과목을 평가한다. 필기전형의 경우 각 과목 만점의 40% 이상 득점자 중 총점 고득점자 순으로 직렬별 채용인원의 2～3배수 이내만 통과되므로 필기전형 합격을 위해서는 모든 영역에서 고득점을 하는 것이 중요하다.

한국환경공단 필기전형 합격을 위해 SD에듀에서는 한국환경공단 판매량 1위의 출간경험을 토대로 다음과 같은 특징을 가진 도서를 출간하였다.

도서의 특징

❶ 합격으로 이끌 가이드를 통한 채용 흐름 파악!

- 한국환경공단 소개를 수록하여 채용 흐름을 파악하는 데 도움이 될 수 있도록 하였다.

❷ 최종모의고사로 완벽한 실전 대비!

- 철저한 분석을 통해 실제 유형과 유사한 NCS 최종모의고사를 수록하여 자신의 실력을 최종 점검할 수 있도록 하였다.

❸ 다양한 콘텐츠로 최종 합격까지!

- 온라인 모의고사와 AI면접 응시 쿠폰을 무료로 제공하여 채용 전반을 대비할 수 있도록 하였다.

끝으로 본 도서를 통해 한국환경공단 채용을 준비하는 모든 수험생 여러분이 합격의 기쁨을 누리기를 진심으로 기원한다.

NCS직무능력연구소 씀

한국환경공단

Always **with you**

사람의 인연은 길에서 우연하게 만나거나
함께 살아가는 것만을 의미하지는 않습니다.
책을 펴내는 출판사와 그 책을 읽는 독자의 만남도 소중한 인연입니다.
SD에듀는 항상 독자의 마음을 헤아리기 위해 노력하고 있습니다.
늘 독자와 함께하겠습니다.

합격의 공식 SD에듀

자격증 • 공무원 • 금융/보험 • 면허증 • 언어/외국어 • 검정고시/독학사 • 기업체/취업
이 시대의 모든 합격! SD에듀에서 합격하세요!
www.youtube.com → SD에듀 → 구독

한국환경공단 이야기

미션

지속가능한 미래, 함께 누리는 환경

비전

탄소중립시대를 선도하는 글로벌 환경 전문기관

핵심가치

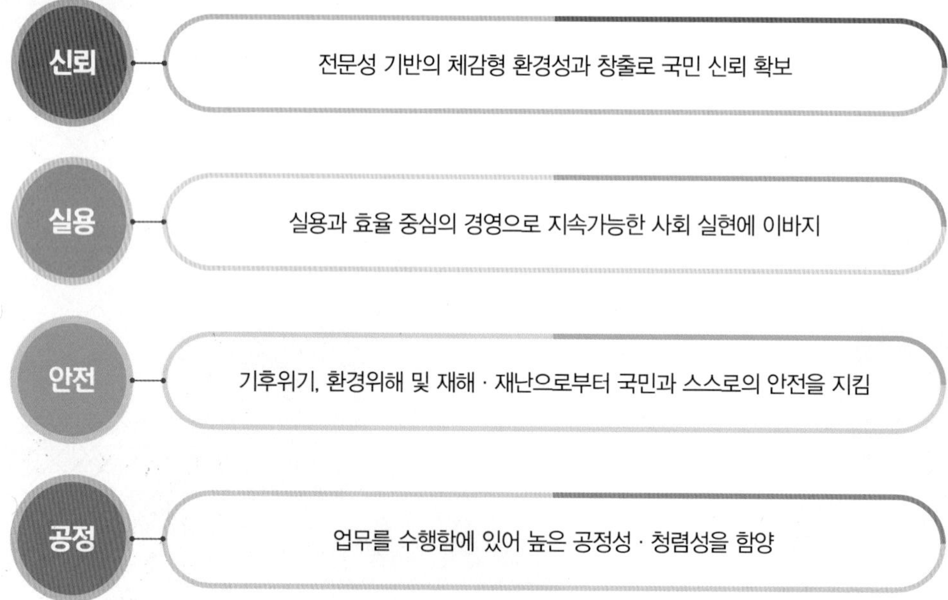

전형절차

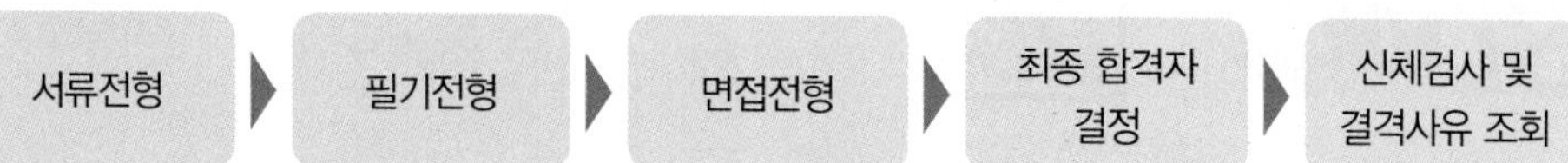

지원자격

❶ 학력, 성별, 연령 제한 없음(단, 임용 예정 일자 기준으로 공단 정년 만 60세 미만인 자)
❷ 임용예정일로부터 즉시 업무 가능자
❸ 남자의 경우, 병역필 또는 병역 면제자
❹ 공사 인사규정 제16조에 따른 결격 사유가 없는 자

한국환경공단 인사규정 제16조(결격사유)

1. 피성년후견인 또는 피한정후견인
2. 파산자로서 복권되지 아니한 자
3. 금고 이상의 실형을 받고 그 집행이 종료되거나 집행을 받지 아니하기로 확정된 후 5년이 지나지 아니한 자
4. 금고 이상의 형을 선고받고 그 집행유예 기간이 끝난 날부터 2년이 지나지 아니한 자
5. 금고 이상의 형의 선고유예를 받은 경우에는 그 선고유예기간 중에 있는 자
6. 법률 또는 법원의 판결에 의하여 자격이 상실 또는 정지된 자

6의 2. 「성폭력범죄의 처벌 등에 관한 특례법」 제2조에 규정된 죄를 범한사람으로서 100만 원 이상의 벌금형을 선고받고 그 형이 확정된 후 3년이 지나지 아니한 자

6의 3. 미성년자에 대한 다음 각 목의 어느 하나에 해당하는 죄를 저질러 파면 · 해임되거나 형 또는 치료감호를 선고받아 그 형 또는 치료감호가 확정된 자(집행유예를 선고받은 후 그 집행유예기간이 경과한 자를 포함한다)
가. 「성폭력범죄의 처벌 등에 관한 특례법」 제2조에 따른 성폭력범죄
나. 「아동 · 청소년의 성보호에 관한 법률」 제2조 제2호에 따른 아동 · 청소년대상 성범죄

7. 징계로 파면처분을 받은 때부터 5년이 지나지 아니한 자
8. 징계로 해임처분을 받은 때부터 3년이 지나지 아니한 자
9. 병역법에 의한 병역의무를 기피중인 자
10. 「부패방지 및 국민권익위원회의 설치와 운영에 관한 법률」 제82조에 따른 비위면직자 등의 취업제한 적용을 받는 자
11. 다른 공공기관에서 부정한 방법으로 채용된 사실이 적발되어 채용이 취소된 자

필기전형

구분	시험과목	문항 수	반영 비율	배점	소요시간
일반직 6급	인성검사	378	적/부	–	1교시 : 60분
	직업기초능력평가	50	50%	50점	2교시 : 60분
	직무수행능력평가	40	50%	50점	3교시 : 50분
일반직 8급, 공무직	인성검사	378	적/부	–	1교시 : 60분
	직업기초능력평가	50	100%	100점	2교시 : 60분

▶ **일반직 6급** : 인성검사 적합자 중 직업기초능력평가, 직무수행능력평가 각 과목 만점의 4할 이상(가점 제외) 득점자 중 총점(가점 포함) 고득점자 순으로 직렬별 채용예정인원의 2 ~ 3배수 이내 선발

▶ **일반직 8급, 공무직** : 인성검사 적합자 중 직업기초능력평가 점수 만점의 4할 이상(가점 제외) 득점자 중 총점(가점 포함) 고득점자 순으로 직렬별 채용예정인원의 2 ~ 3배수 이내 선발

❖ 위 채용안내는 2022년 상반기 채용공고를 기준으로 작성하였으므로 세부내용은 반드시 확정된 채용공고를 확인하시기 바랍니다.

NCS란 무엇인가?

국가직무능력표준(NCS; National Competency Standards)

산업현장에서 직무 수행에 요구되는 능력(지식, 기술, 태도 등)을 국가가 산업 부문별, 수준별로 체계화한 설명서

직무능력

직무능력 = 직업기초능력 + 직무수행능력

▶ 직업기초능력 : 직업인으로서 기본적으로 갖추어야 할 공통 능력

▶ 직무수행능력 : 해당 직무를 수행하는 데 필요한 역량(지식, 기술, 태도)

NCS의 필요성

❶ 산업현장과 기업에서 인적자원관리 및 개발의 어려움과 비효율성이 발생하는 대표적 요인으로 산업 전반의 '기준' 부재에 주목함

❷ 직업교육훈련과 자격이 연계되지 않은 상태로 산업현장에서 요구하는 직무수행능력과 괴리되어 실시됨에 따라 인적자원개발과 개인의 경력개발에 비효율적이며 효과성이 부족하다는 비판을 받음

❸ NCS를 통해 인재육성의 핵심 인프라를 구축하고, 산업장면의 HR 전반에서 비효율성을 해소하여 경쟁력을 향상시키는 노력이 필요함

NCS = 직무능력 체계화 + 산업현장에서 HR 개발, 관리의 표준 적용

NCS 분류

▶ 일터 중심의 체계적인 NCS 개발과 산업현장 전문가의 직종구조 분석결과를 반영하기 위해 산업현장 직무를 한국고용직업분류(KECO)에 부합하게 분류함

▶ 2022년 기준 : 대분류(24개), 중분류(81개), 소분류(269개), 세분류(1,064개)

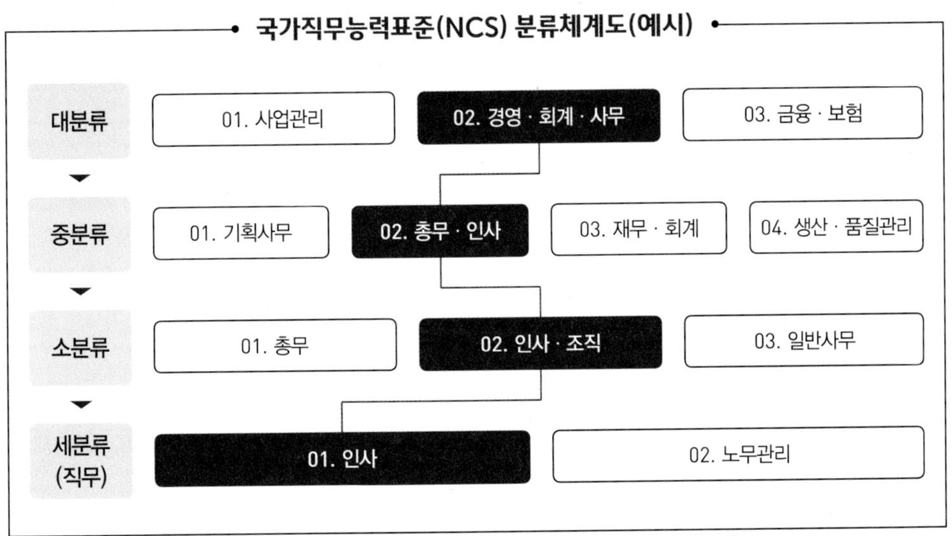

직업기초능력 영역

모든 직업인들에게 공통적으로 요구되는 기본적인 능력 10가지

❶ **의사소통능력** : 타인의 생각을 파악하고, 자신의 생각을 정확하게 쓰거나 말하는 능력

❷ **수리능력** : 사칙연산, 통계, 확률의 의미를 정확하게 이해하는 능력

❸ **문제해결능력** : 문제를 창조적이고 논리적인 사고를 통해 올바르게 인식하고 해결하는 능력

❹ **자기개발능력** : 스스로 관리하고 개발하는 능력

❺ **자원관리능력** : 자원이 얼마나 필요한지 파악하고 계획하여 업무 수행에 할당하는 능력

❻ **대인관계능력** : 사람들과 문제를 일으키지 않고 원만하게 지내는 능력

❼ **정보능력** : 정보를 수집, 분석, 조직, 관리하여 컴퓨터를 사용해 적절히 활용하는 능력

❽ **기술능력** : 도구, 장치를 포함하여 필요한 기술에 대해 이해하고 업무 수행에 적용하는 능력

❾ **조직이해능력** : 국제적인 추세를 포함하여 조직의 체제와 경영에 대해 이해하는 능력

❿ **직업윤리** : 원만한 직업생활을 위해 필요한 태도, 매너, 올바른 직업관

NCS 구성

능력단위

▶ 직무는 국가직무능력표준 분류의 세분류를 의미하고, 원칙상 세분류 단위에서 표준이 개발됨

▶ 능력단위는 국가직무능력표준 분류의 하위단위로, 국가직무능력 표준의 기본 구성요소에 해당되며 능력단위 요소(수행준거, 지식 · 기술 · 태도), 적용범위 및 작업상황, 평가지침, 직업기초능력으로 구성됨

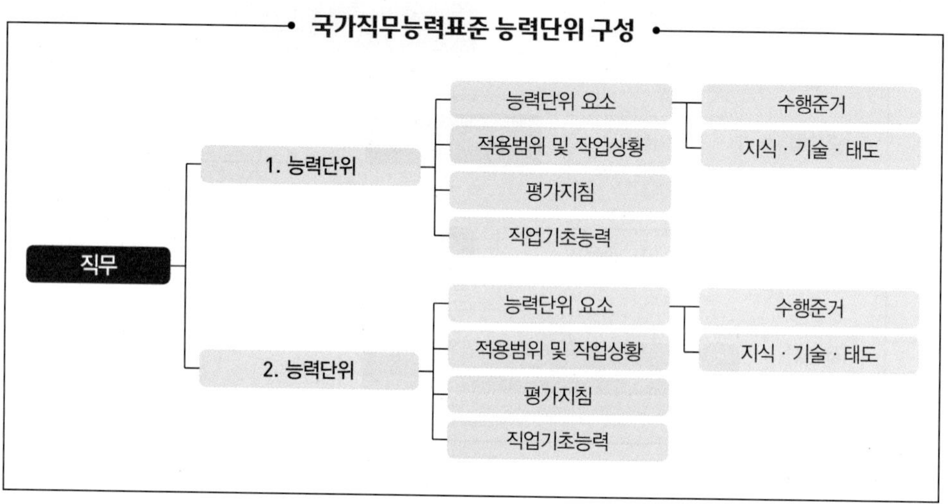

NCS의 활용

활동 유형	활용범위
채용 (블라인드 채용)	채용 단계에 NCS를 활용하여 NCS 매핑 및 직무분석을 통한 공정한 채용 프로세스 구축 및 직무 중심의 블라인드 채용 실현
재직자 훈련 (근로자 능력개발 지원)	NCS 활용 패키지의 '평생경력개발경로' 기반 사내 경력개발경로와 수준별 교육훈련 이수체계도 개발을 통한 현장직무 중심의 재직자 훈련 실시
배치 · 승진	현장직무 중심의 훈련체계와 배치 · 승진 · 체크리스트를 활용한 근로자 배치 · 승진으로 직급별 인재에 관한 회사의 기대와 역량 간 불일치 해소
임금 (직무급 도입)	NCS 기반 직무분석을 바탕으로 기존 관리직 · 연공급 중심의 임금체계를 직무급(직능급) 구조로 전환

합격을 위한 체크 리스트

시험 전 CHECK LIST

D-1

체크	리스트
☐	수험표를 출력하고 자신의 수험번호를 확인하였는가?
☐	수험표나 공지사항에 안내된 입실 시간 및 유의사항을 확인하였는가?
☐	신분증을 준비하였는가?
☐	컴퓨터용 사인펜 · 수정테이프 · 여분의 필기구를 준비하였는가?
☐	시험시간에 늦지 않도록 알람을 설정해 놓았는가?
☐	고사장 위치를 파악하고 교통편을 확인하였는가?
☐	고사장에서 볼 수 있는 자료집을 준비하였는가?
☐	인성검사에 대비하여 지원한 공사 · 공단의 인재상을 확인하였는가?
☐	확인 체크표의 × 표시한 문제를 한 번 더 확인하였는가?
☐	자신이 취약한 영역을 두 번 이상 학습하였는가?
☐	도서의 모의고사를 통해 자신의 실력을 확인하였는가?

시험 유의사항

D-DAY

체크	리스트
☐	시험 전 화장실을 미리 가야 한다.
☐	통신기기(휴대폰, 태플릿PC, 무선호출기, 스마트워치, 스마트밴드, 블루투스 이어폰 등)를 가방에 넣어야 한다.
☐	휴대폰의 전원을 꺼야 한다.
☐	시험 종료 후 시험지와 답안지는 제출해야 한다.

시험 후 CHECK LIST

D+1

체크	리스트
☐	필기시험 후기를 작성하였는가?
☐	상하의와 구두를 포함한 면접복장이 준비되었는가?
☐	지원한 직무의 직무분석을 하였는가?
☐	단정한 헤어와 손톱 등 용모관리를 깔끔하게 하였는가?
☐	자신의 자소서를 다시 한 번 읽어보았는가?
☐	1분 자기소개를 준비하였는가?
☐	도서 내의 면접 기출 질문을 확인하였는가?
☐	자신이 지원한 직무의 최신 이슈를 정리하였는가?

주요 공기업 적중 문제

한국환경공단

평균, 분산 구하기 유형

45 마케팅 부서 팀장은 자신의 부서 팀원들의 최종 업무수행능력 점수를 가지고 평균, 분산, 표준편차를 구하려고 한다. 다음 중 순서대로 바르게 나열한 것은?

	평균	분산	표준편차
①	70	92.5	$\sqrt{92.5}$
②	75	93.5	$\sqrt{93.5}$
③	76	90.5	$\sqrt{90.5}$
④	77	90.5	$\sqrt{90.5}$
⑤	77	90.8	$\sqrt{90.8}$

SWOT 분석 키워드

46 다음은 자동차부품 제조업종인 A사의 SWOT 분석에 대한 내용이다. 대응 전략으로 적절하지 않은 것을 모두 고른 것은?

〈SWOT 분석〉

Strength(강점요인)	Weakness(약점요인)
• 현재 가동 가능한 해외 공장 다수 보유 • 다양한 해외 거래처와 장기간 거래	• 전염병 예방 차원에서의 국내 공장 가동률 저조 • 노조의 복지 확대요구 지속으로 인한 파업 위기
Opportunities(기회요인)	**Threats(위협요인)**
• 일부 국내 자동차부품 제조업체들의 폐업 • 국책은행의 부채 만기 연장 승인	• 전염병으로 인해 중국으로의 부품 수출 통제 • 필리핀 제조사들의 국내 진출

〈대응 전략〉

외부환경 \ 내부환경	Strength(강점)	Weakness(약점)
Opportunities (기회요인)	㉠ 국내 자동차부품 제조업체 폐업으로 인한 내수공급량 부족분을 해외 공장에서 공급	㉡ 노조의 복지 확대 요구를 수용하여 생산성을 증대시킴
Threats (위협요인)	㉢ 해외 공장 가동률 확대를 통한 국내 공장 생산량 감소분 상쇄	㉣ 국내 공장 가동률을 향상시키며 전염병을 예방할 수 있는 방안을 탐색하여, 국내생산을 늘려 필리핀 제조사의 국내 진출 견제

① ㉠, ㉡
② ㉠, ㉢
③ ㉡, ㉢
④ ㉡, ㉣
⑤ ㉢, ㉣

코레일 한국철도공사

공공재 키워드

02 다음 글에서 추론할 수 있는 것은?

> 많은 재화나 서비스는 경합성과 배제성을 지닌 '사유재'이다. 여기서 경합성이란 한 사람이 어떤 재화나 서비스를 소비하면 다른 사람의 소비를 제한하는 특성을 의미하며, 배제성이란 공급자에게 대가를 지불하지 않으면 그 재화를 소비하지 못하는 특성을 의미한다. 반면 '공공재'란 사유재와는 반대로 비경합적이면서도 비배제적인 특성을 가진 재화나 서비스를 말한다.
>
> 그러나 우리 주위에서는 이렇듯 순수한 사유재나 공공재와는 또 다른 특성을 지닌 재화나 서비스도 많이 찾아볼 수 있다. 예를 들어 영화 관람이라는 소비 행위는 비경합적이지만 배제가 가능하다. 왜냐하면 영화는 사람들과 동시에 즐길 수 있으나 대가를 지불하지 않고서는 영화관에 입장할 수 없기 때문이다. 마찬가지로 케이블 TV를 즐기기 위해서는 시청료를 지불해야 한다.
>
> 비배제적이지만 경합적인 재화들도 찾아낼 수 있다. 예를 들어 출퇴근 시간대의 무료 도로를 생각해 보자. 자가용으로 집을 출발해서 직장에 도달하는 동안 도로에 진입하는 데에 요금을 지불하지 않으므로 도로의 소비는 비배제적이다. 하지만 출퇴근 시간대의 체증이 심한 도로는 내가 그 도로에 존재함으로 인해서 다른 사람의 소비를 제한하게 된다. 따라서 출퇴근 시간대의 도로 사용은 경합적인 성격을 갖는다. 이러한 내용을 표로 정리하면 다음과 같다.
>
> | 배제성 / 경합성 | 배제적 | 비배제적 |
> |---|---|---|
> | 경합적 | a | b |
> | 비경합적 | c | d |

① 체증이 심한 유료 도로 이용은 a에 해당한다.
② 케이블 TV 시청은 b에 해당한다.
③ 사먹는 아이스크림과 같은 사유재는 b에 해당한다.

한국전력공사

참, 거짓 논증 유형

2022년 적중

23 A, B, C, D, E 5명에게 지난 달 핸드폰 통화 요금이 가장 많이 나온 사람을 1위에서 5위까지 그 순위를 추측하라고 하였더니 각자 예상하는 두 사람의 순위를 다음과 같이 대답하였다. 각자 예상한 순위 중 하나는 참이고, 다른 하나는 거짓이다. 이들의 대답으로 판단할 때 실제 핸드폰 통화 요금이 가장 많이 나온 사람은?

> A : D가 두 번째이고, 내가 세 번째이다.
> B : 내가 가장 많이 나왔고, C가 두 번째로 많이 나왔다.
> C : 내가 세 번째이고, B가 제일 적게 나왔다.
> D : 내가 두 번째이고, E가 네 번째이다.
> E : A가 가장 많이 나왔고, 내가 네 번째이다.

① A
② B
③ C
④ D
⑤ E

국민건강보험공단

환율 적용한 금액 계산 유형

30 A씨는 무역회사에 재직하고 있으며, 해외 출장을 자주 다닌다. 최근 무역계약을 위해 홍콩에 방문할 계획이 잡혔다. A씨는 여러 나라를 다니면서 사용하고 남은 화폐를 모아 홍콩달러로 환전하고자 한다. 다음 자료를 토대로 했을 때 A씨가 받을 수 있는 금액은 얼마인가?(단, 환전에 따른 기타 수수료는 발생하지 않는다)

[은행상담내용]
A씨 : 제가 가지고 있는 외화들을 환전해서 홍콩달러로 받고 싶은데요. 절차가 어떻게 진행되나요?
행원 : A고객님. 외화를 다른 외화로 환전하실 경우에는 먼저 외화를 원화로 환전한 뒤, 다시 원하시는 나라의 외화로 환전해야 합니다. 그렇게 진행할까요?
A씨 : 네. 그렇게 해주세요. 제가 가지고 있는 외화는 미화 $1,000, 유로화 €500, 위안화 ¥10,000, 엔화 ¥5,000입니다. 홍콩달러로 얼마나 될까요?

〈환율 전광판〉

통화명	매매 기준율	현찰		송금	
		살 때	팔 때	보낼 때	받을 때
미국 USD	1,211.60	1,232.80	1,190.40	1,223.40	1,199.80
유럽연합 EUR	1,326.52	1,356.91	1,300.13	1,339.78	1,313.26
중국 CNY	185.15	198.11	175.90	187.00	183.30

서울교통공사 9호선

멤버십 유형별 특징(소외형, 순응형) 키워드

32 다음은 멤버십 유형별 특징을 정리한 자료이다. 다음 자료를 참고하여 각 유형의 멤버십을 가진 사원에 대한 리더의 대처방안으로 가장 적절한 것은?

〈멤버십 유형별 특징〉

소외형	순응형
• 조직에서 자신을 인정해주지 않음 • 적절한 보상이 없음 • 업무 진행에 있어 불공정하고 문제가 있음	• 기존 질서를 따르는 것이 중요하다고 생각함 • 리더의 의견을 거스르는 것은 어려운 일임 • 획일적인 태도와 행동에 익숙함
실무형	**수동형**
• 조직에서 규정준수를 강조함 • 명령과 계획을 빈번하게 변경함	• 조직이 나의 아이디어를 원치 않음 • 노력과 공헌을 해도 아무 소용이 없음 • 리더는 항상 자기 마음대로 함

① 소외형 사원은 팀에 협조하는 경우에 적절한 보상을 주도록 한다.
② 소외형 사원은 팀을 위해 업무에서 배제시킨다.
③ 순응형 사원에 대해서는 조직을 위해 순응적인 모습을 계속 권장한다.
④ 실무형 사원에 대해서는 징계를 통해 규정준수를 강조한다.
⑤ 수동형 사원에 대해서는 의견 존중을 통해 자신감을 가지도록 한다.

합격후기

합격 선배들이 알려주는

한국환경공단 필기시험 합격기

서두르지 말고 한 단계씩 차근차근

안녕하세요. 저는 한국환경공단 합격생입니다. 서울로 필기시험을 보러 올라갔던게 엊그제 같은데 합격하고 발령을 기다리고 있다는 사실에 감개가 무량합니다. 먼저 저의 공부 방법에 대해 소개해 보도록 하겠습니다.

처음 공부를 시작할 때에는 정보가 부족하여 막막했습니다. NCS가 무엇인지도 몰랐고 어떤 책으로 공부해야 좋은지도 몰라서 인터넷을 마구 뒤졌던 기억이 납니다. 그러던 도중 다른 공기업에 합격한 친구가 준 SD에듀 문제집을 선물 받아 NCS공부를 시작하였고 공부하다 보니 책의 구성과 문제가 만족스러워서 한국환경공단 기본서를 추가로 구매하였습니다.

SD에듀 도서에는 여러 공기업의 최신 기출복원문제가 수록되어 있어서 좋았습니다. 환경공단뿐만 아니라 다른 공기업 문제도 풀 수 있어서 다양한 문제 스타일을 풀어 볼 수 있었기 때문입니다. 또한 기본서에는 여러 유형들이 자세히 설명되어 있고 그에 맞는 예상문제까지 수록되어 있어 문제 유형을 익히는 데 큰 도움이 되었습니다. 그리고 실제 시험에 적응하기 위해 시간을 재며 최종점검 모의고사를 풀었던 덕분에 필기시험에 합격할 수 있었다고 생각합니다.

필기전형 합격 후 면접을 준비할 때에는 SD에듀 기본서 뒤쪽에 있는 면접 자료들을 많이 활용했습니다. 예상 문제들을 보면서 답변하는 연습을 했고 면접 스터디에 들어가서 스터디원들과 피드백을 주고받았습니다. 또한 기본서 앞쪽에 있는 뉴스&이슈의 기사를 참고하여 면접에 나올만한 이슈에 대해 생각하고 고민하는 시간을 가졌던 것이 실제 면접장에서 상당한 도움이 되었습니다.

시험을 준비했던 사람으로서 수험생들의 불안하고 조급한 마음을 십분 이해합니다. 그러나 그럴 때일수록 서두르지 말고 한 단계씩 차근차근 준비하는 것이 중요합니다. 한국환경공단을 준비하는 수험생 여러분들의 합격을 기원합니다. 감사합니다.

❖ 본 독자 후기는 실제 SD에듀의 도서를 통해 공부하여 합격한 독자들께서 보내주신 후기를 재구성한 것입니다.

도서 200% 활용하기

최종모의고사 + OMR을 활용한 실전 연습

한국환경공단 신입직원 필기시험

제1회 모의고사

문항 수 : 50문항
시험시간 : 60분

※ 아래의 글을 읽고 물음에 답하시오. [1~2]

• 김대리 : 개발팀에서 지난주에 신제품 개발을 완료했다고 들었습니다.
• 박사원 : 네, 맞습니다. 개발이 완료되어서 제품 생산을 진행하고 있습니다. 근데 제품의 기능이 워낙 다양하기 때문에 소비자들이 사용하는 데 있어 어려움이 있지 않을까 우려되기도 합니다.
• 김대리 : 처음 사용하는 데 있어 다소 어려움을 겪을 것 같긴 합니다. 안 그래도 김사원이 제품 관련 상세자료를 넘겨줄 것으로 알고 있습니다. 아까 말씀하신 우려사항을 팀원들과 논의해서 문서를 작성해보겠습니다.
• 박사원 : 네, 알겠습니다.

01 김대리와 박사원의 대화 내용을 미루어 보았을 때, 김대리가 작성해야 하는 문서의 종류는 무엇인가?

① 공문서 ② 설명서
③ 기획서 ④ 기안서
⑤ 보고서

02 김대리…

한국환경공단 최종모의고사 답안카드

성 명 / 지원 분야 / 문제지 형별기재란 ( )형 Ⓐ Ⓑ / 수 험 번 호 / 감독위원 확인 (인)

※ 본 답안지는 마킹연습용 모의 답안지입니다.

• NCS 최종모의고사와 OMR 답안카드를 수록하여 실제로 시험을 보는 것처럼 최종 마무리 연습을 할 수 있도록 하였다.
• 모바일 OMR 답안채점 / 성적분석 서비스를 통해 필기전형에 완벽히 대비할 수 있도록 하였다.

상세한 해설로 정답과 오답을 완벽하게 이해

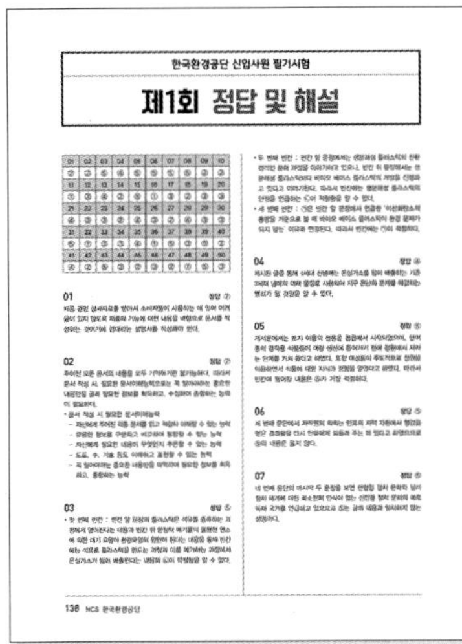

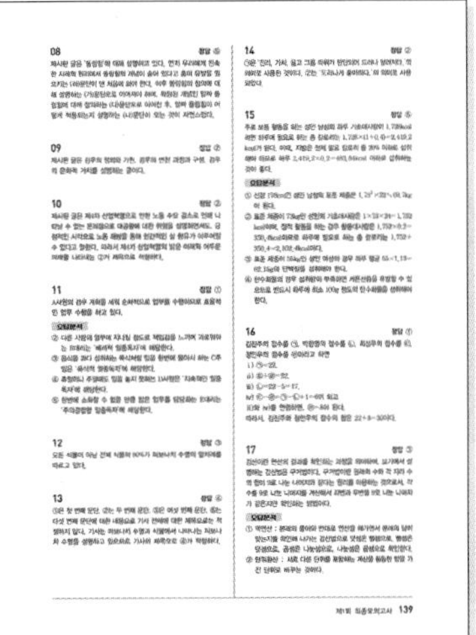

• 정답과 오답에 대한 상세한 해설을 수록하여 혼자서도 학습할 수 있도록 하였다.

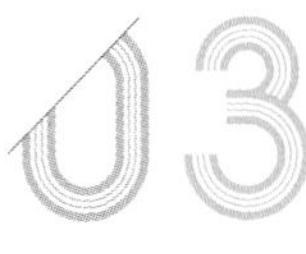

학습플래너로 효율적인 시간 관리

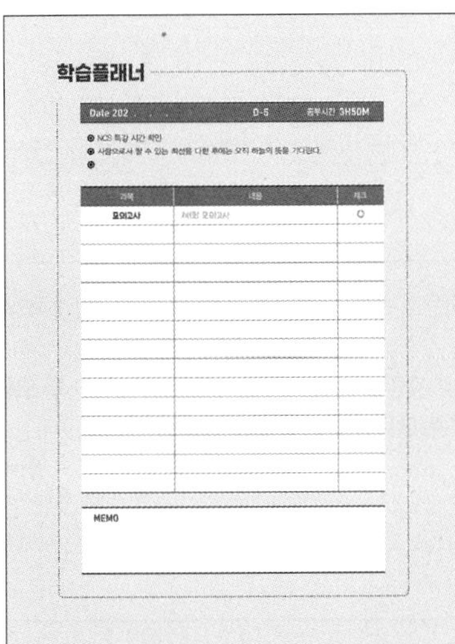

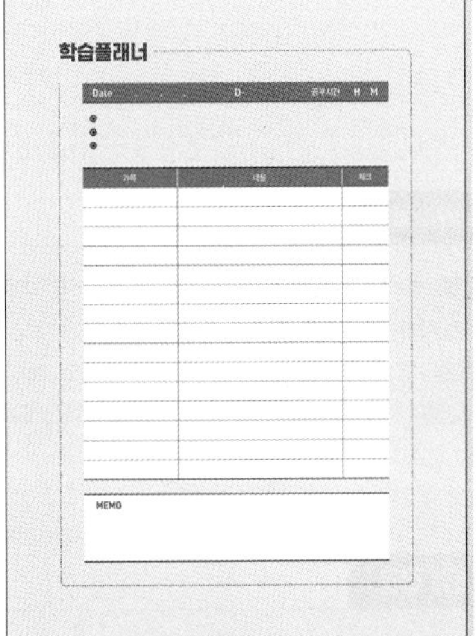

• 학습플래너를 수록하여 본인의 일정에 맞추어 집중적으로 공부할 수 있도록 하였다.

뉴스&이슈

한국환경공단,
'중소기업 규제혁신 대상' 중소벤처기업부 장관상 수상

2022.12.23.(금)

한국환경공단(이사장 안병옥)은 「중소벤처기업부 중소기업 옴부즈만」에서 주최한 '2022 대한민국 중소기업 규제혁신 대상'에 "녹색인증 처리기간 단축"을 통한 중소기업 규제개선으로 '중소벤처기업부 장관 표창'을 19일 수상했다. 이번 행사는 규제혁신과 적극행정을 펼친 우수 공무원, 공공기관과 지역발전 등에 앞장선 중소 기업인들을 격려하기 위해 마련되었으며, 370여개 공공기관 중 16개 공공기관에서 중소벤처기업부 장관상을 수상했다.

중소벤처기업부 장관상을 수상한 「녹색인증 처리기간 단축」은 "중소기업 규제 개선"을 위한 발굴 과제로, 녹색기술 제품을 개발하는 중소기업의 가장 큰 걸림돌인 녹색인증(이의신청) 처리기간을 기존 90일에서 60일로 33%를 단축하는 고시개정을 통해 중소기업 규제를 개선하여 중소기업의 녹색기술제품 매출증가와 일자리 확대에도 크게 기여하게 되었다.

안병옥 한국환경공단 이사장은 "앞으로도 적극행정 통해 중소기업의 규제혁신 과제를 지속적으로 발굴하여 중소기업의 발전과 환경시설 발전 및 탄소중립 정책에 이바지 할 수 있도록 하겠다." 라고 밝혔다.

Keyword

녹색인증 : 기후 위기 대책과 녹색산업의 발전을 위한 '저탄소 녹색 성장 기본법'에 의거해 유망한 녹색기술 또는 사업을 인증 및 지원하는 제도를 말한다.

녹색기술 : 지구온난화와 같은 기후변화 문제와 에너지 및 자원 고갈에 대처하기 위해, 온실가스와 오염물질의 배출을 최소화하고 에너지와 자원을 효율적으로 사용할 수 있도록 하는 모든 친환경 기술을 의미한다.

예상 면접 질문

- 녹색기술에 대해 설명해 보고 녹색기술이 사회에 주는 영향에 대해 말해 보시오.
- 미래의 녹색기술의 발전방향과 변화에 대해 말해 보시오.

한국환경공단,
17개 광역지자체 탄소중립 지원

2022.12.09.(금)

환경부 산하 한국환경공단(이사장 안병옥)은 12월 8일 17개 광역 탄소중립 지원센터와 2050 탄소중립 지원 활성화를 위한 업무협약을 체결했다. 17개 광역 탄소중립지원센터는 지역의 탄소중립 · 녹색성장에 관한 계획의 수립 · 시행과 에너지 전환 촉진 등을 통한 탄소중립 사회로의 이행 등, 녹색성장 추진을 지원하기 위한 전담조직으로서 2022년 7월부터 우선적으로 설립 · 지정되어 운영되고 있다. 공단은 이번 업무협약을 계기로 지자체의 탄소중립 계획 수립 및 시행에 대한 진행현황과 개선의견을 공유하고, 분야별 탄소중립 구축모델과 온실가스 감축원단위, 지역의 탄소중립 정책 추진 역량 강화사업 발굴 · 확산 등에 상호 협력을 강화한다.

유승도 기후대기본부 본부장은 "이번 업무협약은 한국환경공단이 기후위기 대응을 위해 지자체 탄소중립을 지원하는 핵심기관으로서 향후 지자체 탄소중립 허브센터로 거듭나기 위한 초석이 될 것이다."라고 밝혔다.

Keyword

탄소중립 : 기업이나 개인이 발생시킨 이산화탄소 배출량만큼 이산화탄소 흡수량도 늘려 실질적인 이산화탄소 배출량을 0(Zero)으로 만드는 것이다.

녹색성장 : 환경과 성장 두 가지를 포괄하는 개념으로 기존의 경제성장 패러다임을 환경 친화적으로 전환하는 과정 중 파생되는 기술이나 산업에서 미래유망 품목을 발굴해내고 기존 산업과의 상호융합을 시도해 새로운 성장 동력을 창출하는 것을 말한다.

예상 면접 질문

- 탄소중립을 위해서 우리 공단은 어떤 노력을 할 수 있을지 말해 보시오.
- 녹색성장 사업을 추진할 때 가장 중요하게 고려해야 하는 부분이 무엇인지 말해 보시오.

뉴스&이슈

한국환경공단,
2022년 적극행정 우수사례로 국무총리상 수상

2022.11.25.(금)

한국환경공단(이사장 안병옥)은 인사혁신처 · 행정안전부 · 국무조정실이 공동으로 주관한 '2022년 적극행정 우수사례 경진대회'에서 '깨진 유리도 다시 보자!' 사례로 국무총리상을 24일 수상했다.

국무총리상을 수상한 '깨진 유리도 다시 보자!' 사례는 기존에 재활용 방법이 없어 버려지고 있던 혼색유리를 토목 · 건축자재로 재활용 할 수 있도록 제도적 기반을 마련하고, 새로운 시장을 발굴해 혼색 유리병 28천 톤(21 ~ 22. 6 기준) 재활용 및 온실가스를 저감하는 등 사업을 성공으로 이끈 사례다.

혼색유리는 백색 · 녹색 · 갈색 외 다양한 색상의 유리병 및 깨져서 색상이 혼합된 유리를 말한다. 그동안 혼색 유리병은 재활용실적으로 인정받기 위한 조사방법 및 세부 관리방안이 없었으나, 공단은 간담회, 현장조사, 연구용역 등을 통해 혼색 유리병의 실적조사 방법과 관리방안을 새롭게 만들고, 재활용 실적을 인정받을 수 있는 제도적 기반을 마련했다.

안병옥 한국환경공단 이사장은 "적극행정으로 추진된 공단 우수사례는 순환경제를 활성화하고 탄소중립에 기여하는 등, 지속가능한 새로운 재활용 산업을 발굴하고 정착시켰다는 데에 큰 의미가 있다."라며 "앞으로도 적극행정 추진 문화 확산을 통해 규제혁신 과제를 발굴하고 우수사례를 공유해 환경행정 발전 및 국민 생활 개선에 도움이 될 수 있도록 하겠다."라고 밝혔다.

Keyword

적극행정 : 공직자들이 공공의 이익을 위해 창의성과 전문성을 바탕으로 적극적으로 업무를 처리하는 행위를 말한다.

예상 면접 질문

- 우리 공단이 제공할 수 있는 적극행정에는 어떤 것들이 있을지 말해 보시오.
- 우리나라의 환경제도에 대해 설명하고 제도에 대한 자신의 생각을 말해 보시오.

한국환경공단,
유망녹색기업 보증지원 ESG경영 촉진

2022.09.02.(금)

환경부 산하 한국환경공단(이사장 안병옥)은 2일 SGI서울보증(대표이사 유광열)과 '한국환경공단 선정 유망 중소기업 보증지원 업무협약'을 체결했다. 이번 업무협약은 국내 영세 · 중소환경기업의 성장과 ESG경영 확산의 실질적인 지원을 위한 제도적 장치 마련을 위해 준비됐다.

업무협약을 통해 한국환경공단 녹색혁신 상생협력 및 스마트 생태공장 구축사업 대상으로 선정된 기업은 기업 보증한도 확대, 보험료 할인 등의 혜택을 받을 수 있다. 세부적으로는 기업 신용등급별로 최대 30억 원까지 보증한도가 확대되며, 이행보증보험 등의 보험료를 10% 할인 받을 수 있다.

안병옥 한국환경공단 이사장은 "이번 업무협약을 통해 녹색혁신 상생협력 및 스마트 생태공장 구축사업에 앞장선 우수 유망기업들에게 실질적인 도움을 줄 수 있길 기대한다."라며 "ESG경영 확산을 위한 공단의 사회적 책임 이행을 위해 더욱 노력하겠다."라고 말했다.

한편, 환경공단은 스마트생태공장 구축지원 사업 등 중소기업 경쟁력 강화를 위한 최근 3년간 101개소 977억 원 지원 및 성과 공유와 협력이익공유제도 등 기업 기술지원을 위한 제도를 함께 운영하고 있다. 지난 7월에는 법무법인(유)지평과 중소기업이 안정적인 경영여건 속에서 기업을 운영하고 성장할 수 있도록 '무료 법률서비스'를 지원하는 내용의 업무협약을 체결한 바 있다.

Keyword

ESG경영 : '환경(Environment) · 사회(Social) · 지배구조(Governance)'를 뜻하는 경영 패러다임으로 이윤추구라는 기존의 경영 패러다임 대신에 기업이 환경적, 사회적 책임을 다하고, 지배구조의 공정성을 목표로 '지속가능 경영'을 위해 노력하는 경영방식이다.

예상 면접 질문

- ESG경영에 대해 설명하고 우리 공단의 ESG경영을 위한 활동에 대해 말해 보시오.
- 녹색기업의 발전을 위해 어떠한 지원이 필요할 지에 대하여 말해 보시오.

CONTENTS

이 책의 차례

제1회 한국환경공단

NCS 직업기초능력평가

www.sdedu.co.kr

〈문항 및 시험시간〉

평가영역	문항 수	시험시간	모바일 OMR 답안채점 / 성적분석 서비스
의사소통+수리+문제해결+조직이해	50문항	60분	

한국환경공단 신입직원 필기시험

제1회 모의고사

문항 수 : 50문항
시험시간 : 60분

※ 아래의 글을 읽고 물음에 답하시오. [1~2]

- 김대리 : 개발팀에서 지난주에 신제품 개발을 완료했다고 들었습니다.
- 박사원 : 네, 맞습니다. 개발이 완료되어서 제품 생산을 진행하고 있습니다. 근데 제품의 기능이 워낙 다양하기 때문에 소비자들이 사용하는 데 있어 어려움이 있지 않을까 우려되기도 합니다.
- 김대리 : 처음 사용하는 데 있어 다소 어려움을 겪을 것 같긴 합니다. 안 그래도 김사원이 제품 관련 상세자료를 넘겨줄 것으로 알고 있습니다. 아까 말씀하신 우려사항을 팀원들과 논의해서 문서를 작성해보겠습니다.
- 박사원 : 네, 알겠습니다.

01 김대리와 박사원의 대화 내용을 미루어 보았을 때, 김대리가 작성해야 하는 문서의 종류는 무엇인가?

① 공문서
② 설명서
③ 기획서
④ 기안서
⑤ 보고서

02 김대리가 작성해야 할 문서 작성 시, 필요한 문서이해능력으로 적절하지 않은 것은?

① 자신에게 주어진 각종 문서를 읽고 이해할 수 있는 능력
② 문서의 이해한 내용을 기억하여 종합하는 능력
③ 도표, 수, 기호 등을 이해하고 표현할 수 있는 능력
④ 자신에게 필요한 내용이 무엇인지 추론할 수 있는 능력
⑤ 유용한 정보를 구분하고 비교하여 통합할 수 있는 능력

03 다음 글의 빈칸에 들어갈 문장을 〈보기〉에서 찾아 순서대로 나열한 것은?

우리가 사용하는 플라스틱은 석유를 증류하는 과정에서 얻어진 휘발유나 나프타를 기반으로 생산된다. (　　　　　　　　　　　) 특히 폐기물의 불완전 연소에 의한 대기 오염은 심각한 환경오염의 원인으로 대두되었다. 이로 인해 자연 분해가 거의 불가능한 난분해성 플라스틱 제품에 대한 정부의 규제가 강화되었고, 플라스틱 소재 분야에서도 환경 보존을 위한 노력을 하고 있다.
'바이오 플라스틱'은 옥수수, 사탕수수 등 식물체를 가공한 바이오매스를 원료로 만든 친환경 플라스틱이다. 바이오 플라스틱은 바이오매스 함유 정도에 따라, 바이오매스가 50% 이상인 '생분해성 플라스틱'과 25% 이상인 '바이오 베이스 플라스틱'으로 크게 구분된다. 생분해성 플라스틱은 일정한 조건에서 시간의 경과에 따라 완전 분해될 수 있는 플라스틱이고, 바이오 베이스 플라스틱은 바이오매스와 석유 화학 유래 물질 등을 이용하여 생산되는 플라스틱이다. 생분해성 플라스틱은 보통 3 ~ 6개월 정도의 빠른 기간에, 미생물에 의해 물과 이산화탄소 등으로 자연 분해된다. 분해 과정에서 다이옥신 등 유해 물질이 방출되지 않으며, 탄소 배출량도 적어 친환경적이다. (　　　　　　　　　　　) 이로 인해 생분해성보다는 이산화탄소 저감에 중점을 두고 있는 바이오 베이스 플라스틱의 개발이 빠르게 진행되고 있다. 바이오 베이스 플라스틱은 식물 유래의 원료와 일반 플라스틱 수지를 중합하거나 결합하는 방식으로 생산되지만, 이산화탄소의 총량을 기준으로 볼 때는 환경 문제가 되지 않는다. (　　　　　　　　　　　) 바이오매스 원료 중에서 가장 대표적인 것은 옥수수 전분이다. 그런데 최근에는 바이오매스 원료 중에서도 볏짚, 왕겨, 옥수숫대, 콩 껍질 등 비식용 부산물을 사용하는 기술이 발전하고 있다. 이는 지구상 곳곳에서 많은 사람들이 굶주리는 상황에서 제기된 비판이 있었기 때문이다.
바이오 베이스 플라스틱은 생분해성 플라스틱보다 내열성 및 가공성이 우수하고, 분해 기간 조절이 가능하기 때문에 비닐봉지와 음료수병, 식품 포장기는 물론 다양한 산업용품 개발에 활용되고 있다. 근래에는 전자 제품에서부터 건축 자재, 자동차용품까지 적용 분야가 확대되는 추세이다. 하지만 바이오매스와 배합되는 원료들이 완전히 분해되지는 않으므로, 바이오 베이스 플라스틱이 진정한 의미의 환경친화적 대체재라고 볼 수는 없다.

〈보기〉

㉠ 왜냐하면 플라스틱을 폐기할 때 화학 분해가 되어도 그 플라스틱의 식물성 원료가 이산화탄소를 흡수하며 성장했기 때문이다.
㉡ 하지만 내열성 및 가공성이 취약하고, 바이오매스의 가격이 비싸며, 생산 비용이 많이 드는 단점이 있다.
㉢ 그러나 석유로 플라스틱을 만드는 과정이나 소각 또는 매립하여 폐기하는 과정에서 유독 물질, 이산화탄소 등의 온실가스가 많이 배출된다.

① ㉠ – ㉡ – ㉢
② ㉠ – ㉢ – ㉡
③ ㉡ – ㉠ – ㉢
④ ㉢ – ㉠ – ㉡
⑤ ㉢ – ㉡ – ㉠

※ 다음 글의 빈칸에 들어갈 내용으로 가장 적절한 것을 고르시오. [4~5]

04

오존층 파괴의 주범인 프레온 가스로 대표되는 냉매는 그 피해를 감수하고도 사용할 수밖에 없는 필요악으로 인식되어 왔다. 지구 온난화 문제를 해결할 수 있는 대체 물질이 요구되는 이러한 상황에서 최근 이를 만족할 수 있는 4세대 신냉매가 새롭게 등장해 각광을 받고 있다. 그중 온실가스 배출량을 크게 줄인 대표적인 4세대 신냉매가 수소불화올레핀(HFO)계 냉매이다.

HFO는 기존 냉매에 비해 비싸고 불에 탈 수 있다는 단점이 있으나, 온실가스 배출이 거의 없고 에너지 효율성이 높은 장점이 있다. 이러한 장점으로 4세대 신냉매에 대한 관심이 최근 급격히 증가하고 있다. 지난 2003 ~ 2017년 중 냉매 관련 특허 출원 건수는 총 686건이었고, 온실가스 배출량을 크게 줄인 4세대 신냉매 관련 특허 출원들은 꾸준히 늘어나고 있다. 특히 2008년부터 HFO계 냉매를 포함한 출원 건수가 큰 폭으로 증가하면서 같은 기간의 HFO계 냉매 출원 비중이 65%까지 증가했다. 이러한 출원 경향은 국제 규제로 2008년부터 온실가스를 많이 배출하는 기존 3세대 냉매의 생산과 사용을 줄이면서 4세대 신냉매가 필수적으로 요구됐기 때문으로 분석된다.

냉매는 자동차, 냉장고, 에어컨 등 우리 생활 곳곳에 사용되는 물질로서 시장 규모가 대단히 크지만, 최근 환경 피해와 관련된 엄격한 국제 표준이 요구되고 있다. 우수한 친환경 냉매가 조속히 개발될 수 있도록 관련 특허 동향을 제공해야 할 것이며, 4세대 신냉매 개발은 (   )

① 인공지능 기술의 확장을 열게 될 것이다.
② 엄격한 환경 국제 표준을 약화시킬 것이다.
③ 또 다른 오존층 파괴의 원인으로 이어질 것이다.
④ 지구 온난화 문제 해결의 열쇠가 될 것이다.
⑤ 새로운 일자리 창출에 많은 도움이 될 것이다.

05

야생의 자연이라는 이상을 고집하는 자연 애호가들은 인류가 자연과 내밀하면서도 창조적인 관계를 맺었던 반(反) 야생의 자연, 즉 정원을 간과한다. 정원은 울타리를 통해 농경지보다 야생의 자연과 분명한 경계를 긋는다. 집약적 토지 이용의 전통은 정원에서 시작되었다. 정원은 대규모의 농경지 경작이 행해지지 않은 원시적인 문화에서도 발견된다. 만여 종의 경작용 식물들은 모두 대량 생산에 들어가기 전에 정원에서 자라는 단계를 거쳐 온 것으로 보인다.

농업경제의 역사에서 정원이 갖는 의미는 시대와 지역에 따라 매우 달랐다. 좁은 공간에서 집약적인 농사를 짓는 지역은 농부가 곧 정원사였다. 반면 예전의 독일 농부들은 정원이 곡물 경작에 사용될 퇴비를 앗아가므로 정원을 악으로 여기기도 했다. 하지만 여성들의 입장은 지역적인 편차가 없었다. 아메리카의 푸에블로 인디언부터 근대 독일의 농부 집안까지 정원은 농업 혁신에 주도적인 역할을 해온 여성들에게는 자신들의 제국이자 자존심이었다. 그곳에는 여성들이 경험을 통해 쌓은 전통 지식이 살아 있었다. 환경사에서 여성이 갖는 특별한 역할의 물질적 근간은 대부분 정원에서 발견되며, 특히 여성 제후들과 관련된 자료가 풍부하다. 작센의 여성 제후인 안나는 식물에 관한 지식을 공유하는 광범위한 사회적 네트워크를 가지고 있었는데 그중에는 식물 경제학에 관심이 깊은 고귀한 신분의 여성들도 많았으며 수도원 소속의 여성들도 있었다.

여성들이 정원에서 쌓은 경험의 특징은 무엇일까? 정원에서는 땅을 면밀히 살피고 손으로 흙을 부스러뜨리는 습관이 생겨났을 것이다. 정원에서 즐겨 이용되는 삽도 다양한 토질의 층을 자세히 연구하도록 부추겼을 것이 분명하다. 넓은 경작지보다는 정원에서 땅을 다룰 때 더 아끼고 보호했을 것이다. 정원이라는 매우 제한된 공간에는 옛날에도 충분한 퇴비를 줄 수 있었다. 경작지보다도 다양한 종류의 퇴비로 실험할 수 있었고 새로운 작물을 키우며 경험을 수집할 수 있었다. 정원에서는 좁은 공간에서 다양한 식물이 자라기 때문에 모든 종류의 식물들이 서로 잘 지내지는 않는다는 사실에도 주의를 기울였다. 이는 식물 생태학의 근간을 이루는 통찰이었다.

결론적으로 정원은 (   )

① 자연을 즐기고 자연과 교감할 수 있는 야생의 공간으로서 집안에 들여놓은 자연의 축소판이었다.
② 여성들이 자연을 통제하고자 하는 이룰 수 없는 욕구를 충족하기 위하여 인공적으로 구축한 공간이었다.
③ 경작용 식물들이 서로 잘 지낼 수 있도록 농경지를 구획하는 울타리를 헐어버림으로써 구축한 인위적 공간이었다.
④ 여성 제후들이 농부들의 경작 경험을 집대성하여 환경사의 근간을 이루는 식물 생태학의 기초를 다지는 공간이었다.
⑤ 여성들이 주도가 되어 토양과 식물을 이해하고 농경지 경작에 유용한 지식과 경험을 배양할 수 있는 좋은 장소였다.

※ 다음 글의 내용과 일치하지 않는 것을 고르시오. [6~7]

06

저작권은 저자의 권익을 보호함으로써 활발한 저작 활동을 촉진하여 인류의 문화 발전에 기여하기 위한 것이다. 그러나 이렇게 공적 이익을 추구하기 위한 저작권이 현실에서는 일반적으로 지나치게 사적 재산권을 행사하는 도구로 인식되고 있다. 저작물 이용자들의 권리를 보호하기 위해 마련한, 공익적 성격의 법조항도 법적 분쟁에서는 항상 사적 재산권의 논리에 밀려 왔다. 저작권 소유자 중심의 저작권 논리는 실제로 저작권이 담당해야 할 사회적 공유를 통한 문화 발전을 방해한다.

몇 해 전의 '애국가 저작권'에 대한 논란은 이러한 문제를 단적으로 보여준다. 저자 사후 50년 동안 적용되는 국내 저작권법에 따라, 애국가가 포함된 〈한국 환상곡〉의 저작권이 작곡가 안익태의 유족들에게 2015년까지 주어진다는 사실이 언론을 통해 알려진 것이다. 누구나 자유롭게 이용할 수 있는 국가(國歌)마저 공공재가 아닌 개인 소유라는 사실에 많은 사람들이 놀랐다. 창작은 백지 상태에서 완전히 새로운 것을 만드는 것이 아니라 저작자와 인류가 쌓은 지식 간의 상호 작용을 통해 이루어진다. '내가 남들보다 조금 더 멀리보고 있다면, 이는 내가 거인의 어깨 위에 올라서 있는 난쟁이이기 때문'이라는 뉴턴의 겸손은 바로 이를 말한다. 이렇듯 창작자의 저작물은 인류의 지적 자원에서 영감을 얻은 결과이다. 그러한 저작물을 다시 인류에게 되돌려주는 데 저작권의 의의가 있다. 이러한 생각은 이미 1960년대 프랑스 철학자들에 의해 형성되었다. 예컨대 기호학자인 바르트는 '저자의 죽음'을 거론하면서 저자가 만들어 내는 텍스트는 단지 인용의 조합일 뿐 어디에도 '오리지널'은 존재하지 않는다고 단언한다. 전자 복제 기술의 발전과 디지털 혁명은 정보나 자료의 공유가 지니는 의의를 잘 보여주고 있다. 인터넷과 같은 매체 환경의 변화는 원본을 무한히 복제하고 자유롭게 이용함으로써 누구나 창작의 주체로서 새로운 문화 창조에 기여할 수 있도록 돕는다. 인터넷 환경에서 이용자는 저작물을 자유롭게 교환할 뿐 아니라 수많은 사람들과 생각을 나눔으로써 새로운 창작물을 생산하고 있다. 이러한 상황은 저작권을 사적 재산권의 측면에서보다는 공익적 측면에서 바라볼 필요가 있음을 보여준다.

① 저작권 보호기간인 사후 50년이 지난 저작물은 누구나 자유롭게 이용할 수 있다.
② 공적 이익 추구를 위한 저작권이 사적 재산권 보호를 위한 도구로 전락하였다.
③ 창작은 이미 존재하는 지적 자원의 영향을 받아 이루어진다.
④ 매체 환경의 변화로 누구나 새로운 문화 창조에 기여할 수 있게 되었다.
⑤ 저작권의 의의는 전혀 새로운 문화를 창작한다는 데 있다.

07

어떤 사회 현상이 나타나는 경우 그러한 현상은 '제도'의 탓일까, 아니면 '문화'의 탓일까? 이 논쟁은 정치학을 비롯한 모든 사회과학에서 두루 다루는 주제이다. 정치학에서 제도주의자들은 보다 선진화된 사회를 만들기 위해서 제도의 정비가 중요하다고 주장한다. 하지만 문화주의자들은 실제적인 '운용의 묘'를 살리는 문화가 제도의 정비보다 중요하다고 주장한다.
문화주의자들은 문화를 가치, 신념, 인식 등의 총체로서 정치적 행동과 행위를 특정한 방향으로 움직여 일정한 행동 양식을 만들어내는 것으로 정의한다. 이러한 문화에 대한 정의를 바탕으로 이들은 국민이 정부에게 하는 정치적 요구인 투입과 정부가 생산하는 정책인 산출을 기반으로 정치 문화를 편협형, 신민형, 참여형의 세 가지로 유형화하였다.
편협형 정치 문화는 투입과 산출에 대한 개념이 모두 존재하지 않는 정치 문화이다. 투입이 없으며, 정부도 산출에 대한 개념이 없어서 적극적 참여자로서의 자아가 있을 수 없다. 사실상 정치 체계에 대한 인식이 국민들에게 존재할 수 없는 사회이다. 샤머니즘에 의한 신정 정치, 부족 또는 지역 사회 등 전통적인 원시 사회가 이에 해당한다.
다음으로 신민형 정치 문화는 투입이 존재하지 않으며, 적극적 참여자로서의 자아가 형성되지 못한 사회이다. 이런 상황에서 산출이 존재한다는 의미는 국민이 정부가 해주는 대로 받는다는 것을 의미한다. 이들 국민은 정부에 복종하는 성향이 강하다. 하지만 편협형 정치 문화와 달리 이들 국민은 정치 체계에 대한 최소한의 인식은 있는 상태이다. 일반적으로 독재 국가의 정치 체계가 이에 해당한다.
마지막으로 참여형 정치 문화는 국민들이 자신들의 요구 사항을 표출할 줄도 알고, 정부는 그러한 국민들의 요구에 응답하는 사회이다. 따라서 국민들은 적극적인 참여자로서의 자아가 형성되어 있으며, 그러한 적극적 참여자들로 형성된 정치 체계가 존재하는 사회이다. 이는 선진 민주주의 사회로서 현대의 바람직한 민주주의 사회상이다.
정치 문화 유형 연구는 어떤 사회가 민주주의를 제대로 구현하기 위해서 우선적으로 필요한 것이 무엇인가 하는 질문에 대한 답을 제시하고 있다. 문화주의자들은 국가를 특정 제도의 장단점에 의해서가 아니라 국가의 구성 요소들이 민주주의라는 보편적인 목적을 위해 얼마나 잘 기능하고 있는가를 기준으로 평가하고 있는 것이다.

① 문화주의자들은 정치문화를 편협형, 신민형, 참여형으로 나눈다.
② 편협형 정치 문화는 투입과 산출에 대한 개념이 없다.
③ 참여형 정치 문화는 국민과 정부가 소통하는 사회이다.
④ 신민형 정치 문화는 투입은 존재하지 않으며 산출은 존재하는 사회이다.
⑤ 독재 국가의 정치 체계는 편협형 정치 문화에 해당한다.

08 다음 (가) ~ (라) 문단을 논리적인 순서대로 바르게 배열한 것은?

(가) 물체의 회전 상태에 변화를 일으키는 힘의 효과를 돌림힘이라고 한다. 물체에 회전 운동을 일으키거나 물체의 회전 속도를 변화시키려면 물체에 힘을 가해야 한다. 같은 힘이라도 회전축으로부터 얼마나 멀리 떨어진 곳에 가해 주느냐에 따라 회전 상태의 변화 양상이 달라진다. 물체에 속한 점 X와 회전축을 최단 거리로 잇는 직선과 직각을 이루는 동시에 회전축과 직각을 이루도록 힘을 X에 가한다고 하자. 이때 물체에 작용하는 돌림힘의 크기는 회전축에서 X까지의 거리와 가해준 힘의 크기의 곱으로 표현되고 그 단위는 Nm(뉴턴미터)이다.

(나) 회전 속도의 변화는 물체에 알짜 돌림힘이 일을 해 주었을 때만 일어난다. 돌고 있는 팽이에 마찰력이 일으키는 돌림힘을 포함하여 어떤 돌림힘도 작용하지 않으면 팽이는 영원히 돈다. 일정한 형태의 물체에 일정한 크기와 방향의 알짜 돌림힘을 가하여 물체를 회전시키면, 알짜 돌림힘이 한 일은 알짜 돌림힘의 크기와 회전 각도의 곱이고 그 단위는 줄(J)이다. 알짜 돌림힘이 물체를 돌리려는 방향과 물체의 회전 방향이 일치하면 알짜 돌림힘이 양(+)의 일을 하고 그 방향이 서로 반대이면 음(−)의 일을 한다.

(다) 동일한 물체에 작용하는 두 돌림힘의 합을 알짜 돌림힘이라 한다. 두 돌림힘의 방향이 같으면 알짜 돌림힘의 크기는 두 돌림힘의 크기의 합이 되고 그 방향은 두 돌림힘의 방향과 같다. 두 돌림힘의 방향이 서로 반대이면 알짜 돌림힘의 크기는 두 돌림힘의 크기의 차가 되고 그 방향은 더 큰 돌림힘의 방향과 같다. 지레의 힘을 주지만 물체가 지레의 회전을 방해하는 힘을 작용점에 주어 지레가 움직이지 않는 상황처럼, 두 돌림힘의 크기가 같고 방향이 반대이면 알짜 돌림힘은 0이 되고 이때를 돌림힘의 평형이라고 한다.

(라) 지레는 받침과 지렛대를 이용하여 물체를 쉽게 움직일 수 있는 도구이다. 지레에서 힘을 주는 곳을 힘점, 지렛대를 받치는 곳을 받침점, 물체에 힘이 작용하는 곳을 작용점 이라 한다. 받침점에서 힘점까지의 거리가 받침점에서 작용점까지의 거리에 비해 멀수록 힘점에서 작은 힘을 주어 작용점에서 물체에 큰 힘을 가할 수 있다. 이러한 지레의 원리에는 돌림힘의 개념이 숨어 있다.

① (가) – (다) – (라) – (나)
② (가) – (라) – (다) – (나)
③ (가) – (나) – (다) – (라)
④ (라) – (가) – (나) – (다)
⑤ (라) – (가) – (다) – (나)

09 다음 글의 표제와 부제로 가장 적절한 것은?

> 검무는 칼을 들고 춘다고 해서 '칼춤'이라고 부르기도 하며, '황창랑무(黃倡郎舞)'라고도 한다. 검무의 역사적 기록은 『동경잡기(東京雜記)』의 「풍속조(風俗條)」에 나타난다. 신라의 소년 황창랑은 나라를 위하여 백제 왕궁에 들어가 왕 앞에서 칼춤을 추다 왕을 죽이고 자신도 잡혀서 죽는다. 신라 사람들이 이러한 그의 충절을 추모하여, 그의 모습을 본뜬 가면을 만들어 쓰고 그가 추던 춤을 따라 춘 것에서 검무가 시작되었다고 한다. 이처럼 민간에서 시작된 검무는 고려 시대를 거쳐 조선 시대로 이어지며, 궁중으로까지 전해진다. 이때 가면이 사라지는 형식적 변화가 함께 일어난다.
>
> 조선 시대 민간의 검무는 기생을 중심으로 전승되었으며, 재인들과 광대들의 판놀이로까지 이어졌다. 조선 후기에는 각 지방까지 전파되었는데, 진주검무와 통영검무가 그 대표적인 예이다. 한편 궁중의 검무는 주로 궁중의 연회 때에 추는 춤으로 전해졌으며, 후기에 정착된 순조 때의 형식이 중요무형문화재로 지정되어 현재까지 보존되고 있다.
>
> 궁중에서 추어지던 검무의 구성은 다음과 같다. 전립을 쓰고 전복을 입은 4명의 무희가 쌍을 이루어, 바닥에 놓인 단검(短劍)을 어르는 동작부터 시작한다. 그 후 칼을 주우면서 춤이 이어지고, 화려한 춤사위로 검을 빠르게 돌리는 연풍대(筵風擡)로 마무리한다.
>
> 검무의 절정인 연풍대는 조선 시대 풍속화가 신윤복의 「쌍검대무(雙劍對舞)」에서 잘 드러난다. 그림 속의 두 무용수를 통해 춤의 회전 동작을 예상할 수 있다. 즉, 이 장면에는 오른쪽에 선 무희의 자세에서 시작해 왼쪽 무희의 자세로 회전하는 동작이 나타나 있다. 이렇게 무희들이 쌍을 이루어 좌우로 이동하면서 원을 그리며 팽이처럼 빙빙 도는 동작을 연풍대라 한다. 이 명칭은 대자리를 걷어 내는 바람처럼 날렵하게 움직이는 모습에서 비롯한 것이다.
>
> 오늘날의 검무는 검술의 정밀한 무예 동작보다 부드러운 곡선을 그리는 춤 형태로만 남아 있다. 칼을 쓰는 살벌함은 사라졌지만, 민첩하면서도 유연한 동작으로 그 아름다움을 표출하고 있는 것이다. 검무는 신라 시대부터 면면히 이어지는 고유한 문화이자 예술미가 살아 있는 몇 안 되는 소중한 우리의 전통 유산이다.

① 신라 황창랑의 의기와 춤 – 검무의 유래와 발생을 중심으로
② 역사 속에 흐르는 검빛 · 춤빛 – 검무의 변천 과정과 구성을 중심으로
③ 무예 동작과 아름다움의 조화 – 연풍대의 의미를 중심으로
④ 무희의 칼끝에서 펼쳐지는 바람 – 검무의 예술적 가치를 중심으로
⑤ 검과 춤의 혼합, 우리의 문화유산 – 쌍검대무의 감상을 중심으로

10 다음 글의 제목으로 가장 적절한 것은?

제4차 산업혁명은 인공지능이 기존의 자동화 시스템과 연결되어 효율이 극대화되는 산업 환경의 변화를 의미한다.
2016년 세계경제포럼에서 언급되어, 유행처럼 번지는 용어가 되었다. 학자에 따라 바라보는 견해는 다르지만 대체로 기계학습과 인공지능의 발달이 그 수단으로 꼽힌다.
2010년대 중반부터 드러나기 시작한 제4차 산업혁명은 현재진행형이며, 그 여파는 사회 곳곳에서 드러나고 있다. 현재도 사람을 기계와 인공지능이 대체하고 있으며, 현재 일자리의 80 ~ 99%까지 대체될 것이라고 보는 견해도 있다.
만약 우리가 현재의 경제 구조를 유지한 채로 이와 같은 극단적인 노동 수요 감소를 맞게 된다면, 전후 미국의 대공황 등과는 차원이 다른 끔찍한 대공황이 발생할 것이다. 계속해서 일자리가 줄어들수록 중·하위 계층은 사회에서 밀려날 수밖에 없는데, 반면 자본주의 사회의 특성상 많은 비용을 수반하는 과학기술의 연구는 자본에 종속될 수밖에 없기 때문이다. 물론 지금도 이러한 현상이 없는 것은 아니지만, 아직까지는 단순노동이 필요하기 때문에 노동력을 제공하는 중·하위 계층들도 불합리한 부분들에 파업과 같은 실력행사를 할 수 있었다. 그러나 앞으로 자동화가 더욱 진행되어 노동의 필요성이 사라진다면 그들을 배려해야 할 당위성은 법과 제도가 아닌 도덕이나 인권과 같은 윤리적인 영역에만 남게 되는 것이다.
반면에, 이를 긍정적으로 생각한다면 이처럼 일자리가 없어졌을 때 극소수에 해당하는 경우를 제외한 나머지 사람들은 노동에서 완전히 해방되어, 인공지능이 제공하는 무제한적인 자원을 마음껏 향유할 수도 있을 것이다. 하지만 이러한 미래는 지금의 자본주의보다는 사회주의 경제 체제에 가깝다. 이 때문에 많은 경제학자와 미래학자들은 제4차 산업혁명 이후의 미래를 장밋빛으로 바꿔나가기 위해, 기본소득제 도입 등의 시도와 같은 고민들을 이어가고 있다.

① 제4차 산업혁명의 의의
② 제4차 산업혁명의 빛과 그늘
③ 제4차 산업혁명의 위험성
④ 제4차 산업혁명에 대한 준비
⑤ 제4차 산업혁명의 시작

11 다음 중 비효율적인 일중독자의 사례로 적절하지 않은 것은?

일중독자란 일을 하지 않으면 초조해하거나 불안해하는 증상이 있는 사람을 지칭한다. 이는 1980년대 초부터 사용하기 시작한 용어로, 미국의 경제학자 W. 오츠의 저서 『워커홀릭』에서도 확인할 수 있다. 일중독에는 여러 원인이 있지만 보통 경제력에 대해 강박관념을 가지고 있는 사람, 완벽을 추구하거나 성취지향적인 사람, 자신의 능력을 과장되게 생각하는 사람, 배우자와 가정으로부터 도피하려는 성향이 강한 사람, 외적인 억압으로 인하여 일을 해야만 한다고 정신이 변한 사람 등에게 나타나는 경향이 있다.
일중독 증상을 가진 사람들의 특징은 일을 하지 않으면 불안해하고 외로움을 느끼며, 자신의 가치가 떨어진다고 생각한다는 것이다. 따라서 일에 지나치게 집착하는 모습을 보이며, 이로 인해 사랑하는 연인 또는 가족과 소원해지며 인간관계에 문제를 겪는 모습을 볼 수 있다. 하지만 모든 일중독이 이렇듯 부정적인 측면만 있는 것은 아니다. 노는 것보다 일하는 것이 더욱 즐겁다고 여기는 경우도 있다. 예를 들어, 자신의 관심사를 직업으로 삼은 사람들이 이에 해당한다. 이 경우 일 자체에 흥미를 느끼게 된다.
일중독에도 유형이 다양하다. 그중 계획적이고 합리적인 관점에서 업무를 수행하는 일중독자가 있는 반면 일명 '비효율적인 일중독자'라 일컬어지는 일중독자도 있다. 비효율적인 일중독자는 크게 '지속적인 일중독자', '주의결핍형 일중독자', '폭식적 일중독자', '배려적 일중독자' 네 가지로 나누어 설명할 수 있다. 첫 번째로 '지속적인 일중독자'는 매일 야근도 불사하고, 휴일이나 주말에도 일을 놓지 못하는 유형이다. 이러한 유형의 일중독자는 완벽에 대해 기준을 높게 잡고 있기 때문에 본인은 물론이고 주변 동료에게도 완벽을 강요한다. 두 번째로 '주의결핍형 일중독자'는 모두가 안 될 것 같다고 만류하는 일이나, 한번에 소화할 수 없을 만큼 많은 업무를 담당하는 유형이다. 이러한 유형의 일중독자는 완벽하게 일을 해내고 싶다는 부담감 등으로 인해 결국 업무를 제대로 마무리하지 못하는 경우가 대부분이다. 세 번째로 '폭식적 일중독자'는 음식을 과다 섭취하는 폭식처럼 일을 한번에 몰아서 하는 유형이다. 간단히 보면 이러한 유형은 일중독과는 거리가 멀다고 생각할 수 있지만, 일을 완벽하게 해내고 싶다는 사고에 사로잡혀 있으나 두려움에 선뜻 일을 시작하지 못한다는 점에서 일중독 중 하나로 간주한다. 마지막으로 '배려적 일중독자'는 다른 사람의 업무 등에 지나칠 정도로 책임감을 느끼는 유형이다.
이렇듯 일중독자란 일에 지나치게 집착하는 사람으로 생각할 수도 있지만 일중독인 사람들은 일로 인해 자신의 자존감이 올라가고, 가치가 매겨진다 생각하기도 한다. 그러나 이러한 일중독자가 단순히 업무에 많은 시간을 소요하는 사람이라는 인식은 재고할 필요가 있다.

① 장기적인 계획을 세워 업무를 수행하는 A사원
② K사원의 업무에 책임감을 느끼며 괴로워하는 B대리
③ 마감 3일 전에 한꺼번에 일을 몰아서 하는 C주임
④ 휴일이나 주말에도 집에서 업무를 수행하는 D사원
⑤ 혼자서 소화할 수 없는 양의 업무를 자발적으로 담당한 E대리

※ 다음 기사를 읽고 이어지는 질문에 답하시오. [12~14]

피보나치 수열은 운명적으로 가장 아름답다는 황금비를 만들어낸다. 황금비는 피라미드, 파르테논 신전이나 다빈치, 미켈란젤로의 작품에서 시작해 오늘날에는 신용카드와 담뱃갑, 종이의 가로와 세로의 비율까지 광범위하게 쓰인다. 이러한 황금비는 태풍과 은하수의 형태, 초식동물의 뿔, 바다의 파도에도 있다. 배꼽을 기준으로 한 사람의 상체와 하체, 목을 기준으로 머리와 상체의 비율도 황금비이다. 이런 사례를 찾다 보면 우주가 피보나치 수열의 장난으로 만들어졌는지도 모른다는 생각까지 든다.

피보나치 수열은 12세기 말 이탈리아 천재 수학자 레오나르도 피보나치가 제안했다. 한 쌍의 토끼가 계속 새끼를 낳을 경우 몇 마리로 불어나는가를 숫자로 나타낸 것이 이 수열인 것이다. 이 수열은 앞서 나오는 두 개의 숫자의 합이다. 1, 1, 1+1=2, 1+2=3, 2+3=5, 3+5=8, 5+8=13, 8+13=21, 13+21=34, 21+34=55, 34+55=89 … 이처럼 계속 수열을 만들어가는 것이다.

우리 주변의 꽃잎을 세어보면 거의 모든 꽃잎이 3장, 5장, 8장, 13장 … 으로 되어 있다. 백합과 붓꽃은 꽃잎이 3장, 채송화・패랭이・동백・야생장미는 5장, 모란・코스모스는 8장, 금불초와 금잔화는 13장이다. 과꽃과 치커리는 21장, 질경이와 데이지는 34장, 쑥부쟁이는 종류에 따라 55장과 89장이다. 신기하게도 모두 피보나치 숫자인 것이다.

피보나치 수열은 해바라기나 데이지 꽃 머리의 씨앗 배치에도 존재한다. 해바라기 씨앗이 촘촘히 박혀 있는 꽃 머리를 유심히 보면 최소의 공간에 최대의 씨앗을 배치하기 위한 '최적의 수학적 해법'으로 꽃이 피보나치 수열을 선택한다는 것을 알 수 있다. 씨앗은 꽃 머리에서 왼쪽과 오른쪽 두 개의 방향으로 엇갈리게 나선 모양으로 자리 잡는다. 데이지 꽃 머리에는 서로 다른 34개와 55개의 나선이 있고, 해바라기 꽃 머리에는 55개와 89개의 나선이 있다.

피보나치 수열은 식물의 잎차례에도 잘 나타나 있다. 잎차례는 줄기에서 잎이 나와 배열하는 방식으로 t/n로 표시한다. t번 회전하는 동안 잎이 n개 나오는 비율이 참나무・벚꽃・사과는 $\frac{2}{5}$이고, 포플러・장미・배・버드나무는 $\frac{3}{8}$, 갯버들과 아몬드는 $\frac{5}{13}$이다. 모두 피보나치 숫자로 전체 식물의 90%가 피보나치 수열의 잎차례를 따르고 있다. 이처럼 잎차례가 피보나치 수열을 따르는 것은 잎이 바로 위의 잎에 가리지 않고, 햇빛을 최대한 받을 수 있는 최적의 수학적 해법이기 때문이다.

예전에는 식물의 DNA가 피보나치 수열을 만들어낸다고 생각했다. 그러나 요즘에는 식물이 새로 자리면서 환경에 적응해 최적의 성장 방법을 찾아가는 과정에서 자연스럽게 피보나치 수열이 형성된다고 생각하는 학자들이 많아졌다. 최근 들어 생물뿐만 아니라 전하를 입힌 기름방울을 순서대로 떨어뜨려도 해바라기 씨앗처럼 퍼진다는 사실이 ㉠ 밝혀졌다. 이처럼 피보나치 수열과 이 수열이 만들어내는 황금비는 생물은 물론 자연과 우주 어디에나 숨어 있다.

12 **다음 중 기사의 내용과 일치하지 않는 것은?**

① 꽃잎과 식물의 잎에서 피보나치 수열을 찾을 수 있으며, 이 수열은 피라미드, 신용카드 등에 나타나는 황금비를 만들어 낸다.
② 해바라기 꽃 머리를 보면 최소의 공간에 최대의 씨앗이 배치될 수 있도록 피보나치 수열을 선택했음을 알 수 있다.
③ 식물의 잎차례에도 피보나치 수열이 잘 나타나며, 모든 식물의 잎차례는 이 수열을 따르고 있다.
④ 식물의 잎차례는 햇빛을 최대한 받을 수 있도록 피보나치 수열을 따르고 있다.
⑤ 학자들은 식물이 환경에 적응하기 위해 최적의 성장 방법을 찾아가는 과정에서 이 수열이 형성된다고 생각한다.

13 **다음 중 기사의 제목으로 가장 적절한 것은?**

① 일상생활 속에서 광범위하게 사용되는 황금비
② 피보나치 수열의 정의와 형성 원리
③ 피보나치 수열에 대한 학자들의 기존 입장과 새롭게 밝혀진 원리
④ 식물에서 찾아볼 수 있는 피보나치 수열
⑤ 잎차례가 피보나치 수열을 따르는 이유

14 **다음 중 밑줄 친 부분이 ㉠과 다른 의미로 사용된 것은?**

① 그동안 숨겨왔던 진실이 밝혀졌다.
② 철수는 돈과 지위를 밝히기로 유명하다.
③ 나의 결백함이 밝혀질 것으로 믿는다.
④ 오랜 연구의 결과로 옛 문헌의 가치가 밝혀졌다.
⑤ 경찰이 사고의 원인을 밝히고 있다.

15 다음 글을 읽고 추론한 내용으로 가장 적절하지 않은 것은?

비만 환자의 경우 식사 조절을 통한 섭취량 감소가 중요하므로 적절한 식이요법이 필요하다. 먼저 환자의 표준 체중에 대한 기초대사량과 활동대사량을 파악하고, 이에 따라 3대 영양소인 단백질과 지방, 탄수화물의 섭취량을 조절해야 한다.

표준 체중은 남성의 경우 $[키(m)]^2 \times 22$kg으로 계산하고, 여성의 경우에는 $[키(m)]^2 \times 21$kg으로 계산한다. 성인의 하루 기초대사량은 1kcal×(표준 체중)×24로 계산하고, 활동대사량은 활동의 정도에 따라 기초대사량에 0.2배(정적 활동), 0.4배(보통 활동), 0.8배(격심한 활동)를 곱한다. 기초대사량에 활동대사량을 합한 값이 성인이 하루에 필요로 하는 칼로리가 된다.

필요한 칼로리가 정해지면 우선 단백질의 섭취량을 계산하고, 나머지를 지방과 탄수화물로 배분한다. 성인의 하루 단백질 섭취량은 표준 체중을 기준으로 0.8 ~ 1.2g/kg(평균 1.13g/kg)이며, 비만 환자가 저열량 식이 조절을 하는 경우에는 1.2 ~ 1.5g/kg(평균 1.35g/kg)으로 계산한다. 지방은 전체 필요 칼로리 중 20% 이하로 섭취하는 것이 좋으며, 콜레스테롤은 하루 300mg 이하로 제한하는 것이 좋다. 탄수화물의 경우 섭취량이 부족하면 단백질을 분해하여 포도당을 생성하게 되므로 케톤산증을 유발할 수 있다. 따라서 총 섭취 칼로리의 55 ~ 60% 정도의 섭취를 권장하며, 반드시 최소 100g 정도의 탄수화물을 섭취해야 한다.

① 신장 178cm인 성인 남성의 표준 체중은 약 69.7kg이 된다.
② 주로 정적 활동을 하는 남성의 표준 체중이 73kg이라면 하루에 필요한 칼로리는 2,102.4kcal이다.
③ 표준 체중이 55kg인 성인 여성의 경우 하루 평균 62.15g의 단백질을 섭취하는 것이 좋다.
④ 주로 보통 활동을 하는 비만 환자의 경우에도 하루에 반드시 최소 100g 정도의 탄수화물을 섭취해야 한다.
⑤ 주로 보통 활동을 하는 성인 남성의 하루 기초대사량이 1,728kcal라면 하루 500kcal 이하의 지방을 섭취하는 것이 좋다.

※ 다음 글을 읽고 물음에 답하시오. [16~17]

H공단은 매년 인사평가로 팀 평가를 실시한다. 홍보팀의 박채은 팀장은 자신의 팀원 김진주, 박한열, 최성우, 정민우 사원에 대해 25점 만점 기준으로 평가 점수를 부여하였다. 네 사람의 평가 점수는 다음과 같다.

- 김진주는 22점이다.
- 최성우와 정민우의 점수의 합은 김진주의 점수와 같다.
- 박한열은 김진주보다 5점이 적다.
- 김진주와 박한열의 점수 차보다 최성우와 정민우의 점수 차가 1점 더 많다.
- 네 명의 점수 합은 61점이다.

16 윗글을 통해 유추했을 때, 김진주와 정민우의 점수의 합은?

① 30
② 33
③ 35
④ 37
⑤ 39

17 김진주, 박한열, 최성우, 정민우 사원의 점수를 도출한 뒤 값이 맞는지 확인하기 위해 아래와 같은 검산 과정을 거쳤다. 해당하는 검산법은 무엇인가?

“김진주 점수+박한열 점수+최성우 점수+정민우 점수=61”로 계산식을 만들었을 때, 좌변에 제시된 수들을 9로 나눈 나머지와 우변에 제시된 수들을 9로 나눈 나머지가 같은지 확인해봐야겠군.

① 역연산
② 단위환산
③ 구거법
④ 사칙연산
⑤ 산술평균

18 도표는 크게 목적별 · 용도별 · 형상별로 구분할 수 있으며, 다음은 어느 도표에 대한 설명이다. 설명에 해당하는 도표는?

- 원그래프의 일종으로 거미줄 그래프라고도 한다.
- 비교하는 수량을 지름 또는 반지름으로 나누어 원의 중심에서 거리에 따라 각 수량의 관계를 나타낸다.
- 주로 계절별 매출액 등의 변동을 비교하거나 경과 등을 나타낼 때 사용된다.

① 막대 그래프
② 레이더 차트
③ 선 그래프
④ 층별 그래프
⑤ 점 그래프

19 A기업은 B복사기 업체에 복사지를 구입하고 있다. A기업은 복사지 20,000장 구입하면, 10개월 동안 사용한다. B복사기 업체는 복사지 16,000장을 사용한 후에 미리 연락을 달라고 하였다. A기업은 현재 지난 10개월보다 두 배의 복사지를 사용해야 한다면, 지금부터 몇 개월 후에 연락해야 하는가?(단, 매달 사용하는 복사지의 수는 같다)

① 2개월
② 3개월
③ 4개월
④ 5개월
⑤ 6개월

20 수현이는 노트 필기를 할 때 검은 펜, 파란 펜, 빨간 펜 중 한 가지를 사용하는데 검은 펜을 쓴 다음 날은 반드시 빨간 펜을 사용하고, 파란 펜을 쓴 다음 날에는 검은 펜이나 빨간 펜을 같은 확률로 사용한다. 또 빨간 펜을 쓴 다음 날은 검은 펜과 파란 펜을 2 : 1의 비율로 사용한다. 만약 수현이가 오늘 아침에 주사위를 던져서 눈의 수가 1이 나오면 검은 펜을, 3이나 5가 나오면 빨간 펜을, 그리고 짝수가 나오면 파란 펜을 사용하기로 했다면, 내일 수현이가 검은 펜을 사용할 확률은?

① $\frac{5}{12}$
② $\frac{4}{9}$
③ $\frac{17}{36}$
④ $\frac{1}{2}$
⑤ $\frac{2}{5}$

21 H백화점에는 1층에서 9층까지 왕복으로 운행하는 엘리베이터가 있다. 현진이와 서영이는 9층에서 엘리베이터를 타고 내려오다가 각자 어느 한 층에서 내렸다. 두 사람은 엘리베이터를 타고 내려오다가 다시 올라가지는 않는다. 이때, 두 사람이 서로 다른 층에서 내릴 확률은?

① $\frac{3}{8}$ ② $\frac{1}{2}$

③ $\frac{5}{8}$ ④ $\frac{7}{8}$

⑤ $\frac{8}{9}$

22 서경이는 흰색 깃발과 검은색 깃발을 하나씩 갖고 있는데, 깃발을 총 5번 들어 신호를 표시하려고 한다. 같은 깃발은 4번까지만 사용하여 신호를 표시한다면, 만들 수 있는 신호는 총 몇 가지인가?

① 14가지 ② 16가지

③ 30가지 ④ 32가지

⑤ 36가지

23 A공사 신입사원 채용시험의 응시자는 100명이다. 시험 점수 전체 평균이 64점이고, 합격자 평균과 불합격자 평균이 각각 80점, 60점이라고 하면 합격률은 얼마인가?

① 15% ② 18%

③ 20% ④ 22%

⑤ 25%

24 다음은 남자 고등학생을 대상으로 신장을 조사한 것이다. 신장이 170cm 미만인 학생 수가 전체의 40%일 때, (가)에 알맞은 수는?

신장(cm)	학생 수(명)
155 이상 ~ 160 미만	2
160 이상 ~ 165 미만	8
165 이상 ~ 170 미만	(가)
170 이상 ~ 175 미만	44
175 이상 ~ 180 미만	17
180 이상 ~ 185 미만	10
185 이상 ~ 190 미만	1

① 34
② 38
③ 42
④ 46
⑤ 50

25 다음은 각종 범죄 발생건수 및 체포건수에 대한 자료이다. 2019년과 2018년의 발생건수 대비 체포건수의 비율의 차는?(단, 비율 계산 시 소수점 셋째 자리에서 반올림한다)

〈범죄 발생건수 및 체포건수〉

(단위 : 건)

구분	2016년	2017년	2018년	2019년	2020년
발생건수	4,064	7,457	13,321	19,513	21,689
체포건수	2,978	5,961	6,989	16,452	5,382

① 31.81%p
② 31.82%p
③ 31.83%p
④ 31.84%p
⑤ 31.86%p

26 다음은 A국의 보건복지부에서 집계한 전국 의료기관 총 병상 수와 천 명당 병상 수이다. 자료를 보고 판단한 것 중 옳지 않은 것은?

〈전국 의료기관 총 병상 수와 천 명당 병상 수〉

(단위 : 개)

연도	총 병상 수	인구 천 명당 병상 수			
		전체	종합병원·병원	의원·조산원	치과·한방병원
2015	353,289	7.4	5.2	1.9	0.2
2016	379,751	7.9	5.7	2	0.2
2017	410,581	8.5	6.3	2	0.2
2018	450,119	9.3	7.1	2	0.2
2019	478,645	9.8	7.6	2	0.2
2020	498,302	10.2	8.1	1.9	0.2
2021	523,357	10.7	8.7	1.8	0.2

- 병원 : 일반병원, 요양병원, 결핵·한센·정신병원 등의 특수병원
- 의원 : 산업체의 부속 의원 포함
- (인구 천 명당 병상 수)=(총 병상 수)×1,000÷(추계인구)
- 수치가 클수록 인구 대비 병상 수가 많은 것을 나타냄

① 조사기간 동안 매년 총 병상 수는 증가하고 있다.
② 2020년 치과·한방병원이 보유하고 있는 병상 수는 10,000개 이하이다.
③ 의원·조산원이 차지하고 있는 천 명당 병상 수의 비중이 전체의 10% 미만인 해도 있다.
④ 2015년에 비해 2021년 치과와 한방병원의 수가 5% 증가했다면 치과와 한방병원의 병상 수 평균은 5% 이상 증가했을 것이다.
⑤ 의원의 병상 수는 조사기간 동안 변화가 없었다고 했을 때, 조산원의 병상 수는 점점 줄고 있다고 할 수 있다.

27 다음은 A국 국회의원의 SNS(소셜네트워크서비스) 이용자 수 현황에 대한 자료이다. 자료를 토대로 작성한 그래프로 옳지 않은 것은?(단, 구성비는 소수점 둘째 자리에서 반올림한다)

〈A국 국회의원의 SNS 이용자 수 현황〉

(단위 : 명)

구분	정당	당선 횟수별				당선 유형별		성별	
		초선	2선	3선	4선 이상	지역구	비례대표	남자	여자
여당	A	82	29	22	12	126	19	123	22
야당	B	29	25	13	6	59	14	59	14
	C	7	3	1	1	7	5	10	2
합계		118	57	36	19	192	38	192	38

① 국회의원의 여야별 SNS 이용자 수

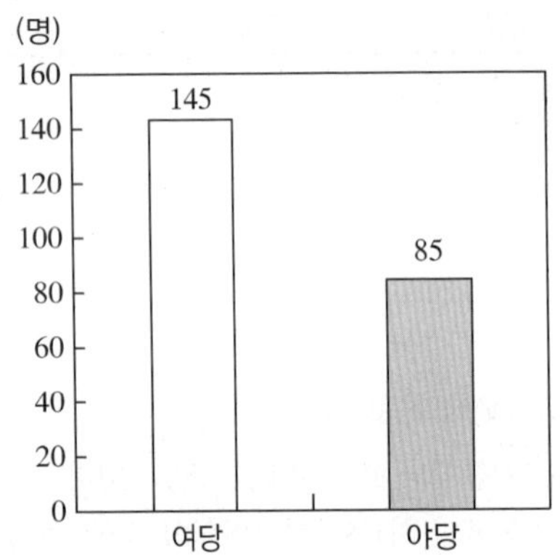

② 남녀 국회의원의 여야별 SNS 이용자 구성비

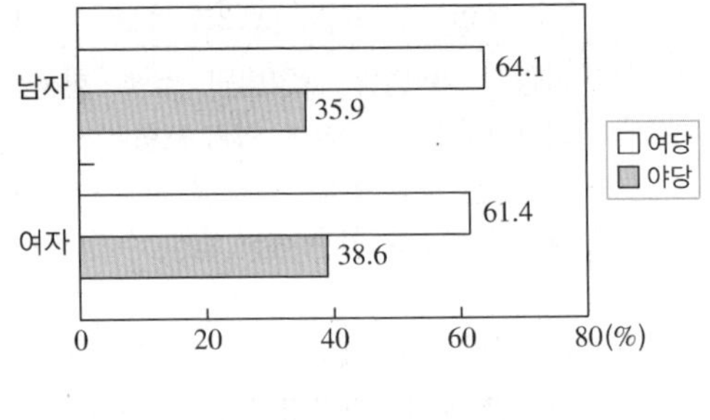

③ 야당 국회의원의 당선 횟수별 SNS 이용자 구성비

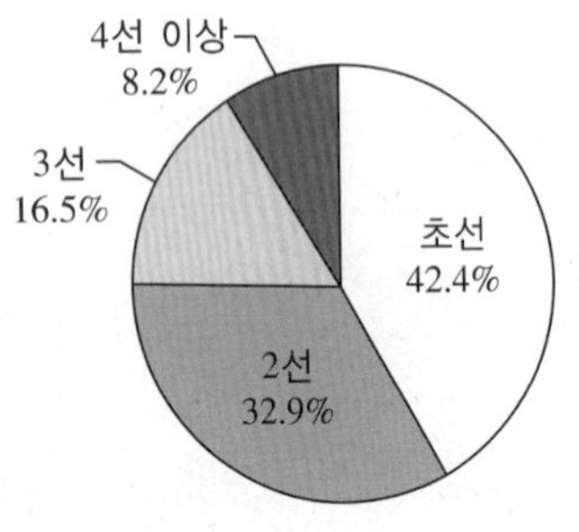

④ 2선 이상 국회의원의 정당별 SNS 이용자 수

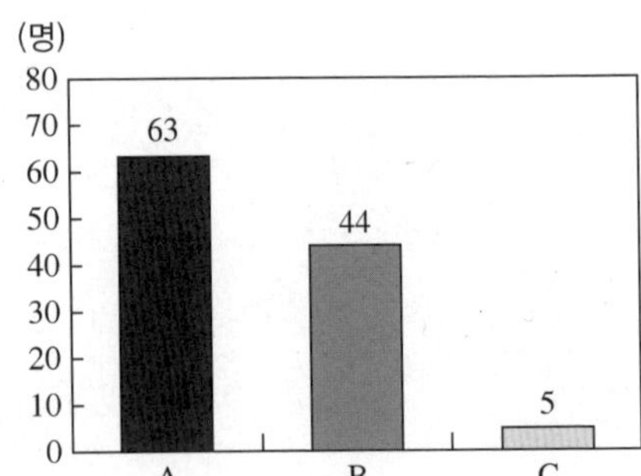

⑤ 여당 국회의원의 당선 유형별 SNS 이용자 구성비

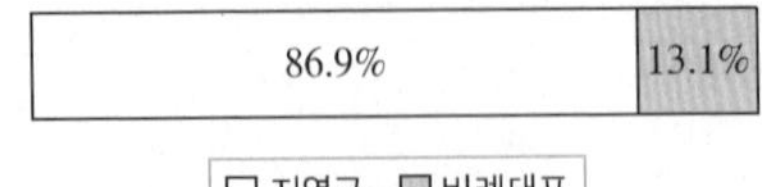

28 A주임은 주말을 맞아 집에서 쿠키를 만들려고 한다. 종류별 쿠키를 만드는 데 필요한 재료와 A주임이 보유한 재료가 다음과 같을 때, A주임이 주어진 재료로 한 번에 만들 수 있는 쿠키의 종류별 개수의 조합으로 옳지 않은 것은?

쿠키 종류	1개 제작에 필요한 재료
스모어스 쿠키	박력분 10g, 버터 5g, 설탕 8g, 초코시럽 10g, 마쉬멜로우 1개
딸기 쿠키	박력분 10g, 버터 5g, 설탕 8g, 딸기잼 20g
초코칩 쿠키	박력분 10g, 버터 5g, 설탕 8g, 초코시럽 5g, 초코칩 10개
마카다미아 쿠키	박력분 10g, 버터 10g, 설탕 8g, 마카다미아 3개

〈보유재료〉

박력분 80g, 버터 40g, 초코시럽 40g, 마쉬멜로우 6개, 초코칩 60개, 마카다미아 12개, 설탕 80g, 딸기잼 20g

① 스모어스 쿠키 4개
② 스모어스 쿠키 2개, 초코칩 쿠키 1개
③ 딸기 쿠키 1개, 초코칩 쿠키 3개
④ 딸기 쿠키 1개, 마카다미아 쿠키 4개
⑤ 초코칩 쿠키 3개, 마카다미아 쿠키 2개

29 월요일부터 일요일까지 4형제가 돌아가면서 어머니의 병간호를 하기로 했다. 주어진 〈조건〉을 근거로 할 때, 다음 중 항상 참이 아닌 것은?

〈조건〉

- 첫째, 둘째, 셋째는 이틀씩, 넷째는 하루 병간호하기로 했다.
- 어머니가 혼자 계시도록 두는 날은 없다.
- 첫째는 화요일과 목요일에 병간호할 수 없다.
- 둘째는 평일에 하루, 주말에 하루 병간호하기로 했다.
- 셋째는 일요일과 평일에 병간호하기로 했다.
- 넷째는 수요일에 병간호하기로 했다.

① 첫째는 월요일과 금요일에 병간호한다.
② 넷째는 수요일에 하루만 병간호한다.
③ 셋째는 화요일과 일요일에 병간호한다.
④ 둘째는 화요일에 병간호를 할 수도, 하지 않을 수도 있다.
⑤ 둘째는 토요일에 병간호한다.

30 A기업은 1인 가구를 대상으로 한 서비스를 기획하고자 한다. 해당 업무를 맡게 된 귀하는 1인 가구의 생활 및 소비행태에 내해 분석하여 다음과 같은 보고서를 작성하였다. 그리고 보고서의 내용을 뒷받침할 근거자료를 추가하여 보완하려고 한다. 다음 중 보고서에 활용하지 못하는 근거자료는 무엇인가?

〈1인 가구의 생활 및 소비행태의 분석〉

1인 가구로 생활한 기간은 10년 이상(25.3%), 5 ~ 10년 미만(25.3%), 2 ~ 5년 미만(25.1%), 2년 미만(24.3%) 순으로 단기, 중장기 기간에 걸쳐 고루 분포되어 1인 가구의 증가 추세가 최근 몇 년 사이에 일어난 단기현상이 아님을 보여주고 있다.
성별과 연령별로 생활 기간의 차이를 보면 남성이 여성보다 단기(2년 미만), 장기(10년 이상) 생활기간이 많은 것으로 나타났다. 연령별로는 생활 기간에 따라 완만한 상승 또는 하강의 곡선을 보일 것이라는 예상과 달리 30대의 경우 5 ~ 10년 미만 생활 기간이 31.4%로 가장 많이 나타났으며 나머지 생활 기간들도 비슷한 비율을 보여 다양한 1인 가구 생활 기간을 가진 연령대를 대표한다고 볼 수 있다. 50대 이상 연령대의 경우 40대에 비해 2년 미만 생활 기간이 상대적으로 높게 나타나 결혼 상태나 생애주기의 변화에 따른 1인 가구화가 점차 시작되는 연령대임을 알 수 있다.
1인 가구로 생활하게 된 주된 이유에 대해서는 '본인의 직장·학업 때문에'라는 응답이 50.0%로 과반수를 차지하였으며, 그다음으로 '자유롭게 생활하고 싶어서' 26.9%, '같이 살 가족이 없어서' 11.6% 순으로 나타났다.
최근 1년간 소비생활에 있어 가계지출 항목별 지출 비중을 조사한 결과, 가장 많은 지출 비중을 차지하고 있는 항목은 식생활비로 전체의 25.7%를 차지하고 있으며, 그다음으로 주생활비 16.6%, 금융비 13.7%, 의생활비 10.6% 순으로 나타났다. 즉, 의식주 관련 총 생활비가 52.9%로 지출의 과반수를 차지하고 있으며, 금융비까지 포함하면 66.6%로 가계지출의 2/3 정도를 차지하는 것으로 나타났다. 가장 낮은 지출 비중은 외국어 등 자기개발과 자녀학원비 등을 포함한 교육비로 1.7%로 나타났다.

… 생략 …

① 성별 1인 가구 생활 기간(단위 : %)

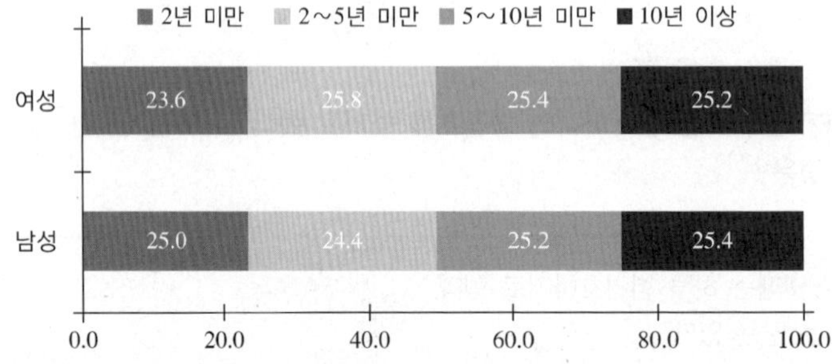

② 1인 가구 생활 기간

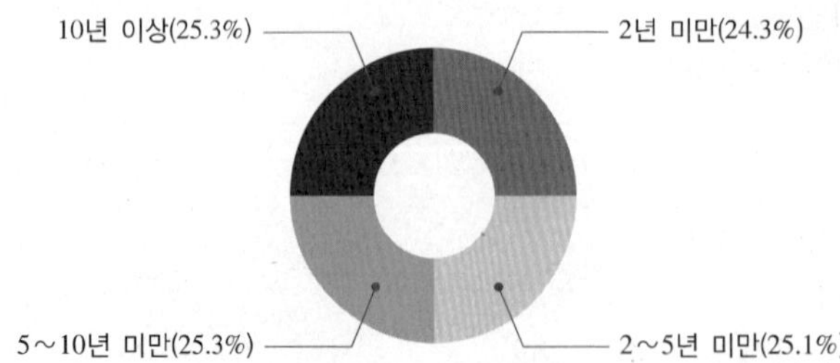

③ 연령별 1인 가구 생활 기간(단위 : %)

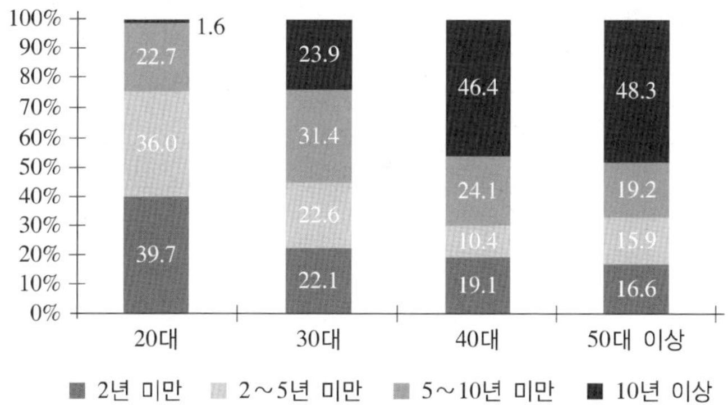

④ 전체 및 연령대별 가계지출 비중(단위 : %)

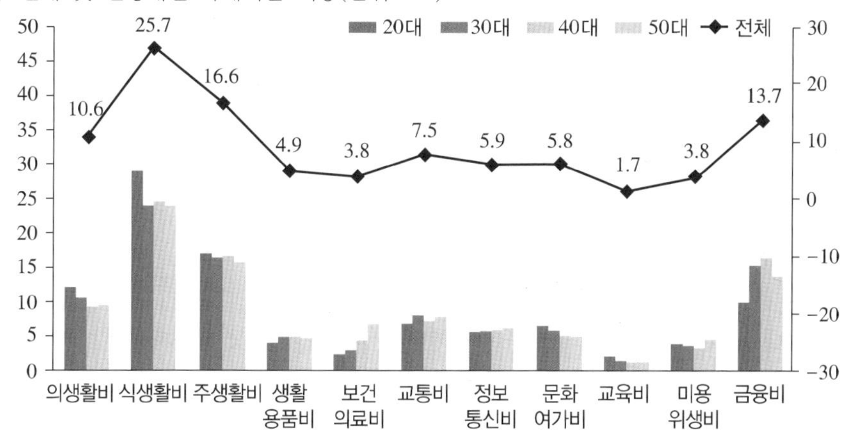

⑤ 1인 가구로 생활하게 된 주된 이유(단위 : %)

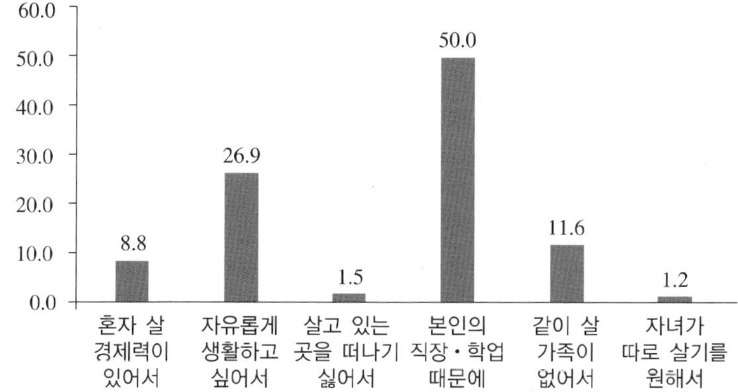

31 C사원은 자기계발을 위해 집 근처 학원들을 탐방하고 다음과 같이 정리하였다. 다음 중 C사원이 배우려는 프로그램에 대한 내용으로 옳지 않은 것은?(단, 시간이 겹치는 프로그램은 수강할 수 없다)

〈프로그램 시간표〉

프로그램	수강료	횟수	강좌시간
필라테스	300,000원	24회	09:00 ~ 10:10
			10:30 ~ 11:40
			13:00 ~ 14:10
플라잉 요가	330,000원	20회	09:00 ~ 10:10
			10:30 ~ 11:40
			13:00 ~ 14:10
액세서리 공방	260,000원	10회	13:00 ~ 15:00
가방 공방	360,000원	12회	13:30 ~ 16:00
복싱	320,000원	30회	10:00 ~ 11:20
			14:00 ~ 15:20

※ 강좌시간이 2개 이상인 프로그램은 그중 원하는 시간에 수강이 가능하다.

① C사원은 오전에 운동을 하고, 오후에 공방에 가는 스케줄이 가능하다.
② 가방 공방의 강좌시간이 액세서리 공방 강좌시간보다 길다.
③ 공방 프로그램 중 하나를 들으면, 최대 두 프로그램을 더 들을 수 있다.
④ 프로그램을 최대로 수강할 시 가방 공방을 수강해야 총 수강료가 가장 비싸다.
⑤ 강좌 1회당 수강료는 플라잉 요가가 가방 공방보다 15,000원 이상 저렴하다.

32 하경이는 A, B, C 3종류의 과자를 총 15개 구매하였다. 3종류의 과자를 주어진 〈조건〉에 맞게 구입했을 때, 다음 〈보기〉에서 항상 옳은 것을 모두 고르면?

〈조건〉

- A, B, C과자는 각각 2개 이상 구매하였다.
- B과자는 A과자 개수의 2배 이상 구입하였다.
- C과자는 B과자 개수보다 같거나 많았다.
- A과자와 B과자 개수 합은 6개를 넘었다.

〈보기〉

ㄱ. 하경이가 B과자를 7개 이상 사지 않았다.
ㄴ. C과자는 7개 이상 구입하였다.
ㄷ. 하경이는 A과자를 2개 샀다.

① ㄱ
② ㄴ
③ ㄱ, ㄴ
④ ㄷ
⑤ ㄴ, ㄷ

33 S회사는 직원 A ~ E 다섯 명 중 일부를 지방으로 발령하기로 결정하였다. 다음 〈조건〉에 따라 A의 지방 발령이 결정되었다고 할 때, 지방으로 발령하지 않는 직원은 총 몇 명인가?

〈조건〉

- 회사는 B와 D의 지방 발령에 대하여 같은 결정을 한다.
- 회사는 C와 E의 지방 발령에 대하여 다른 결정을 한다.
- D를 지방으로 발령한다면, E는 지방으로 발령하지 않는다.
- E를 지방으로 발령하지 않는다면, A도 지방으로 발령하지 않는다.

① 1명
② 2명
③ 3명
④ 4명
⑤ 5명

34 K회사에 근무 중인 직원 A ~ E 5명이 〈조건〉에 따라 이번 주 평일에 당직을 선다고 할 때, 다음 중 반드시 참이 되는 것은?

〈조건〉

- A ~ E는 평일 주 1회 이상 3회 미만의 당직을 서야 한다.
- B와 D의 당직일은 겹치지 않는다.
- B와 D의 경우 하루는 혼자 당직을 서고, 다른 하루는 A와 함께 당직을 선다.
- B와 D는 이틀 연속으로 당직을 선다.
- A는 월요일과 금요일에 당직을 선다.
- C는 혼자 당직을 선다.
- E는 이번 주에 한 번 당직을 섰고, 그 날은 최대 인원수가 근무했다.

① B는 월요일에 당직을 섰다.
② B는 금요일에 당직을 섰다.
③ C는 수요일에 당직을 섰다.
④ D는 금요일에 당직을 섰다.
⑤ E는 금요일에 당직을 섰다.

35 어느 날 밤 11시경 회사 사무실에 도둑이 들었다. CCTV를 확인해 보니 도둑은 한 명이며, 수사 결과 용의자는 갑, 을, 병, 정, 무로 좁혀졌다. 이 중 2명은 거짓말을 하고 있으며, 그중 한 명이 범인일 때, 다음 중 범인은 누구인가?

〈진술〉

- 갑 : 그날 밤 11시에 저는 을, 무하고 셋이서 함께 있었습니다.
- 을 : 갑은 그 시간에 무와 함께 타 지점에 출장을 가 있었어요.
- 병 : 갑의 진술은 참이고, 저도 회사에 있지 않았습니다.
- 정 : 을은 밤 11시에 저와 단둘이 있었습니다.
- 무 : 저는 사건이 일어났을 때 집에 있었습니다.

① 갑
② 을
③ 병
④ 정
⑤ 무

36 매주 금요일은 마케팅팀 동아리가 있는 날이다. 동아리 회비를 담당하고 있는 F팀장은 점심시간 후, 회비가 감쪽같이 사라진 것을 발견했다. 점심시간 동안 사무실에 있었던 사람은 A～E 5명이고, 이들 중 2명은 범인이고, 3명은 범인이 아니다. 범인은 거짓말을 하고, 범인이 아닌 사람은 진실을 말한다고 할 때, 다음 진술을 토대로 옳은 것을 고르면?

〈진술〉

- A는 B, D 중 한 명이 범인이라고 주장한다.
- B는 C가 범인이라고 주장한다.
- C는 B가 범인이라고 주장한다.
- D는 A가 범인이라고 주장한다.
- E는 A와 B가 범인이 아니라고 주장한다.

① A와 D 중 범인이 있다.
② B가 범인이다.
③ C와 E가 범인이다.
④ D는 범인이 아니다.
⑤ 범인이 누구인지 주어진 조건만으로는 알 수 없다.

37 일남～오남 5형제가 둘러앉아 마피아 게임을 하고 있다. 이 중 1명은 경찰, 1명은 마피아, 나머지는 시민이다. 다음 5명의 진술 중 2명의 진술이 거짓일 때, 옳은 것을 고르면?(단, 모든 사람은 진실 또는 거짓만 말한다)

〈진술〉

- 일남 : 저는 시민입니다.
- 이남 : 저는 경찰이고, 오남이는 마피아예요.
- 삼남 : 일남이는 마피아예요.
- 사남 : 확실한 건 저는 경찰은 아니에요.
- 오남 : 사남이는 시민이 아니고, 저는 경찰이 아니에요.

① 일남이가 마피아, 삼남이가 경찰이다.
② 오남이가 마피아, 이남이가 경찰이다.
③ 이남이가 마피아, 사남이가 경찰이다.
④ 사남이가 마피아, 오남이가 경찰이다.
⑤ 사남이가 마피아, 삼남이가 경찰이다.

38 S사의 사내 체육대회에서 A ~ F 여섯 명은 키가 큰 순서에 따라 두 명씩 1팀, 2팀, 3팀으로 나뉘어 배치된다. 다음 〈조건〉에 따라 배치된다고 할 때, 다음 중 가장 키가 큰 사람은 누구인가?

〈조건〉

- A ~ F 6명의 키는 서로 다르다.
- 2팀의 B는 A보다 키가 작다.
- D보다 키가 작은 사람은 4명이다.
- A는 1팀에 배치되지 않는다.
- E와 F는 한 팀에 배치된다.

① A
② B
③ C
④ D
⑤ E

39 S사의 A ~ F팀은 월요일부터 토요일까지 하루에 2팀씩 함께 회의를 진행한다. 다음 〈조건〉을 참고할 때, 반드시 참인 것은?(단, 월요일부터 토요일까지 각 팀의 회의 진행 횟수는 서로 같다)

〈조건〉

- 오늘은 목요일이고 A팀과 F팀이 함께 회의를 진행했다.
- B팀은 A팀과 연이은 요일에 회의를 진행하지 않는다.
- B팀은 오늘을 포함하여 이번 주에는 더 이상 회의를 진행하지 않는다.
- C팀은 월요일에 회의를 진행했다.
- D팀과 C팀은 이번 주에 B팀과 한 번씩 회의를 진행한다.
- A팀과 F팀은 이번 주에 이틀을 연이어 함께 회의를 진행한다.

① E팀은 수요일과 토요일 하루 중에만 회의를 진행한다.
② 화요일에 회의를 진행한 팀은 B팀과 E팀이다.
③ C팀과 E팀은 함께 회의를 진행하지 않는다.
④ C팀은 월요일과 수요일에 회의를 진행했다.
⑤ F팀은 목요일과 금요일에 회의를 진행한다.

40 다음 〈조건〉을 근거로 판단했을 때, 옳지 않은 것은?

〈조건〉

- 비가 많이 내리면 습도가 높아진다.
- 겨울보다 여름에 비가 더 많이 내린다.
- 습도가 높으면 먼지가 잘 나지 않는다.
- 습도가 높으면 정전기가 잘 일어나지 않는다.

① 겨울은 여름보다 습도가 낮다.
② 먼지는 여름이 겨울보다 잘 난다.
③ 여름에는 겨울보다 정전기가 잘 일어나지 않는다.
④ 비가 많이 오면 정전기가 잘 일어나지 않는다.
⑤ 정전기가 잘 일어나면 비가 적게 온 것이다.

41 S사는 공개 채용을 통해 4명의 남자 사원과 2명의 여자 사원을 최종 선발하였고, 선발된 6명의 신입 사원을 기획부, 인사부, 구매부 세 부서에 배치하려고 한다. 다음 〈조건〉에 따라 신입 사원을 배치할 때, 항상 옳지 않은 것은?

〈조건〉

- 기획부, 인사부, 구매부 각 부서에 적어도 한 명의 신입 사원을 배치한다.
- 기획부, 인사부, 구매부에 배치되는 신입 사원의 수는 서로 다르다.
- 부서별로 배치되는 신입 사원의 수는 구매부가 가장 적고, 기획부가 가장 많다.
- 여자 신입 사원만 배치되는 부서는 없다.

① 인사부에는 2명의 신입 사원이 배치된다.
② 구매부에는 1명의 남자 신입 사원이 배치된다.
③ 기획부에는 반드시 여자 신입 사원이 배치된다.
④ 인사부에는 반드시 여자 신입 사원이 배치된다.
⑤ 인사부에는 1명 이상의 남자 신입 사원이 배치된다.

42 **다음은 조직의 문화를 기준을 통해 4가지로 구분한 것이다. (가) ~ (라)에 대한 설명으로 옳지 않은 것은?**

	유연성, 자율성 강조 (Flexibility & Discretion)		
내부지향성, 통합 강조 (Internal Focus & Integration)	(가)	(나)	외부지향성, 차별 강조 (External Focus & Differentiation)
	(다)	(라)	
	안정, 통제 강조 (Stability & Control)		

① (가)는 조직구성원 간 인화단결, 협동, 팀워크, 공유가치, 사기, 의사결정과정에 참여 등을 중요시한다.
② (나)는 규칙과 법을 준수하고, 관행과 안정, 문서와 형식, 명확한 책임소재 등을 강조하는 관리적 문화의 특징을 가진다.
③ (다)는 조직내부의 통합과 안정성을 확보하고, 현상유지 차원에서 계층화되는 조직문화이다.
④ (라)는 실적을 중시하고, 직무에 몰입하며, 미래를 위한 계획을 수립하는 것을 강조한다.
⑤ (가)는 개인의 능력개발에 대한 관심이 높고, 조직구성원에 대한 인간적 배려와 가족적인 분위기를 만들어 내는 특징을 가진다.

43 **다음 〈보기〉의 설명 중 조직의 경영환경을 분석하는 수단으로서의 SWOT 분석에 대한 설명으로 옳지 않은 것을 모두 고르면?**

〈보기〉

ㄱ. SWOT 분석은 효과적이나, 기업의 약점, 강점 등 내부 환경으로 분석 범위가 제한된다.
ㄴ. SWOT 분석에 따르면, 기업의 내부 환경은 '기회요인(Opportunity)'와 '위협요인(Threat)'으로 구분된다.
ㄷ. SWOT 분석은 기업의 환경을 총 6가지 요소에 따라 구분하여 전략대안 수립에 기여한다.

① ㄱ
② ㄷ
③ ㄱ, ㄴ
④ ㄴ, ㄷ
⑤ ㄱ, ㄴ, ㄷ

44 다음은 자동차부품 제조업종인 A사의 SWOT 분석에 대한 내용이다. 다음 중 대응 전략으로 적절하지 않은 것을 모두 고르면?

〈SWOT 분석〉

Strength(강점요인)	Weakness(약점요인)
• 현재 가동 가능한 해외 공장 다수 보유 • 다양한 해외 거래처와 장기간 거래	• 전염병 예방 차원에서의 국내 공장 가동률 저조 • 노조의 복지 확대 요구 지속으로 인한 파업 위기
Opportunities(기회요인)	**Threats(위협요인)**
• 일부 국내 자동차부품 제조업체들의 폐업 • 국책은행의 부채 만기 연장 승인	• 전염병으로 인해 중국으로의 부품 수출 통제 • 필리핀 제조사들의 국내 진출

〈대응 전략〉

내부 환경 / 외부 환경	Strength(강점)	Weakness(약점)
Opportunities (기회요인)	ㄱ. 국내 자동차부품 제조업체 폐업으로 인한 내수공급량 부족분을 해외 공장에서 공급	ㄴ. 노조의 복지 확대 요구를 수용하여 생산성을 증대시킴
Threats (위협요인)	ㄷ. 해외 공장 가동률 확대를 통한 국내 공장 생산량 감소분 상쇄	ㄹ. 전염병을 예방할 수 있는 방안을 탐색하여 국내 공장 가동률을 향상시키고, 국내 생산을 늘려 필리핀 제조사의 국내 진출 견제

① ㄱ, ㄴ
② ㄱ, ㄷ
③ ㄴ, ㄷ
④ ㄴ, ㄹ
⑤ ㄷ, ㄹ

45 다음 중 경영참가제도의 목적으로 옳지 않은 것을 〈보기〉에서 모두 고르면?

〈보기〉

ㄱ. 사내 문제의 공동 해결
ㄴ. 노사 간 세력 균형 해소
ㄷ. 의견 공유를 통한 경영효율성 제고 가능성 확보
ㄹ. 노사 간 상호 신뢰 증진

① ㄱ
② ㄴ
③ ㄱ, ㄷ
④ ㄴ, ㄹ
⑤ ㄴ, ㄷ, ㄹ

46 다음 대화 내용에서 조직목표의 기능을 바르게 설명한 사람은?

〈대화 내용〉

- 이주임 : 조직의 공식적 목표와 실제적 목표는 일치하지 않을 수 있어.
- 김대리 : 조직의 운영목표는 조직 존재의 정당성과 합법성의 토대가 돼.
- 최사원 : 운영목표는 조직이 실제적 활동을 통해 달성하고자 하는 것으로서, 조직의 사명에 비해 장기적인 목표야.
- 박대리 : 한 조직의 운영목표는 조직 체계 형성의 기준이 되기도 해.

① 이주임, 최사원
② 김대리, 최사원
③ 이주임, 박대리
④ 최사원, 박대리
⑤ 김대리, 박대리

47 다음 중 조직 목표의 특징에 대한 설명으로 옳은 것은?

① 다수의 조직목표들은 수평적 관계로 상호 영향을 주고받는다.
② 조직자원의 변화에 따라 조직목표가 수정 혹은 신설되는 경우도 있다.
③ 한 번 수립된 조직목표는 달성할 때까지 지속된다.
④ 한 조직이 복수의 조직목표를 갖고 있는 것보다 단일 조직목표를 갖고 있는 것이 바람직하다.
⑤ 조직목표의 변화를 야기하는 조직 내적 요인으로는 리더의 결단, 조직 내 권력구조 변화, 경쟁업체의 변화 등이 있다.

48 인사팀 팀장인 귀하는 신입사원 채용 면접관으로 참가하게 되었다. 귀하의 회사는 조직 내 팀워크를 가장 중요하게 생각하고 있다. 다음 중 귀하의 회사에 채용하기에 가장 적절하지 않은 지원자는?

① A지원자 : 최선보다는 최고! 무조건 뛰어난 사원이 되도록 하겠습니다.
② B지원자 : 조직 내에서 반드시 필요한 일원이 되겠습니다.
③ C지원자 : 동료와 함께 부족한 부분을 채워나간다는 생각으로 일하겠습니다.
④ D지원자 : 회사의 목표가 곧 제 목표라는 생각으로 모든 업무에 참여하겠습니다.
⑤ E지원자 : 모든 업무에 능동적으로 참여하는 적극적인 사원이 되겠습니다.

49 A팀장은 급하게 해외 출장을 떠나면서 B대리에게 다음과 같은 메모를 남겨두었다. 다음 중 B대리가 가장 먼저 처리해야 할 일은?

> B대리, 지금 급하게 해외 출장을 가야 해서 오늘 처리해야 하는 것들 메모 남겨요.
> 오후 2시에 거래처와 미팅 있는 거 알고 있죠? 오전 내로 거래처에 전화해서 다음 주 중으로 다시 미팅날짜 잡아줘요. 그리고 오늘 신입사원들과 점심 식사하기로 한 거 난 참석하지 못하니까 다른 직원들이 참석해서 신입사원들 고충도 좀 들어주고 해요. 식당은 지난번 갔었던 한정식집이 좋겠네요. 점심때 많이 붐비니까 오전 10시까지 예약전화 하는 것도 잊지 말아요. 식비는 법인카드로 처리하도록 하고, 오후 5시에 진행할 회의 PPT는 거의 다 준비되었다고 알고 있는데 바로 나한테 메일로 보내줘요. 확인하고 피드백 할게요. 아, 그 전에 내가 중요한 자료를 안 가지고 왔어요. 그것부터 메일로 보내줘요. 고마워요.

① 거래처에 미팅일자 변경 전화를 한다.
② 점심 예약전화를 한다.
③ 회의 자료를 준비한다.
④ 메일로 회의 PPT를 보낸다.
⑤ 메일로 A팀장이 요청한 자료를 보낸다.

50 C사원은 총무팀에서 근무하고 있으며, 각 부서의 비품 조달을 담당하고 있다. E팀장은 4분기 비품 보급 계획을 수립하라는 지시를 하였으며, C사원은 비품수요 조사 및 보급 계획을 세워 보고하였다. 보고서를 읽어 본 E팀장은 업무 지도 차원에서 다음과 같이 지적을 하였다. C사원이 받아들이기에 적절하지 않은 것은?

① 각 부서에서 어떤 비품을 얼마큼 필요한지를 정확하게 조사해야지.
② 부서에서 필요한 수량을 말했으면 그것보다는 조금 더 여유 있게 준비했어야지.
③ 비품목록에 없는 것을 요청했다면 비품 보급 계획에서 제외했어야지.
④ 비품 구매비용이 예산을 초과하는지를 검토했어야지.
⑤ 정확한 비품 관리를 위해 비품관리대장을 꼼꼼히 작성했어야지.

제2회 한국환경공단

NCS 직업기초능력평가

〈문항 및 시험시간〉

평가영역	문항 수	시험시간	모바일 OMR 답안채점 / 성적분석 서비스
의사소통+수리+문제해결+조직이해	50문항	60분	

한국환경공단 신입직원 필기시험

제2회 모의고사

문항 수 : 50문항
시험시간 : 60분

01 다음 글의 빈칸에 들어갈 문장을 〈보기〉에서 찾아 순서대로 나열한 것은?

인간은 자신의 필요에 맞게 에너지의 형태를 변환하여 사용한다. ( ) 그런데 이러한 변환 과정에서 일부 에너지는 쓸모없는 것이 되어 사방으로 흩어진다. 즉, 의미 없이 버려지는 에너지들이 나타나게 되는 것이다. 이러한 까닭에 과학자들은 손실되는 에너지를 활용하기 위한 효율적인 방안을 연구하게 되었고, 이 과정에서 에너지 하베스팅 기술이 등장하였다.
에너지 하베스팅을 위해서는 에너지를 모을 수 있는 소자를 제작해야 하는데, 이때 몇 가지 원리가 작용한다. 먼저 압전 효과가 있다. 압전 효과는 생활환경에서 발생하는 진동과 압력, 충격과 같은 역학적 에너지를 전기에너지로 변환하는 현상이다. ( ) 실제로 한 회사는 무릎을 구부릴 때마다 압전 소자에서 전기를 만들어 내는 제품을 생산하여 실험 중에 있다. 버튼을 누르는 운동 에너지로 전기를 만들어 내는 리모컨을 개발하여 출시하기도 하였다.
또 다른 원리로는 열에너지와 전기 에너지가 상호 작용하는 현상인 열전 효과가 있다. 온도가 다른 두 물질을 접합하면 그 온도 차이에 의해 전류가 흐르게 되는데 이 방식을 적용하여 열전 소자를 만들 수 있다. 이 소자를 착용형 기기에 부착하면 인간의 신체에서 발생하는 열을 전기로 전환하여 기기를 충전하는 것이 가능하다. 이외에도 빛 에너지를 전기 에너지로 변환하는 데 이용되는 광전 효과와 전자기파를 수집하여 전기 에너지로 변환하는 데 이용되는 전자기 공명도 에너지 하베스팅에 활용되는 원리이다.
( ) 작은 에너지를 큰 에너지로 저장하지 않고 직접 소형기기에 전달하여 사용하는 기술 방식 때문이다. 인류는 여전히 화석 연료의 고갈과 기후 변화라는 문제를 안고 있기에 현재의 인류와 미래의 인류가 함께 살아가기 위해서는 에너지 하베스팅과 같은 대체 에너지 기술 개발이 반드시 필요하다. 에너지 하베스팅은 보다 적극적인 에너지 절약의 한 방법이 될 수 있을 뿐만 아니라 그러한 문제 상황을 개선하는 좋은 방법으로 활용될 수 있을 것이다.

〈보기〉

㉠ 예를 들면 연료의 화학 에너지를 열에너지로 전환한 후 자동차를 움직이는 운동 에너지로 바꾸어 사용하는 것이다.
㉡ 에너지 하베스팅은 최근 등장한 이동 통신 기기나 착용형 기기 등 소형기기에 적합한 에너지 활용 기술이 될 것으로 평가받고 있다.
㉢ 이러한 원리를 바탕으로 제작된 압전 소자를 제품에 부착하여 전기 에너지를 만들 수 있다.

① ㉠－㉡－㉢
② ㉠－㉢－㉡
③ ㉡－㉠－㉢
④ ㉡－㉢－㉠
⑤ ㉢－㉠－㉡

02 다음 글에서 〈보기〉의 문장이 들어갈 가장 적절한 곳은?

루트비히 판 베토벤(Ludwig van Beethoven)의 〈교향곡 9번 d 단조〉 Op. 125는 그의 청력이 완전히 상실된 상태에서 작곡한 교향곡으로 유명하다. (㉠) 1824년에 완성된 이 작품은 4악장에 합창 및 독창이 포함된 것이 특징이다. 당시 시대적 배경을 볼 때, 이는 처음으로 성악을 기악곡에 도입한 획기적인 작품이었다. (㉡) 이 작품은 베토벤의 다른 작품들을 포함해 서양 음악 전체에서 가장 뛰어난 작품 가운데 하나로 손꼽히며, (㉢) 현재 유네스코 세계기록유산으로 지정되어 있다. (㉣) 또한 4악장의 전주 부분은 유럽 연합의 공식 상징가로 사용되며, 자필 원본 악보는 2003년 런던 소더비 경매에서 210만 파운드에 낙찰되기도 했다. (㉤)

〈보기〉

이 작품에 '합창 교향곡'이라는 명칭이 붙은 것도 바로 4악장에 나오는 합창 때문이다.

① ㉠
② ㉡
③ ㉢
④ ㉣
⑤ ㉤

03 다음 중 경청에 대한 설명으로 옳지 않은 것은?

① 경청을 통해 상대방의 입장을 공감하는 것은 어렵다.
② 대화의 과정에서 신뢰를 쌓을 수 있는 좋은 방법이다.
③ 의사소통을 위한 기본적인 자세이다.
④ 다른 사람의 말을 주의 깊게 들으며 공감하는 능력이다.
⑤ 경청하는 만큼 상대방 역시 자신의 말을 경청하게 된다.

※ 다음 중 빈칸에 들어갈 문장으로 가장 적절한 것을 고르시오. [4~5]

04

최근 경제·시사분야에서 빈번하게 등장하는 단어인 탄소배출권(CER; Certified Emission Reduction)에 대한 개념을 이해하기 위해서는 먼저 교토메커니즘(Kyoto Mechanism)과 탄소배출권거래제(Emission Trading)를 알아둘 필요가 있다.
교토메커니즘은 지구 온난화의 규제 및 방지를 위한 국제 협약인 기후변화협약의 수정안인 교토 의정서에서, 온실가스를 보다 효과적이고 경제적으로 줄이기 위해 도입한 세 유연성체제인 '공동이행제도', '청정개발체제', '탄소배출권거래제'를 묶어 부르는 것이다.
이 중 탄소배출권거래제는 교토의정서 6대 온실가스인 이산화탄소, 메테인, 아산화질소, 과불화탄소, 수소불화탄소, 육불화황의 배출량을 줄여야 하는 감축의무국가가 의무감축량을 초과 달성하였을 경우에 그 초과분을 다른 국가와 거래할 수 있는 제도로 (   )
결국 탄소배출권이란 현금화가 가능한 일종의 자산이자 가시적인 자연보호성과인 셈이며, 이에 따라 많은 국가 및 기업에서 탄소배출을 줄임과 동시에 탄소감축활동을 통해 탄소배출권을 획득하기 위해 동분서주하고 있다. 특히 기업들은 탄소배출권을 확보하는 주요 수단인 청정개발체제 사업을 확대하는 추세인데, 청정개발체제 사업은 개발도상국에 기술과 자본을 투자해 탄소배출량을 줄였을 경우에 이를 탄소배출량 감축목표달성에 활용할 수 있도록 한 제도이다.

① 다른 국가를 도왔을 때, 그로 인해 줄어든 탄소배출량을 감축목표량에 더할 수 있는 것이 특징이다.
② 교토메커니즘의 세 유연성체제 중에서도 가장 핵심이 되는 제도라고 할 수 있다.
③ 6대 온실가스 중에서도 특히 이산화탄소를 줄이기 위해 만들어진 제도이다.
④ 의무감축량을 준수하지 못한 경우에도 다른 국가로부터 감축량을 구입할 수 있는 것이 특징이다.
⑤ 다른 감축의무국가를 도움으로써 획득한 탄소배출권이 사용되는 배경이 되는 제도이다.

05

1979년 경찰관 출신이자 샌프란시스코 시의원이었던 화이트 씨는 시장과 시의원을 살해했다는 이유로 1급 살인죄로 기소되었다. 화이트의 변호인은 피고인이 스낵을 비롯해 컵케이크, 캔디 등을 과다 섭취해서 당분 과다로 뇌의 화학적 균형이 무너져 정신에 장애가 왔다고 주장하면서 책임 경감을 요구하였다. 재판부는 변호인의 주장을 인정하여 계획 살인죄보다 약한 일반 살인죄를 적용하여 7년 8개월의 금고형을 선고했다. 이 항변은 당시 미국에서 인기 있던 스낵의 이름을 따 '트윙키 항변'이라 불렸고 사건의 사회성이나 의외의 소송 전개 때문에 큰 화제가 되었다.
이를 계기로 1982년 슈엔달러는 교정시설에 수용된 소년범 276명을 대상으로 섭식과 반사회 행동의 상관관계에 대해 실험을 하였다. 기존의 식단에서 각설탕을 꿀로 바꾸어 보고, 설탕이 들어간 음료수에서 천연 과일주스를 주는 등으로 변화를 주었다. 이처럼 정제한 당의 섭취를 원천적으로 차단한 결과 시설 내 폭행, 절도, 규율 위반, 패싸움 등이 실험 전에 비해 무려 45%나 감소했다는 것을 알게 되었다. 따라서 이 실험을 통해 (   )

① 과다한 영양 섭취가 범죄 발생에 영향을 미친다는 것을 알 수 있다.
② 과다한 정제당 섭취는 반사회적 행동을 유발할 수 있다는 것을 알 수 있다.
③ 가공 식품의 섭취가 일반적으로 폭력 행위를 증가시킨다는 것을 알 수 있다.
④ 정제당 첨가물로 인한 범죄 행위는 그 책임이 경감되어야 한다는 것을 알 수 있다.
⑤ 범죄 예방을 위해 교정시설 내에 정제당을 제공하지 말아야 한다는 것을 알 수 있다.

※ 다음 중 글의 내용과 일치하지 않는 것을 고르시오. [6~7]

06

흔히 우리 춤을 손으로 추는 선(線)의 예술이라 한다. 서양 춤은 몸의 선이 잘 드러나는 옷을 입고 추는데 반해 우리 춤은 옷으로 몸을 가린 채 손만 드러내놓고 추는 경우가 많기 때문이다. 한마디로 말해서 손이 춤을 구성하는 중심축이 되고, 손 이외의 얼굴과 목과 발 등은 손을 보조하며 춤을 완성하는 역할을 한다. 손이 중심이 되어 만들어 내는 우리 춤의 선은 내내 곡선을 유지한다. 예컨대 승무에서 장삼을 휘저으며 그에 맞추어 발을 내딛는 역동적인 움직임도 곡선이요, 살풀이춤에서 수건의 간드러진 선이 만들어 내는 것도 곡선이다. 해서 지방의 탈춤과 처용무에서도 S자형의 곡선이 연속적으로 이어지면서 춤을 완성해 낸다.

호흡의 조절을 통해 다양하게 구현되는 곡선들 사이에는 우리 춤의 빼놓을 수 없는 구성요소인 '정지'가 숨어 있다. 정지는 곡선의 흐름과 어울리며 우리 춤을 더욱 아름답고 의미 있게 만들어 주는 역할을 한다. 그러나 이때의 정지는 말 그대로의 정지라기보다 '움직임의 없음'이며, 그런 점에서 동작의 연장선상에서 이해해야 한다.

우리 춤에서 정지를 동작의 연장으로 보는 것, 이것은 바로 우리 춤에 담겨 있는 '마음의 몰입'이 발현된 결과이다. 춤추는 이가 호흡을 가다듬으며 다양한 곡선들을 연출하는 과정을 보면 한 순간 움직임을 통해 선을 만들어 내지 않고 멈춰 있는 듯한 장면이 있다. 이런 동작의 정지 상태에서도 멈춤 그 자체로 머무는 것이 아니며, 여백의 그 순간에도 상상의 선을 만들어 춤을 이어가는 것이 몰입 현상이다. 이것이 바로 우리 춤을 가장 우리 춤답게 만들어 주는 특성이라고 할 수 있다.

① 우리 춤의 복장 중 대다수는 몸의 선을 가리는 구조로 되어 있다.
② 우리 춤의 동작은 처음부터 끝까지 쉬지 않고 곡선을 만들어낸다.
③ 승무, 살풀이춤, 탈춤, 처용무 등은 손동작을 중심으로 한 춤의 대표적인 예이다.
④ 우리 춤에서 정지는 하나의 동작과 동등한 것으로 볼 수 있다.
⑤ 몰입 현상이란 춤을 멈추고 상상을 통해 춤을 이어가는 과정을 말한다.

07

최근 거론되고 있는 건 전자 파놉티콘(Panopticon)이다. 각종 전자 감시 기술은 프라이버시에 근본적인 위협으로 대두되고 있다. '감시'는 거대한 성장 산업으로 비약적인 발전을 거듭하고 있다. 2003년 7월 '노동자 감시 근절을 위한 연대모임'이 조사한 바에 따르면, 한국에서 전체 사업장의 90%가 한 가지 이상의 방법으로 노동자 감시를 하고 있는 것으로 밝혀졌다. "24시간 감시에 숨이 막힌다."는 말까지 나오고 있다.
최근 러시아에서는 공무원들의 근무 태만을 감시하기 위해 공무원들에게 감지기를 부착시켜 놓고 인공위성 추적 시스템을 도입하는 방안을 둘러싸고 논란이 벌어지고 있다. 전자 감시 기술은 인간의 신체 속까지 파고들어갈 만반의 준비를 갖추고 있다. 어린아이의 몸에 감시 장치를 내장하면 아이의 안전을 염려할 필요는 없겠지만, 그게 과연 좋기만 한 것인지, 또 그 기술이 다른 좋지 않은 목적에 사용될 위험은 없는 것인지 따져 볼 일이다. 감시를 위한 것이 아니라 하더라도 전자 기술에 의한 정보의 집적은 언제든 개인의 프라이버시를 위협할 수 있다.

① 전자 기술의 발전이 순기능만을 가지는 것은 아니다.
② 직장은 개인의 생활공간이라기보다 공공장소로 보아야 하므로 프라이버시의 보호를 바라는 것은 지나친 요구이다.
③ 감시를 당하는 사람은 언제나 감시당하고 있다는 생각 때문에 자기 검열을 강화하게 될 것이다.
④ 전자 기술에 의한 정보의 집적은 언제든 프라이버시 침해를 야기할 수도 있다.
⑤ 전자 감시 기술의 발달은 필연적이므로 프라이버시를 위협할 수도 있다.

08 다음 글의 중심 내용으로 가장 적절한 것은?

쇼펜하우어에 따르면 우리가 살고 있는 세계의 진정한 본질은 의지이며 그 속에 있는 모든 존재는 맹목적인 삶에의 의지에 의해서 지배당하고 있다. 쇼펜하우어는 우리가 일상적으로 또는 학문적으로 접근하는 세계는 단지 표상의 세계일뿐이라고 주장하는데, 인간의 이성은 단지 이러한 표상의 세계만을 파악할 수 있을 뿐이다. 그에 따르면 존재하는 세계의 모든 사물들은 우선적으로 표상으로서 드러나게 된다. 시간과 공간 그리고 인과율에 의해서 파악되는 세계가 나의 표상인데, 이러한 표상의 세계는 오직 나에 의해서, 즉 인식하는 주관에 의해서만 파악되는 세계이다. 쇼펜하우어에 따르면 이러한 주관은 모든 현상의 세계, 즉 표상의 세계에서 주인의 역할을 하는 '나'이다.
이러한 주관을 이성이라고 부를 수도 있는데, 이성은 표상의 세계를 이끌어가는 주인공의 역할을 하는 것이다. 그러나 쇼펜하우어는 여기서 한발 더 나아가 표상의 세계에서 주인의 역할을 하는 주관 또는 이성은 의지의 지배를 받는다고 주장한다. 즉, 쇼펜하우어는 이성에 의해서 파악되는 세계의 뒤편에는 참된 본질적 세계인 의지의 세계가 있으므로 표상의 세계는 제한적이며 표면적인 세계일 뿐, 결코 이성에 의해서 또는 주관에 의해서 결코 파악될 수 없다고 주장한다. 오히려 그는 그동안 인간이 진리를 파악하는 데 최고의 도구로 칭송받던 이성이나 주관을 의지에 끌려 다니는 피지배자일 뿐이라고 비판한다.

① 세계의 본질로서 의지의 세계
② 표상 세계의 극복과 그 해결 방안
③ 의지의 세계와 표상의 세계 간의 차이
④ 세계의 주인으로서 주관의 표상 능력
⑤ 표상 세계 안에서의 이성의 역할과 한계

09 다음 글을 읽고, 각 문단을 논리적인 순서대로 바르게 나열한 것은?

(가) 세조가 왕이 된 후 술자리에 관한 최초의 기록은 1455년 7월 27일의 "왕이 노산군에게 문안을 드리고 술자리를 베푸니, 종친 영해군 이상과 병조판서 이계전 그리고 승지 등이 모셨다. 음악을 연주하니, 왕이 이계전에게 명하여 일어나 춤을 추게 하고, 지극히 즐긴 뒤에 파하였다. 드디어 영응대군 이염의 집으로 거둥하여 자그마한 술자리를 베풀고 한참 동안 있다가 환궁하였다."는 기록이다. 술자리에서 음악과 춤을 즐기고, 1차의 아쉬움 때문에 2차까지 가지는 모습은 세조의 술자리에서 거의 공통적으로 나타나는 특징이다.

(나) 세조(1417 ~ 1468, 재위 1455 ~ 1468) 하면 어린 조카를 죽이고 왕위에 오른 비정한 군주로 기억하는 경우가 많다. 1453년 11월 계유정난의 성공으로 실질적으로 권력의 1인자가 된 수양대군은 2년 후인 1455년 6월 단종을 몰아내고 왕위에 오른다. 불법적인 방식으로 권력을 잡은 만큼 세조에게는 늘 정통성에 대한 시비가 따라 붙게 되었다. 이후 1456년에 성삼문, 박팽년 등이 중심이 되어 단종 복위운동을 일으킨 것은 세조에게는 정치적으로 큰 부담이 되었다. 이로 인해 세조는 문종, 단종 이후 추락된 왕권 회복을 정치적 목표로 삼아 육조 직계제를 부활시키고, 경국대전과 동국통감 같은 편찬 사업을 주도하여 왕조의 기틀을 잡아 갔다.

(다) 이처럼 세조실록의 기록에는 세조가 한명회, 신숙주, 정인지 등 공신들과 함께 자주 술자리를 마련하고 대화는 물론이고 흥이 나면 함께 춤을 추거나 즉석에서 게임을 하는 등 신하들과 격의 없이 소통하는 장면이 자주 나타난다. 이는 당시에도 칼로 권력을 잡은 이미지가 강하게 남았던 만큼 최대한 소탈하고 인간적인 모습을 보임으로써 자신의 강한 이미지를 희석시켜 나간 것으로 풀이된다. 또한 자신을 왕으로 만들어준 공신 세력을 양날의 검으로 인식했기 때문으로도 보인다. 자신을 위해 목숨을 바친 공신들이지만, 또 다른 순간에는 자신에게 칼끝을 겨눌 위험성을 인식했던 세조는 잦은 술자리를 통해 그들의 기분을 최대한 풀어주고 자신에게 충성을 다짐하도록 했던 것이다.

(라) 세조가 왕권 강화를 바탕으로 자신만의 정치를 펴 나가는 과정에서 특히 주목되는 점은 자주 술자리를 베풀었다는 사실이다. 이것은 세조실록에 '술자리'라는 검색어가 무려 467건이나 나타나는 것에서도 단적으로 확인할 수가 있다. 조선의 왕 중 최다 기록일 뿐만 아니라 조선왕조실록의 '술자리' 검색어 974건의 거의 절반에 달한다. 술자리의 횟수에 관한 한 세조는 조선 최고의 군주라 불릴 만하다.

① (나) – (라) – (가) – (다)
② (나) – (가) – (다) – (라)
③ (다) – (라) – (나) – (가)
④ (라) – (가) – (다) – (나)
⑤ (라) – (나) – (가) – (다)

10 다음 글의 제목으로 가장 적절한 것은?

물은 너무 넘쳐도 문제고, 부족해도 문제다. 무엇보다 충분한 양을 안전하게 저장하면서 효율적으로 관리하는 것이 중요하다. 하지만 예기치 못한 자연재해가 불러오는 또 다른 물의 재해도 우리를 위협한다. 지진의 여파로 쓰나미(지진해일)가 몰려오고 댐이 붕괴되면서 상상도 못 한 피해를 불러올 수 있다. 이는 역사 속에서 실제로 반복되어 온 일이다.

1755년 11월 1일 아침, 15・16세기 대항해 시대를 거치며 해양 강국으로 자리매김한 포르투갈의 수도 리스본에 대지진이 발생했다. 도시 건물 중 85%가 파괴될 정도로 강력한 지진이었다. 하지만 지진은 재해의 전주곡에 불과했다.

지진이 덮치고 약 40분 후 쓰나미(지진해일)가 항구와 도심지로 쇄도했다. 해일은 리스본뿐 아니라 인근 알가르브 지역의 해안 요새 중 일부를 박살냈고, 숱한 가옥을 무너뜨렸다. 6만～9만 명이 귀한 목숨을 잃었다. 이 대지진과 이후의 쓰나미는 포르투갈 문명의 역사를 바꿔버렸다. 포르투갈은 이후 강대국 대열에서 밀려나 옛 영화를 찾지 못한 채 지금에 이르고 있다.

또한, 1985년 7월 19일 지진에 의해 이탈리아의 스타바댐이 붕괴하면서 그 여파로 발생한 약 20만 톤의 진흙과 모래, 물이 테세로 마을을 덮쳐 268명이 사망하고 63개의 건물과 8개의 다리가 파괴되는 사고가 일어났다.

① 우리나라는 '물 스트레스 국가'
② 도를 지나치는 '물 부족'
③ 강력한 물의 재해 '쓰나미'
④ 누구도 피해갈 수 없는 '자연 재해'
⑤ 자연의 경고 '댐 붕괴'

11 다음 (A)와 (B)를 종합하여 추론한 내용으로 가장 적절한 것은?

(A) 집적 인자란 생산이 일정 장소에서 어느 수준 이상 집중함으로써 얻어지는 생산 내지 판매상의 이익을 뜻한다. 공장이 서로 모여서 접촉함으로써 비용을 줄여 이익을 얻을 수 있는 것이므로 이를 집적 이익이라고 불렀다. 이러한 집적을 순수 집적이라고 하는데, 순수 집적에는 경영의 규모가 확대되어 이익을 얻는 규모 집적과 경영 단위 수가 많이 모여서 이익을 얻는 사회적 집적이 있다.

(B) 운송비 최소점에서의 집적을 살펴보면 아래 그림에서 최소 규모의 세 개의 공장이 각각 운송비 최소점 P_1, P_2, P_3에 분산 입지하며 각 최소 운송비가 같다고 할 때 집적이 성립하기 위해서는 두 개 이상의 공장이 운송비 최소점에 입지해야 한다. 또 세 개의 공장이 집적하기 위해서는 각 공장의 a_3의 등비용선이 교차하는 면에서 집적 이익이 얻어질 수 있기 때문에 이 교차 면이 집적지로 성립하게 된다. 이때 등비용선이란 노동 공급 지점에서 절약되는 노동비와 최소 운송비 지점에서 그곳까지 이동할 때 투입되는 운송비 상승액이 동일한 지점을 연결한 선을 말한다.

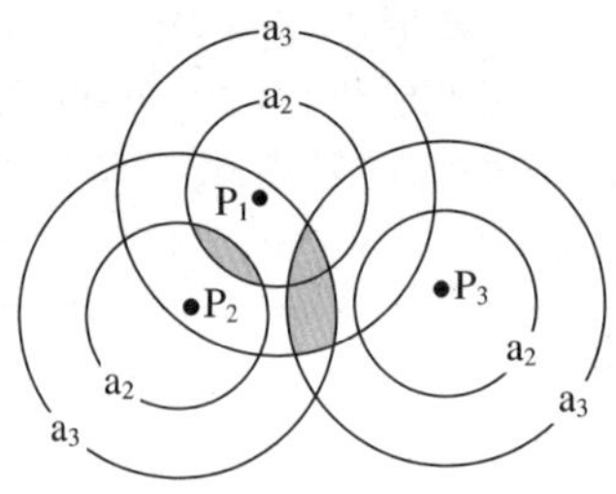

① 공장의 집적을 통해 이익을 얻을 수 있지만, 그에 따른 문제점이 발생할 수 있다.
② 사회적 집적보다 규모 집적을 통해 더 많은 이익을 얻을 수 있다.
③ 집적 이익을 최대화하기 위해서는 같은 업종의 공장을 집적시켜야 한다.
④ 두 공장이 집적하는 것보다 세 개의 공장이 집적하는 것이 더 많은 이익을 얻을 수 있다.
⑤ 공장의 집중으로 인해 이익보다 손해가 커질 경우 분산을 통해 문제를 해결할 수 있다.

12 다음 글의 내용으로 적절하지 않은 것은?

일반적으로 최초의 망원경은 네덜란드의 안경 제작자인 한스 리퍼쉬(Hans Lippershey)에 의해 만들어졌다고 알려져 있다. 이 최초의 망원경 발명에는 출처가 분명하지는 않지만 재미있는 일화가 전해진다.
1608년 리퍼쉬의 아들이 리퍼쉬의 작업실에서 렌즈를 가지고 놀다가 두 개의 렌즈를 어떻게 조합을 하였더니 멀리 있는 교회의 뾰족한 첨탑이 매우 가깝게 보였다. 리퍼쉬의 아들은 이러한 사실을 아버지에게 알렸고 이것을 본 리퍼쉬가 망원경을 발명하였다. 리퍼쉬가 만들었던 망원경은 당시 그 지역을 다스리던 영주에게 상납되었다. 유감스럽게도 리퍼쉬가 망원경 제작에 사용한 렌즈의 조합은 현재 정확하게 알려져 있지는 않지만, 아마도 두 개의 볼록렌즈를 사용했을 것으로 추측된다. 이렇게 망원경이 발명되었다는 소식은 유럽 전역으로 빠르게 전파되어, 약 1년 후에는 이탈리아의 갈릴레오에게까지 전해졌다.
1610년, 갈릴레오는 초점거리가 긴 볼록렌즈를 망원경의 대물렌즈로 사용하고 초점 거리가 짧은 오목렌즈를 초점면 앞에 놓아 접안렌즈로 사용하였다. 이 같은 설계는 물체와 상의 상하좌우가 같은 정립상을 제공하므로 지상 관측에 적당하다. 이러한 광학적 설계 방식을 갈릴레이식 굴절 망원경이라고 한다.
갈릴레오가 자신이 만든 망원경으로 천체를 관측하여 발견한 천문학적 사실 중 가장 중요한 것은 바로 금성의 상변화이다. 금성의 각 크기가 변한다는 것을 관측함으로써 금성이 지구를 중심으로 공전하는 것이 아니라 태양을 중심으로 공전하고 있다는 것을 증명하였으며, 따라서 코페르니쿠스의 지동설을 지지하는 강력한 증거를 제공하였다. 그러나 갈릴레이식 굴절 망원경은 초점 거리가 짧은 오목렌즈 제작의 어려움으로 배율에 한계가 있었으며, 시야도 좁고 색수차가 심하여 17세기 초반까지만 사용되었다. 오늘날에는 갈릴레이식 굴절 망원경은 오페라 글라스와 같은 작은 쌍안경에나 쓰일 뿐 거의 사용되지 않고 있다.
이후 케플러가 설계했다는 천체 관측용 망원경이 만들어졌는데, 이 망원경은 갈릴레이식보다 진일보한 형태로 오늘날 천체 관측용 굴절 망원경의 원형이 되고 있다. 케플러식 굴절 망원경은 장초점의 볼록렌즈를 대물렌즈로 하고 단초점의 볼록렌즈를 초점면 뒤에 놓아 접안렌즈로 사용한 구조이다. 이러한 설계 방식은 상의 상하좌우가 뒤집힌 도립상을 보여주기 때문에 지상용으로는 부적절하지만 천체를 관측할 때는 별다른 문제가 없다.

① 네덜란드의 안경 제작자인 한스 리퍼쉬는 아들의 렌즈 조합 발견을 계기로 망원경을 제작할 수 있었다.
② 갈릴레오의 망원경은 볼록렌즈를 대물렌즈로, 오목렌즈를 접안렌즈로 사용하였다.
③ 갈릴레오는 자신이 발명한 망원경으로 금성의 상변화를 관측하여 금성이 태양을 중심으로 공전한다는 것을 증명하였다.
④ 케플러식 망원경은 볼록렌즈만 사용하여 만들어졌다.
⑤ 케플러식 망원경은 갈릴레오식 망원경과 다르게 상의 상하좌우가 같은 정립상을 보여준다.

※ 다음 글을 읽고 물음에 답하시오. [13~15]

(가) 탁월함은 어떻게 습득되는가, 그것을 가르칠 수 있는가? 이 물음에 대하여 아리스토텔레스는 지성의 탁월함은 가르칠 수 있지만, 성품의 탁월함은 비이성적인 것이어서 가르칠 수 없고, 훈련을 통해서 얻을 수 있다고 대답한다.

(나) 그는 좋은 성품을 얻는 것을 기술을 습득하는 것에 비유한다. 그에 따르면, 리라(Lyra)를 켬으로써 리라를 켜는 법을 배우며 말을 탐으로써 말을 타는 법을 배운다. 어떤 기술을 얻고자 할 때 처음에는 교사의 지시대로 행동한다. 그리고 반복 연습을 통하여 그 행동이 점점 더 하기 쉽게 되고 마침내 제2의 천성이 된다. 이와 마찬가지로 어린아이는 어떤 상황에서 어떻게 행동해야 진실되고 관대하며 예의를 차리게 되는지 일일이 배워야 한다. 훈련과 반복을 통하여 그런 행위들을 연마하다 보면 그것들을 점점 더 쉽게 하게 되고, 결국에는 스스로 판단할 수 있게 된다.

(다) 그는 올바른 훈련이란 강제가 아니고 그 자체가 즐거움이 되어야 한다고 지적한다. 또한 그렇게 훈련받은 사람은 일을 바르게 처리하는 것을 즐기게 되고, 일을 바르게 처리하고 싶어 하게 되며, 올바른 일을 하는 것을 어려워하지 않게 된다. 이처럼 성품의 탁월함이란 사람들이 '하는 것'만이 아니라 사람들이 '하고 싶어 하는 것'과도 관련된다. 그리고 한두 번 관대한 행동을 한 것으로 충분하지 않으며, 늘 관대한 행동을 하고 그런 행동에 감정적으로 끌리는 성향을 갖고 있어야 비로소 관대함에 관하여 성품의 탁월함을 갖고 있다고 할 수 있다.

(라) 다음과 같은 예를 통해 아리스토텔레스의 견해를 생각해 보자. 갑돌이는 성품이 곧고 자신감이 충만하다. 그가 한 모임에 참석하였는데, 거기서 다수의 사람들이 옳지 않은 행동을 한다고 생각했을 때, 그는 다수의 행동에 대하여 비판의 목소리를 낼 것이며 그렇게 하는 데에 별 어려움을 느끼지 않을 것이다. 한편, 수줍어하고 우유부단한 병식이도 한 모임에 참석하였는데, 그 역시 다수의 행동이 잘못되었다는 판단을 했다고 하자. 이런 경우에 병식이는 일어나서 다수의 행동이 잘못되었다고 말할 수 있겠지만, 그렇게 하려면 엄청난 의지를 발휘해야 할 것이고 자신과 힘든 싸움도 해야 할 것이다. 그런데도 병식이가 그렇게 행동했다면 우리는 병식이가 용기 있게 행동하였다고 칭찬할 것이다. 그러나 아리스토텔레스가 보기에 성품의 탁월함을 가진 사람은 갑돌이다. 왜냐하면 (㉠   )

(마) 우리가 어떠한 사람을 존경할 것인가가 아니라, 우리 아이를 어떤 사람으로 키우고 싶은가라는 질문을 받는다면 우리는 아리스토텔레스의 견해에 가까워질 것이다. 왜냐하면 우리는 우리 아이들을 갑돌이와 같은 사람으로 키우고 싶어 할 것이기 때문이다.

13 다음 중 윗글의 ㉠에 들어갈 말로 가장 적절한 것은?

① 그는 옳은 일을 하는 천성을 타고났기 때문이다.
② 그는 내적인 갈등이 없이 옳은 일을 하기 때문이다.
③ 그는 주체적 판단에 따라 옳은 일을 하기 때문이다.
④ 그는 자신이 옳다는 확신을 가지고 옳은 일을 하기 때문이다.
⑤ 그는 다른 사람들의 칭찬을 의식하지 않고 옳은 일을 하기 때문이다.

14 (가)~(마)의 서술 방식에 대한 설명으로 가장 적절하지 않은 것은?

① (가)는 논제를 설정하기 위해 개념을 구분하고 있다.
② (나)는 함축된 의미를 분명히 하기 위해 개념을 정의하고 있다.
③ (다)는 논점을 명료하게 하기 위해 개념의 차이를 부각시키고 있다.
④ (라)는 논점에 대한 이해를 돕기 위해 구체적인 예화를 사용하고 있다.
⑤ (마)는 설득력을 높이기 위해 논점을 실제적인 물음과 연결 짓고 있다.

15 〈보기〉의 글을 바탕으로 윗글에 나타난 아리스토텔레스의 입장을 비판한 것으로 가장 적절한 것은?

〈보기〉

어떤 행위가 도덕적인 행위가 되기 위해서는 그것이 도덕 법칙을 지키려는 의지에서 비롯된 것이어야 한다. 도덕 법칙에 부합하는 행위라고 해도 행위자의 감정이나 욕구 또는 성향이 행위의 동기에 영향을 미쳤다면, 그것은 훌륭한 행위일 수는 있어도 도덕적인 행위는 아닌 것이다.

① 훈련으로 얻게 되는 성품에서 나오는 행동은 대개 이성적 성찰을 거치지 않으므로, 도덕적인 행동이라고 말하기 어렵다.
② 훈련의 결과 언제나 탁월한 성품을 얻게 되는 것은 아니므로, 탁월한 성품에 도달하지 못한 경우에는 결국 본성에 기댈 수밖에 없다.
③ 도덕적 행동을 하기 위해서 자신과의 싸움을 이겨 내야 한다. 옳은 행동을 즐겨하는 사람은 거의 없으며, 따라서 탁월한 성품을 갖춘 사람을 찾기란 어렵다.
④ 행위의 도덕성은 그 행위가 얼마나 도덕 법칙에 부합하는가를 보고 판단하는 것이 아니라, 선한 결과를 낳을 수 있는 품성이나 자질을 보고 판단하는 것이다.
⑤ 탁월한 성품에서 비롯된 행위는 행위자의 성향에 의해서 결정된 것이지 도덕 법칙을 지키려는 의지에 의해 결정된 행위가 아니므로, 도덕적인 행위라고 볼 수 없다.

※ 아래는 Y공단 직원 (가) ~ (바)의 사내 업무 평가 점수이다. 물음에 답하시오. [16~17]

직원	(가)	(나)	(다)	(라)	(마)	(바)
점수	83	76	75	85	91	79
편차	0	-3	x	3	9	-3

16 직원 (다)의 편차 x의 값으로 알맞은 것은?

① -7
② 0
③ 1
④ 7
⑤ -6

17 직원 (가) ~ (마)의 사내 업무 평가 점수의 중앙값은?

① 79
② 80
③ 81
④ 83
⑤ 76

18 다음은 S기업의 마케팅부 직원 40명을 대상으로 1년 동안 이수한 마케팅 교육의 이수 시간을 조사한 도수분포표이다. 직원들 중 임의로 한 명을 뽑을 때, 뽑힌 직원의 1년 동안의 교육 이수 시간이 40시간 이상일 확률은?

교육 이수 시간	도수
20시간 미만	3
20시간 이상 30시간 미만	4
30시간 이상 40시간 미만	9
40시간 이상 50시간 미만	12
50시간 이상 60시간 미만	a
합계	40

① $\frac{2}{5}$
② $\frac{3}{5}$
③ $\frac{3}{10}$
④ $\frac{7}{10}$
⑤ $\frac{17}{30}$

19 검산방법 중 구거법과 역연산 방법에 대한 설명으로 가장 옳은 것은?

① 역연산 방법에서 곱셈보다 나눗셈을 먼저 계산한다.
② 역연산 방법에서 덧셈의 역연산은 곱셈이다.
③ 구거법은 역연산 방법보다 간단하다.
④ 구거법이 역연산 방법보다 더 빨리 계산할 수 있다.
⑤ 구거법으로 검산했을 때 오류가 나오지 않는다.

20 어느 한 사람이 5지선다형 문제 2개를 풀고자 한다. 첫 번째 문제의 정답은 선택지 중 1개이지만, 두 번째 문제의 정답은 선택지 중 2개이며, 모두 맞혀야 정답으로 인정된다. 두 문제 중 하나만 맞힐 확률은?(단, 선택지는 모두 같은 확률로 고른다)

① 18%
② 20%
③ 26%
④ 30%
⑤ 44%

21 L회사의 사내 운동회에서 홍보부서와 기획부서가 결승에 진출하였다. 결승에서는 7번 경기 중에서 4번을 먼저 이기는 팀이 우승팀이 된다. 홍보부서와 기획부서의 승률이 각각 50%이고 무승부는 없다고 할 때, 홍보부서가 네 번째 또는 다섯 번째 시합에서 우승할 확률은?

① $\frac{1}{8}$
② $\frac{5}{6}$
③ $\frac{1}{4}$
④ $\frac{5}{16}$
⑤ $\frac{7}{8}$

22 영희를 포함한 4명의 친구들은 점심을 먹으러 식당에 도착하였다. 식당에는 총 11개의 메뉴가 있었고, 영희와 친구들은 자신이 선호하는 메뉴 리스트를 작성하였다. 식당의 메뉴와 선호하는 메뉴의 리스트가 아래와 같으며, 선호하는 메뉴 리스트에서 음식을 주문한다고 할 때, 영희와 친구들이 각자 다른 메뉴를 고르는 경우의 수는 모두 몇 가지인가?

〈식당의 메뉴〉

김치볶음밥	우동	라면	돈가스
오므라이스	된장찌개	김치찌개	순두부찌개
제육덮밥	돈가스 덮밥	카레	

〈선호 메뉴 리스트〉

- 영희 : 돈가스, 된장찌개, 순두부찌개
- A : 라면, 돈가스 덮밥, 오므라이스
- B : 김치볶음밥, 제육덮밥, 카레
- C : 돈가스, 우동, 김치찌개, 제육덮밥

① 42가지
② 56가지
③ 68가지
④ 84가지
⑤ 90가지

23 S를 포함한 6명이 한국사 자격증 시험을 보았다. 시험 점수가 70점 이상인 2명이 고급 자격증을 획득하였고, 1명이 60점 미만인 54점으로 과락을 하였다. 그리고 나머지는 중급을 획득하였는데, 평균이 62점이었다. 6명의 평균이 65점일 때, S가 얻을 수 있는 시험 점수의 최댓값은?

① 70점
② 75점
③ 80점
④ 85점
⑤ 90점

24 경현이는 애완동물로 고슴도치와 거북이를 한 마리씩 키우고 있다. 주말을 맞아 집에 놀러온 영수하고 고슴도치와 거북이를 경주시켜 결승점에 들어오는 시간을 맞추는 내기를 하였다. 영수는 거북이, 경현이는 고슴도치의 완주시간을 맞혔다고 할 때, 애완동물들이 경주한 거리는 몇 m인가?

〈애완동물 완주 예상시간〉

구분	고슴도치	거북이
경현	30초	2분
영수	25초	2.5분

※ 고슴도치의 속력은 3m/분, 거북이는 고슴도치 속력의 $\frac{1}{5}$이다.

① 1.5m
② 1.7m
③ 1.9m
④ 2.1m
⑤ 2.3m

25 김과장은 사내 체육행사 때 사용할 생수를 구매하려고 한다. A～E 다섯 개의 생수 업체 중에서 어떤 업체를 고르는 것이 가장 이득이겠는가?(단, 생수의 품질은 모두 같고 물을 마시는 방법은 무시한다)

구분	A업체	B업체	C업체	D업체	E업체
가격(원)	6,000	4,000	5,000	4,500	5,500
부피(ml)	500	700	1,000	1,500	2,000
묶음 개수(개)	20	15	10	8	6

① A업체
② B업체
③ C업체
④ D업체
⑤ E업체

26 다음은 2021년 4월 기준 의료인력 코로나19 주요 감염 경로에 대한 자료이다. 이 자료에 대한 설명으로 옳지 않은 것을 〈보기〉에서 모두 고르면?

〈의료인력 코로나19 주요 감염 경로(2021년 4월 기준)〉

(단위 : 명)

구분		계	의사	간호인력	기타
총계		241	25	190	26
의료 관련 감염	확진자 진료	–	–	–	–
	선별 진료	3	1	2	–
	일반진료 중 감염	66	6	57	3
	원내 집단발생 등	32	4	23	5
지역사회감염 등		101	7	76	18
감염경로불명 등		26	5	21	–
조사 중		13	2	11	–

〈보기〉

ㄱ. 감염된 전체 인력 중 의사의 수는 감염된 전체 간호인력 수의 15% 이상이다.

ㄴ. 일반진료 중 감염된 인원 수 중 간호인력이 차지하는 비율은 원내 집단발생 등에 따른 감염인원 중 간호인력이 차지하는 비율보다 높다.

ㄷ. 감염된 간호인력 중 감염경로불명 등으로 감염된 인원의 수는 지역사회감염 등에 따라 감염된 인원의 수의 30% 이상이다.

ㄹ. 전체 감염 의료인력 중 기타 인원이 차지하는 비중은 지역사회감염 등에 따라 감염된 인원 중 기타 인원이 차지하는 비율보다 낮다.

① ㄱ, ㄴ
② ㄱ, ㄷ
③ ㄴ, ㄷ
④ ㄴ, ㄹ
⑤ ㄷ, ㄹ

27 다음은 반도체 항목별 EBSI 현황으로, 분기마다 직전분기를 기준(100)으로 계산하였다. 자료에 대한 설명으로 옳은 것은?

EBSI(수출산업경기전망지수)란 수출산업의 경기 동향과 관련 있는 수출상담, 계약, 수출단가, 수출채산성 등 15개 항목에 대해 설문조사를 실시해 수출업계의 체감경기를 파악하는 경기지표이다. 지수가 100을 상회하면 기업들이 향후 수출여건이 지금보다 개선될 것으로 전망한다는 뜻이다.

〈분기별 반도체 항목별 EBSI 현황〉

항목별	2020년 1분기	2020년 2분기	2020년 3분기	2020년 4분기	2021년 1분기
수출상담	95.7	92.3	101.0	98.4	113.5
수출계약	95.7	96.7	100.9	95.1	138.7
수출상품제조원가	99.6	104.4	99.3	89.9	100.1
수출단가	98.8	103.8	99.3	81.6	74.2
수출채산성	99.2	103.3	99.6	76.5	126.9
수출국경기	95.4	89.5	100.9	97.0	111.6
국제수급상황	95.0	85.9	99.4	73.9	137.8
수입규제, 통상마찰	143.0	100.9	98.8	55.2	140.8
설비가동률	99.8	114.6	101.5	92.3	150.6
자금사정	98.7	111.4	101.0	83.0	112.7

① 기업들은 2020년 3분기까지 국제수급상황이 개선되다가 2020년 4분기에 악화될 것이라고 전망한다.
② 기업들은 2020년 4분기 대비 2021년 1분기의 자금사정이 악화될 것이라고 생각한다.
③ 기업들은 2020년 1분기부터 2021년 1분기까지 수출단가가 계속해서 악화될 것이라고 생각한다.
④ 기업들은 2020년 1분기부터 2021년 1분기까지 전 분기 대비 수출채산성이 매분기 악화와 개선을 반복할 것이라고 전망한다.
⑤ 기업들은 2019년 4분기 대비 2020년 2분기의 수출국경기가 더 안 좋아질 것이라고 전망한다.

28 다음은 A국의 국내기업 7개의 정부지원금 현황을 나타낸 자료이다. 자료에 대한 설명으로 옳은 것을 〈보기〉에서 모두 고르면?

〈2021년 국내기업 7개 정부지원금 현황〉

(단위 : 원)

구분	정부지원금
B기업	482,000,000
C기업	520,400,000
D기업	871,900,000
E기업	792,500,000
F기업	427,030,000
G기업	887,400,000
H기업	568,200,000

〈2020년 국내기업 7개 정부지원금 현황〉

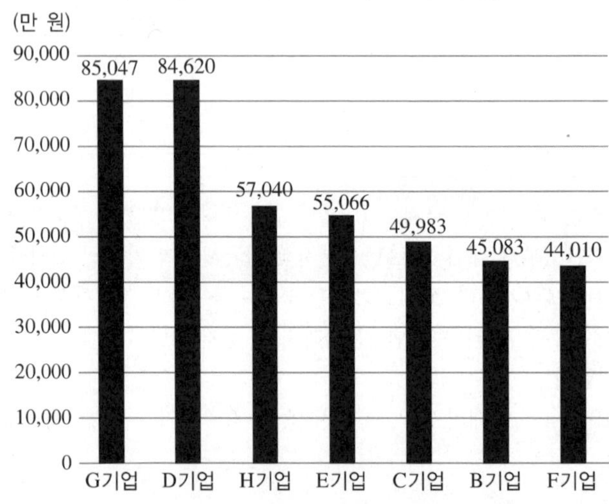

〈2019년 국내기업 5개 정부지원금 현황〉

(단위 : 원)

구분	정부지원금
1위	830,450,000
2위	820,840,000
3위	580,310,000
4위	520,530,000
5위	520,190,000

〈보기〉

ㄱ. 2020년과 2021년 정부지원금이 동일한 기업은 5개이다.
ㄴ. 정부지원금을 2019년에 G기업이 가장 많이 받았다면 G기업은 3개년 연속 1위이다.
ㄷ. 전년 대비 2021년 정부지원금이 줄어든 기업은 2개이다.
ㄹ. 2021년 상위 7개 기업의 총 정부지원금은 전년 대비 30,000만 원 이상 증가하였다.

① ㄱ, ㄴ
② ㄴ, ㄷ
③ ㄴ, ㄹ
④ ㄱ, ㄴ, ㄷ
⑤ ㄴ, ㄷ, ㄹ

29 다음은 국내 지역별 백미 생산량을 나타낸 자료이다. 자료를 토대로 그래프를 작성했을 때, 옳지 않은 것은?(단, 구성비 및 생산비는 소수점 첫째 자리에서 반올림한다)

〈국내 지역별 백미 생산량〉

(단위 : ha, 톤)

구분	논벼		밭벼	
	면적	생산량	면적	생산량
서울·인천·경기	91,557	468,506	2	4
강원	30,714	166,396	0	0
충북	37,111	201,670	3	5
세종·대전·충남	142,722	803,806	11	21
전북	121,016	687,367	10	31
광주·전남	170,930	871,005	705	1,662
대구·경북	105,894	591,981	3	7
부산·울산·경남	77,918	403,845	11	26
제주	10	41	117	317
합계	777,872	4,194,617	862	2,073

① 지역별 논벼 면적의 구성비

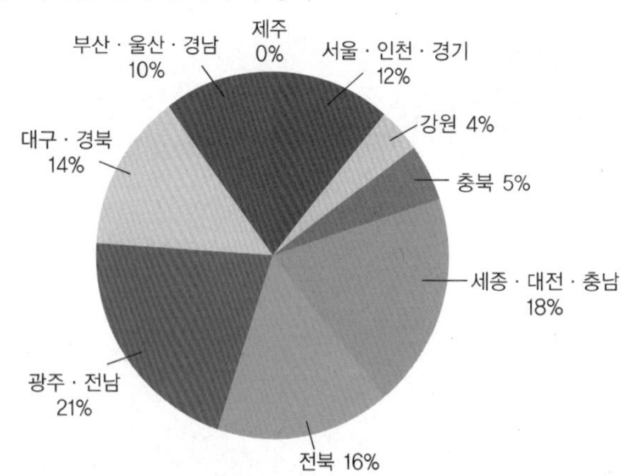

② 제주 지역 백미 생산면적 구성비

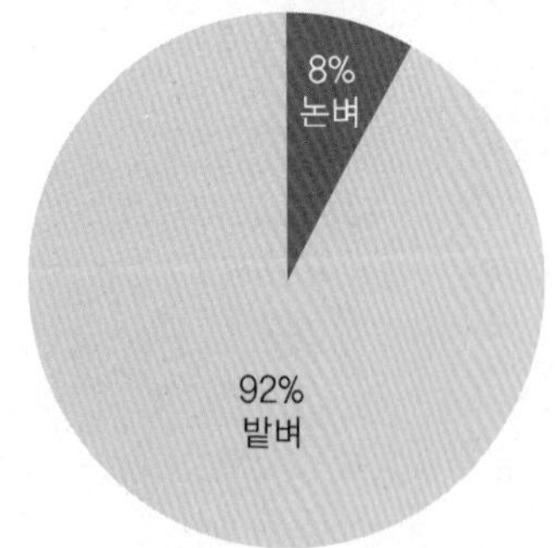

③ 제주를 제외한 지역별 1ha당 백미 생산량

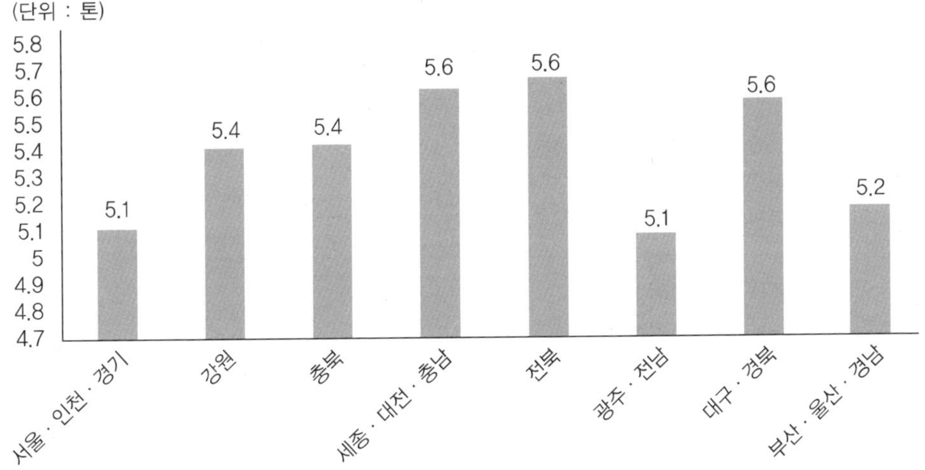

④ 논벼와 밭벼의 생산량 비교

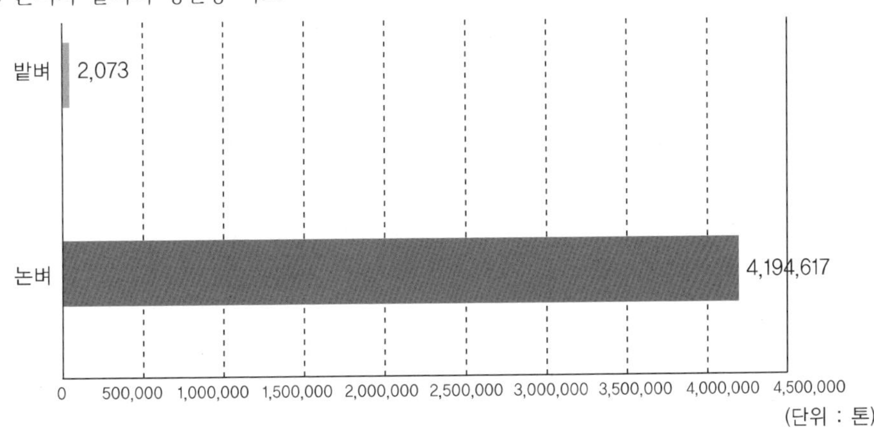

⑤ 지역별 밭벼의 생산비

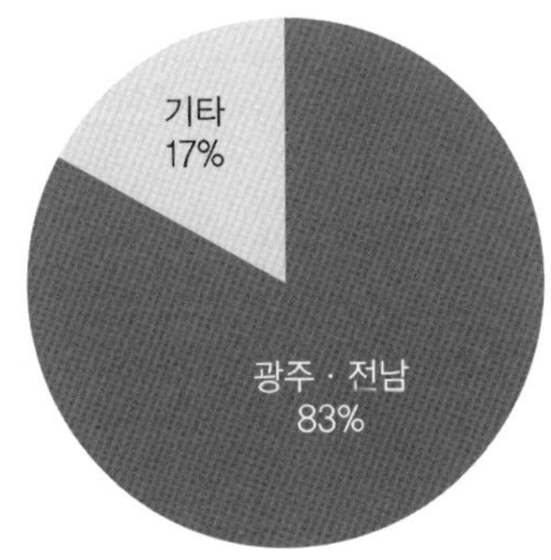

30 출근 후 매일 영양제를 챙겨 먹는 슬기는 요일에 따라 서로 다른 영양제를 섭취한다. 〈조건〉에 따라 평일 오전에 비타민B, 비타민C, 비타민D, 비타민E, 밀크시슬 중 하나씩을 섭취한다고 할 때, 다음 중 항상 옳은 것은?

〈조건〉

- 밀크시슬은 월요일과 목요일 중에 섭취한다.
- 비타민D는 비타민C를 먹은 날로부터 이틀 뒤에 섭취한다.
- 비타민B는 비타민C와 비타민E보다 먼저 섭취한다.

① 월요일에는 비타민B를 섭취한다.
② 화요일에는 비타민E를 섭취한다.
③ 수요일에는 비타민C를 섭취한다.
④ 비타민E는 비타민C보다 먼저 섭취한다.
⑤ 비타민D는 밀크시슬보다 먼저 섭취한다.

31 A ~ E 5명은 부산에 가기 위해 서울역에서 저녁 7시에 출발하여 대전역과 울산역을 차례로 정차하는 부산행 KTX 열차를 타기로 했다. 이들 중 2명은 서울역에서 승차하였고, 다른 2명은 대전역에서, 나머지 1명은 울산역에서 각각 승차하였다. 대화 내용을 근거로 할 때, 다음 중 항상 옳은 것은?(단, 같은 역에서 승차한 경우 서로의 탑승 순서는 알 수 없다)

〈대화 내용〉

A : 나는 B보다 먼저 탔지만, C보다 먼저 탔는지는 알 수 없어.
B : 나는 C보다 늦게 탔어.
C : 나는 가장 마지막에 타지 않았어.
D : 나는 대전역에서 탔어.
E : 나는 내가 몇 번째로 탔는지 알 수 있어.

① A는 대전역에서 승차하였다.
② B는 C와 같은 역에서 승차하였다.
③ C와 D는 같은 역에서 승차하였다.
④ D는 E와 같은 역에서 승차하였다.
⑤ E는 울산역에서 승차하였다.

32 고용노동부와 산업인력공단이 주관한 서울관광채용박람회의 해외채용관에는 8개의 부스가 마련되어 있다. A호텔, B호텔, C항공사, D항공사, E여행사, F여행사, G면세점, H면세점이 〈조건〉에 따라 8개의 부스에 각각 위치하고 있을 때, 다음 중 항상 참인 것은?

〈조건〉

- 같은 종류의 업체는 같은 라인에 위치할 수 없다.
- A호텔과 B호텔은 복도를 사이에 두고 마주 보고 있다.
- G면세점과 H면세점은 양 끝에 위치하고 있다.
- E여행사 반대편에 위치한 H면세점은 F여행사와 나란히 위치하고 있다.
- C항공사는 제일 앞번호의 부스에 위치하고 있다.

[부스 위치]

1	2	3	4
복도			
5	6	7	8

① A호텔은 면세점 옆에 위치하고 있다.
② B호텔은 여행사 옆에 위치하고 있다.
③ C항공사는 여행사 옆에 위치하고 있다.
④ D항공사는 E여행사와 나란히 위치하고 있다.
⑤ G면세점은 B호텔과 나란히 위치하고 있다.

33 K기업은 직원 A ~ F 여섯 명 중에서 임의로 선발하여 출장을 보내려고 한다. 다음 〈조건〉에 따라 출장 갈 인원을 결정할 때, A가 출장을 간다면 출장을 가는 최소 인원은 몇 명인가?

〈조건〉

- A가 출장을 가면 B와 C 둘 중 한 명은 출장을 가지 않는다.
- C가 출장을 가면 D와 E 둘 중 적어도 한 명은 출장을 가지 않는다.
- B가 출장을 가지 않으면 F는 출장을 간다.

① 1명
② 2명
③ 3명
④ 4명
⑤ 5명

34 K공단의 신입직원인 A ~ F 여섯 명은 해외취업국과 외국인력국에 배치된다. 아래의 〈조건〉을 근거로 할 때, 다음 〈보기〉 중 옳은 것을 모두 고르면?

〈조건〉

1. 각 인력국에는 2개의 부서가 있다.
2. 해외취업국의 1개 부서에는 최소 2명이 배치된다.
3. 각 부서에 반드시 1명 이상이 배치된다.
4. B, C, F는 같은 해외취업국이나 외국인력국에 배치된다.
5. D는 외국인력국에 배치되지 않는다.
6. E는 해외취업국에 배치되지 않는다.

〈보기〉

ㄱ. B는 외국인력국에 배치된다.
ㄴ. A와 D는 같은 해외취업국이나 외국인력국에 배치된다.
ㄷ. A는 외국인력국에 배치된다.

① ㄱ
② ㄴ
③ ㄷ
④ ㄱ, ㄴ
⑤ ㄴ, ㄷ

35 K공단은 세종시에 지부를 신축할 예정이며 이에 따라 사업지원부, 투자조사부, 기획경영부, 자원관리부, 인사부 중에서 신축하는 지부로 이전할 부서를 결정하고자 한다. 〈조건〉에 따라 이전할 부서를 결정한다고 할 때, 다음 중 옳은 것은?

〈조건〉

- 투자조사부가 이전하지 않으면 자원관리부도 이전하지 않는다.
- 사업지원부가 이전하지 않으면 기획경영부도 이전하지 않는다.
- 자원관리부는 반드시 이전하여야 한다.
- 투자조사부와 사업지원부 중 한 곳만 이전한다.
- 사업지원부, 투자조사부, 기획경영부, 자원관리부, 인사부 중 적어도 3개의 부서가 이전하여야 한다.

① 투자조사부는 이전하지 않는다.
② 기획경영부는 이전한다.
③ 투자조사부는 이전하고, 기획경영부는 이전하지 않는다.
④ 총 4개의 부서가 이전한다.
⑤ 인사부는 이전하지 않는다.

36 어젯밤 회사에 남아있던 A ~ E 5명 중에서 창문을 깬 범인을 찾고 있다. 범인은 2명이고, 범인은 거짓을 말하며, 범인이 아닌 사람은 진실을 말한다고 한다. 5명의 진술을 근거로 할 때, 다음 중 동시에 범인이 될 수 있는 사람끼리 짝지어진 것은?

〈진술〉

A : B와 C가 함께 창문을 깼어요.
B : A가 창문을 깨는 것을 봤어요.
C : 저랑 E는 확실히 범인이 아니에요.
D : C가 범인이 확실해요.
E : 제가 아는데, B는 확실히 범인이 아닙니다.

① A, B
② A, C
③ B, C
④ C, D
⑤ D, E

37 주차장에 이부장, 박과장, 김대리 세 사람의 차가 나란히 주차되어 있는데, 순서는 알 수 없다. 다음 대화 내용 중 한 사람의 말이 거짓일 때, 주차장에 주차된 순서가 옳은 것은?

〈대화 내용〉

이부장 : 내 옆에는 박과장 차가 세워져 있더군.
박과장 : 제 옆에 김대리 차가 있는 걸 봤어요.
김대리 : 이부장님 차가 가장 왼쪽에 있어요.
이부장 : 김대리 차는 가장 오른쪽에 주차되어 있던데.
박과장 : 저는 이부장님 옆에 주차하지 않았어요.

① 김대리 – 이부장 – 박과장
② 박과장 – 김대리 – 이부장
③ 박과장 – 이부장 – 김대리
④ 이부장 – 박과장 – 김대리
⑤ 이부장 – 김대리 – 박과장

38 남학생 A, B, C, D와 여학생 W, X, Y, Z 총 8명이 있다. 입사 시험을 본 뒤, 이 8명의 득점을 알아보았더니, 남녀 모두 1명씩 짝을 이루어 동점을 받았다. 아래의 〈조건〉을 참고할 때, 다음 중 항상 참인 것은?

〈조건〉

- 여학생 X는 남학생 B 또는 C와 동점이다.
- 여학생 Y는 남학생 A 또는 B와 동점이다.
- 여학생 Z는 남학생 A 또는 C와 동점이다.
- 남학생 B는 여학생 W 또는 Y와 동점이다.

① 여학생 W와 남학생 D는 동점이다.
② 여학생 X와 남학생 B가 동점이다.
③ 여학생 Z와 남학생 C는 동점이다.
④ 여학생 Y는 남학생 A와 동점이다.
⑤ 여학생 Z와 남학생 A는 동점이다.

39 S사에 근무하는 직원 네 명은 함께 5인승 택시를 타고 대리점으로 가고 있다. 아래의 〈조건〉을 참고할 때, 다음 중 항상 참인 것은?

〈조건〉

- 직원은 각각 부장, 과장, 대리, 사원의 직책을 갖고 있다.
- 직원은 각각 흰색, 검은색, 노란색, 연두색 신발을 신었다.
- 직원은 각각 기획팀, 연구팀, 디자인팀, 홍보팀 소속이다.
- 대리와 사원은 옆으로 붙어 앉지 않는다.
- 과장 옆에는 직원이 앉지 않는다.
- 부장은 홍보팀이고 검은색 신발을 신었다.
- 디자인팀 직원은 조수석에 앉았고 노란색 신발을 신었다.
- 사원은 기획팀 소속이다.

① 택시 운전기사 바로 뒤에는 사원이 앉는다.
② 부장은 조수석에 앉는다.
③ 과장은 노란색 신발을 신었다.
④ 부장 옆에는 과장이 앉는다.
⑤ 사원은 흰색 신발을 신었다.

40 S사의 A ~ D 네 명은 각각 다른 팀에 근무하는데, 각 팀은 2층, 3층, 4층, 5층에 위치하고 있다. 아래의 〈조건〉을 참고할 때, 다음 중 항상 참인 것은?

〈조건〉

- A ~ D 중 2명은 부장, 1명은 과장, 1명은 대리이다.
- 대리의 사무실은 B보다 높은 층에 있다.
- B는 과장이다.
- A는 대리가 아니다.
- A의 사무실은 가장 높은 층에 있다.

① 부장 중 한 명은 반드시 2층에 근무한다.
② A는 부장이다.
③ 대리는 4층에 근무한다.
④ B는 2층에 근무한다.
⑤ C는 대리이다.

41 A ~ E 다섯 명은 S시에서 개최하는 마라톤에 참가하였다. 아래의 〈조건〉을 참고할 때, 다음 중 참이 아닌 것은?

〈조건〉

- A는 B와 C보다 앞서 달리고 있다.
- D는 A보다 뒤에 달리고 있지만, B보다는 앞서 달리고 있다.
- C는 D보다 뒤에 달리고 있지만, B보다는 앞서 달리고 있다.
- E는 C보다 뒤에 달리고 있지만, 다섯 명 중 꼴찌는 아니다.

① 현재 1등은 A이다.
② 현재 꼴찌는 B이다.
③ E는 C와 B 사이에서 달리고 있다.
④ D는 A와 C 사이에서 달리고 있다.
⑤ 현재 순위에 변동 없이 결승점까지 달린다면 C가 4등을 할 것이다.

42 다음 〈조건〉을 근거로 추론할 때, 항상 참인 것은?

〈조건〉

- 사원번호는 0부터 9까지 정수로 이루어졌다.
- S사에 입사한 사원에게 부여되는 사원번호는 여섯 자리이다.
- 사원번호 앞의 두 자리는 입사한 연도 뒤의 두 자리의 수이다.
- 사원번호 앞의 두 자리를 제외한 나머지 자리에는 0이 올 수 없다.
- 2020년 S사에 입사한 K씨의 사원번호는 앞의 두 자리를 제외하면 세 번째, 여섯 번째 자리의 수만 같다.
- 사원번호 여섯 자리의 합은 9이다.

① K씨 사원번호의 세 번째 자리의 수는 '1'이다.
② K씨의 사원번호는 '201321'이다.
③ K씨의 사원번호는 '201231'이 될 수 없다.
④ K씨의 사원번호 앞의 두 자리가 '20'이 아닌 '21'이 부여된다면 K씨의 사원번호는 '211231'이다.
⑤ K씨의 사원번호 네 번째 자리의 수가 다섯 번째 자리의 수보다 작다면 K씨의 사원번호는 '202032'이다.

43 다음 글의 밑줄 친 팀제에서 나타날 수 있는 단점으로 옳지 않은 것은?

팀제는 조직 간의 수직적 장벽을 허물고 보다 자율적인 환경 속에서, 인재의 폭넓은 활용으로, 경영자원의 효율성을 극대화하기 위해 내부운영에 유연성을 부여한 새로운 조직형태를 말한다. 이러한 팀제는 경영환경의 변화에 보다 유연하게 대처하기 위해 자신들이 책임질 수 있는 공동의 목적, 업무수행목표와 일의 추진방법에 전념하기로 한 소수의 상호보완적 경험 및 기술을 가진 사람들의 집단으로서, 미래의 조직으로 오늘날 부각되고 있다.

① 관리계층의 확대를 가져올 수 있다.
② 팀 내에서 또는 팀원 간의 갈등현상이 야기될 수 있다.
③ 팀원 간의 개인주의가 확산될 가능성이 있다.
④ 팀원의 보상에 대한 적절한 기준의 부재를 볼 수 있다.
⑤ 팀원을 감독하고 통제하기 어렵다.

44 다음에서 설명하고 있는 조직의 원리는?

> 조직의 각 구성원은 누구나 한 사람의 직속상관에게만 보고하고, 또 그로부터 명령을 받아야 한다. 이는 조직 내의 혼란을 방지하고 책임의 소재를 분명히 하고자 하는 데 목적이 있다.

① 계층제의 원리
② 분업의 원리
③ 조정의 원리
④ 적도집권의 원리
⑤ 명령통일의 원리

45 다음은 프랜차이즈 요식업을 운영하는 B사의 SWOT 분석에 대한 내용이다. SWOT 환경 분석에 따른 B사의 대응 전략이 다음과 같을 때, 이 전략에 해당되는 SWOT 전략 유형은?

〈SWOT 분석〉

Strength(강점요인)	Weakness(약점요인)
• 다수의 지점 보유 • 높은 자본건전성 보유	• 고객만족도 피드백 체계 미비
Opportunities(기회요인)	**Threats(위협요인)**
• 정부 및 지자체의 긴급재난지원금 지급	• 장기간 경기침체로 인한 매출 감소 추세 지속 • 최저임금 상승으로 인한 인건비 부담 증대

〈대응 전략〉

소비자들의 외식 증대로 인한 매출 상승이 기대됨에 따라 광고비 지출을 늘려 고객을 최대한 유치한다.

① SO전략
② ST전략
③ WO전략
④ WT전략
⑤ 적절한 대응 전략이 아니다.

46 다음 중 조직구조에 따른 설명으로 옳지 않은 것을 〈보기〉에서 모두 고르면?

〈보기〉

ㄱ. 기계적 조직은 구성원들의 업무분장이 명확하게 이루어져 있는 편이다.
ㄴ. 기계적 조직은 조직 내 의사소통이 비공식적 경로를 통해 주로 이루어진다.
ㄷ. 유기적 조직은 의사결정권한이 조직 하부구성원들에게 많이 위임되어 있으며, 업무내용이 명확히 규정되어 있는 것이 특징이다.
ㄹ. 유기적 조직은 기계적 조직에 비해 조직의 형태가 가변적이다.

① ㄱ, ㄴ
② ㄱ, ㄷ
③ ㄴ, ㄷ
④ ㄴ, ㄹ
⑤ ㄷ, ㄹ

47 다음 중 조직문화의 특성과 기능에 대한 설명으로 옳은 것을 〈보기〉에서 모두 고르면?

〈보기〉

ㄱ. 조직문화는 조직의 외부 환경의 변동성이 높을수록 내부 결속력을 강화하는 기능을 한다.
ㄴ. 기업의 조직문화는 직원들의 업무능력을 향상시키기도 한다.
ㄷ. 조직구성원들은 자신이 속한 조직의 문화에 대하여 항시적으로 인식하고 있다.
ㄹ. 조직문화는 구성원들의 행동에 대하여 공식적인 통제력을 갖는다.
ㅁ. 강한 조직문화는 조직의 혁신을 저해하기도 한다.

① ㄱ, ㄴ, ㄷ
② ㄱ, ㄹ, ㅁ
③ ㄱ, ㄴ, ㅁ
④ ㄴ, ㄷ, ㄹ
⑤ ㄷ, ㄹ, ㅁ

48 다음은 조직문화 모형인 7S 모형에 대한 설명이다. 옳지 않은 것을 〈보기〉에서 모두 고르면?

〈보기〉

ㄱ. 7S 모형에 제시된 조직문화 구성요소는 공유가치, 리더십 스타일, 구성원, 제도, 절차, 구조, 전략, 스킬을 가리킨다.
ㄴ. '리더십 스타일'이란 조직구성원들의 행동이나 사고를 특정 방향으로 이끌어 가는 원칙이나 기준을 의미한다.
ㄷ. '구조'는 조직의 전략을 수행하는데 필요한 틀로서 구성원의 역할과 그들 간의 상호관계를 지배하는 공식요소를 가리킨다.
ㄹ. '전략'은 조직의 장기적인 목적과 계획 그리고 이를 달성하기 위한 장기적인 행동지침을 가리킨다.

① ㄱ
② ㄴ
③ ㄱ, ㄷ
④ ㄴ, ㄹ
⑤ ㄷ, ㄹ

49 다음 글을 읽고 C사원이 해야 할 업무 순서를 〈보기〉에서 바르게 나열한 것은?

상사 : 벌써 2시 50분이네, 3시에 팀장회의가 있어서 지금 업무지시를 할게요. 업무보고는 내일 9시 30분에 받을게요. 업무보고 전 아침에 회의실과 마이크 체크를 한 내용을 업무보고에 반영해 주세요. 내일 있을 3시 팀장회의도 차질 없이 준비해야 합니다. 아, 그리고 오늘 P사원이 아파서 조퇴했으니 P사원 업무도 부탁할게요. 간단한 겁니다. 사업 브로슈어에 사장님의 개회사를 추가하는 건데, 브로슈어 인쇄는 2시간밖에 걸리지 않지만 인쇄소가 오전 10시부터 6시까지 하니 비서실에 방문해 파일을 미리 받아 늦지 않게 인쇄소에 넘겨주세요. 비서실은 본관 15층에 있으니 가는 데 15분 정도 걸릴 거예요. 브로슈어는 다음날 오전 10시까지 준비되어야 하는 거 알죠? 팀장회의에 사용할 케이터링 서비스는 매번 시키는 D업체로 예약해 주세요. 24시간 전에는 예약해야 하니 서둘러 주세요.

〈보기〉

(A) 비서실 방문
(B) 회의실, 마이크 체크
(C) 케이터링 서비스 예약
(D) 인쇄소 방문
(E) 업무보고

① (A) – (C) – (D) – (B) – (E)
② (C) – (A) – (D) – (B) – (E)
③ (B) – (A) – (D) – (E) – (C)
④ (C) – (B) – (A) – (D) – (E)
⑤ (C) – (B) – (D) – (A) – (E)

50 김부장과 박대리는 K공단의 고객지원실에서 근무하고 있다. 다음 상황에서 김부장이 박대리에게 지시할 사항으로 적절한 것은?

• 부서별 업무분장
– 인사혁신실 : 신규 채용, 부서 / 직무별 교육계획 수립 / 시행, 인사고과 등
– 기획조정실 : 조직문화 개선, 예산사용계획 수립 / 시행, 대외협력, 법률지원 등
– 총무지원실 : 사무실, 사무기기, 차량 등 업무지원 등

〈상황〉

• 박대리 : 고객지원실에서 사용하는 A4 용지와 볼펜이 부족해서 비품을 신청해야 할 것 같습니다. 그리고 지난번에 말씀하셨던 고객 상담 관련 사내 교육 일정이 이번에 확정되었다고 합니다. 고객지원실 직원들에게 관련 사항을 전달하려면 교육 일정 확인이 필요할 것 같습니다.

① 박대리, 인사혁신실에 전화해서 비품 신청하고, 전화한 김에 교육 일정도 확인해서 나한테 알려줘요.
② 박대리, 총무지원실에 가서 교육 일정 확인하고, 간 김에 비품 신청도 하고 오세요.
③ 박대리, 기획조정실에 가서 교육 일정 확인하고, 인사혁신실에 가서 비품 신청하고 오도록 해요.
④ 박대리, 총무지원실에 전화해서 비품 신청하고, 기획조정실에서 교육 일정 확인해서 나한테 알려줘요.
⑤ 박대리, 총무지원실에 전화해서 비품 신청하고, 인사혁신실에서 교육 일정 확인해서 나한테 알려줘요.

제3회 한국환경공단

NCS 직업기초능력평가

www.sdedu.co.kr

〈문항 및 시험시간〉

평가영역	문항 수	시험시간	모바일 OMR 답안채점 / 성적분석 서비스
의사소통+수리+문제해결+조직이해	50문항	60분	

한국환경공단 신입직원 필기시험

제3회 모의고사

문항 수 : 50문항
시험시간 : 60분

※ 다음 글에서 〈보기〉의 문장이 들어가기 가장 적절한 곳을 고르시오. [1~2]

01

그럼 이제부터 제형에 따른 특징과 복용 시 주의점을 알아보겠습니다. 먼저 산제나 액제는 복용해야 하는 용량에 맞게 미세하게 조절이 가능합니다. 그리고 정제나 캡슐제에 비해 노인이나 소아가 약을 삼키기 쉽고 약효도 빠르게 나타납니다. (가) 캡슐제는 캡슐로 약물을 감싸서 자극이 강한 약물을 복용할 때 생기는 불편을 줄일 수 있고, 정제로 만들면 약효가 떨어질 수 있는 경우에 사용되어 약효를 유지할 수 있습니다. (나) 하지만 캡슐제는 캡슐이 목구멍이나 식도에 달라붙을 수 있기 때문에 충분한 양의 물과 함께 복용해야 합니다. (다) 그리고 정제는 일정한 형태로 압축되어 있어 산제나 액제에 비해 보관이 간편하고 정량을 복용하기 쉽습니다. 이러한 정제는 약물의 성분이 빠르게 방출되는 속방정과 서서히 지속적으로 방출되는 서방정으로 구분할 수 있습니다. (라) 서방정은 오랜 시간 일정하게 약의 효과를 유지할 수 있어 복용 횟수를 줄일 수 있습니다. 그런데 서방정은 함부로 쪼개거나 씹어서 먹으면 안 됩니다. 왜냐하면 약물의 방출 속도가 달라져 부작용의 위험이 커질 수 있기 때문입니다.
오늘 강연 내용은 유익하셨나요? 이번 강연이 약에 대한 이해를 높일 수 있는 계기가 되었으면 합니다. 또한 약과 관련해 더 궁금한 내용이 있다면 '온라인 의약 도서관'을 통해 찾아보실 수 있습니다. (마) 마지막으로 상세한 복약 정보는 꼭 의사나 약사에게 확인하시기 바랍니다. 경청해 주셔서 감사합니다.

〈보기〉

하지만 이 둘은 정제에 비해 변질되기 쉬우므로 특히 보관에 주의해야 하고 복용 전 변질 여부를 잘 확인해야 합니다.

① (가)
② (나)
③ (다)
④ (라)
⑤ (마)

02

게임 중독세는 세금 징수의 당위성이 인정되지 않는다. 세금으로 특별 목적 기금을 조성하려면 검증을 통해 그 당위성을 인정할 수 있어야 한다. [(가)] 담배에 건강 증진 기금을 위한 세금을 부과하는 것은 담배가 건강에 유해한 요소들로 이루어져 있다는 것이 의학적으로 증명되어 세금 징수의 당위성이 인정되기 때문이다. [(나)] 하지만 게임은 유해한 요소들로 이루어져 있다는 것이 의학적으로 증명되지 않았다.
게임 중독세는 게임 업체에 조세 부담을 과도하게 지우는 것이다. 게임 업체는 이미 매출에 상응하는 세금을 납부하고 있는데, 여기에 게임 중독세까지 내도록 하는 것은 지나치다. [(다)] 또한 스마트폰 사용 중독 등에 대해서는 세금을 부과하지 않는데, 유독 게임 중독에 대해서만 세금을 부과하는 것은 형평성에 맞지 않는다.
게임 중독세는 게임에 대한 편견을 강화하여 게임 업체에 대한 부정적 이미지만을 공식화한다. 게임 중독은 게임 이용자의 특성이나 생활환경 등이 원인이 되어 발생하는 것이지 게임 자체에서 비롯되는 것은 아니다. [(라)] 게임 중독이 이용자 개인의 책임이 큰 문제임에도 불구하고 게임 업체에 징벌적 세금을 물리는 것은 게임을 사회악으로 규정하고 게임 업체에 사회 문제를 조장하는 기업이라는 낙인을 찍는 것이다. [(마)]

〈보기〉

카지노, 복권 등 사행 산업을 대상으로 연 매출의 일부를 세금으로 추가 징수하는 경우가 있긴 하지만, 게임 산업은 문화 콘텐츠 산업이지 사행 산업이 아니다.

① (가)
② (나)
③ (다)
④ (라)
⑤ (마)

03 다음 글을 논리적인 순서대로 바르게 배열한 것은?

(가) 고전주의 예술관에 따르면 진리는 예술 작품 속에 이미 완성된 형태로 존재한다. 독자는 작가가 담아 놓은 진리를 '원형 그대로' 밝혀내야 하고 작품에 대한 독자의 감상은 언제나 작가의 의도와 일치해야 한다. 결국 고전주의 예술관에서 독자는 작품의 의미를 수동적으로 받아들이는 존재일 뿐이다. 하지만 작품의 의미를 해석하고 작가의 의도를 파악하는 존재는 결국 독자이다. 특히 현대 예술에서는 독자에 따라 작품에 대한 다양한 해석이 가능하다고 여긴다. 바로 여기서 수용미학이 등장한다.

(나) 이저는 텍스트 속에 독자의 역할이 들어있다고 보았다. 그러나 독자가 어떠한 역할을 수행할지는 정해져 있지 않기 때문에 독자는 텍스트를 읽는 과정에서 텍스트의 내용과 형식에 끊임없이 반응한다. 이러한 상호작용 과정을 통해 독자는 작품을 재생산한다. 텍스트는 다양한 독자에 따라 다른 작품으로 태어날 수 있으며, 같은 독자라도 시간과 장소에 따라 다른 작품으로 생산될 수 있는 것이다. 이처럼 텍스트와 독자의 상호작용을 강조한 이저는 작품의 내재적 미학에서 탈피하여 작품에 대한 다양한 해석의 가능성을 열어주었다.

(다) 야우스에 의해 제기된 독자의 역할을 체계적으로 정리한 사람이 '이저'이다. 그는 독자의 능동적 역할을 밝히기 위해 '텍스트'와 '작품'을 구별했다. 텍스트는 독자와 만나기 전의 것을, 작품은 독자가 텍스트와의 상호작용을 통해 그 의미가 재생산된 것을 가리킨다. 그런데 이저는 텍스트에는 '빈틈'이 많다고 보았다. 이 빈틈으로 인해 텍스트는 '불명료성'을 가진다. 텍스트에 빈틈이 많다는 것은 부족하다는 의미가 아니라 독자의 개입에 의해 언제나 새롭게 해석될 수 있다는 것을 의미한다.

(라) 수용미학을 처음으로 제기한 사람은 야우스이다. 그는 "문학사는 작품과 독자 간의 대화의 역사로 쓰여야 한다."고 주장했다. 이것은 작품의 의미는 작품 속에 갇혀 있는 것이 아니라 독자에 의해 재생산되는 것임을 말한 것이다. 이로부터 문학을 감상할 때 작품과 독자의 관계에서 독자의 능동성이 강조되었다.

① (가) – (다) – (라) – (가)
② (다) – (가) – (나) – (라)
③ (가) – (라) – (다) – (나)
④ (라) – (가) – (나) – (다)
⑤ (나) – (가) – (다) – (라)

04 다음 글에서 이어질 문단을 논리적인 순서대로 바르게 배열한 것은?

> 산수만 가르치면 아이들이 돈의 중요성을 알게 될까? 돈의 가치를 어떻게 가르쳐야 아이들이 돈에 대하여 올바른 개념을 갖게 될까? 이런 생각은 모든 부모의 공통된 고민일 것이다.

(A) 독일의 한 연구에 따르면 부모가 돈에 대한 개념이 없으면 아이들이 백만장자가 될 확률이 500분의 1인 것으로 나타났다. 반면 부모가 돈을 다룰 줄 알면 아이들이 백만장자로 성장할 확률이 5분의 1이나 된다. 특히 백만장자의 자녀들은 돈 한 푼 물려받지 않아도 백만장자가 될 확률이 일반인보다 훨씬 높다는 게 연구 결과의 요지다. 이는 돈의 개념을 이해하는 가정의 자녀들이 그렇지 않은 가정의 자녀들보다 백만장자가 될 확률이 100배 높다는 얘기다.

(B) 연구 결과 만 7세부터 돈의 개념을 어렴풋이나마 짐작하게 되는 것으로 나타났다. 따라서 이때부터 아이들에게 약간의 용돈을 주는 것으로 돈에 대한 교육을 시작하면 좋다. 8세 때부터는 돈의 위력을 이해하기 시작한다. 소유가 뭘 의미하는지, 물물교환은 어떻게 하는지 등을 가르칠 수 있다. 아이들은 돈을 벌고자 하는 욕구를 느낀다. 이때부터 돈은 자연스러운 것이고, 건강한 것이고, 인생에서 필요한 것이라고 가르칠 필요가 있다.

(C) 아이들에게 돈의 개념을 가르치는 지름길은 용돈이다. 용돈을 받아 든 아이들은 돈에 대해 책임감을 느끼게 되고, 돈에 대한 결정을 스스로 내리기 시작한다. 그렇다면 언제부터, 얼마를 용돈으로 주는 것이 좋을까?

(D) 하지만 돈에 대해서 부모가 결코 해서는 안 될 일들도 있다. 예컨대 벌을 주기 위해 용돈을 깎거나 포상 명목으로 용돈을 늘려줘서는 안 된다. 아이들은 무의식적으로 잘못한 일을 돈으로 때울 수 있다고 생각하거나 사랑과 우정을 돈으로 살 수 있다고 생각하게 된다. 아이들은 우리의 미래다. 부모는 아이들이 돈에 대하여 정확한 개념과 가치관을 세울 수 있도록 좋은 본보기가 되어야 할 것이다. 그러한 노력만이 아이들의 미래를 아름답게 만들어 줄 것이다.

① (A) – (C) – (B) – (D)
② (C) – (B) – (D) – (A)
③ (C) – (A) – (B) – (D)
④ (B) – (D) – (A) – (C)
⑤ (B) – (A) – (D) – (C)

※ 다음 빈칸에 들어갈 내용으로 가장 적절한 것을 고르시오. [5~6]

05

미세먼지와 황사는 여러모로 비슷하면서도 뚜렷한 차이점을 지니고 있다. 삼국사기에도 기록되어 있는 황사는 중국 내륙 내몽골 사막에 강풍이 불면서 날아오는 모래와 흙먼지를 일컫는데, 장단점이 존재했던 과거와 달리 중국 공업지대를 지난 황사에 미세먼지와 중금속 물질이 더해지며 심각한 환경문제로 대두되었다. 이와 달리 미세먼지는 일반적으로는 대기오염물질이 공기 중에 반응하여 형성된 황산염이나 질산염 등 이온 성분, 석탄・석유 등에서 발생한 탄소화합물과 검댕, 흙먼지 등 금속화합물의 유해성분으로 구성된다.
미세먼지의 경우 통념적으로는 먼지를 미세먼지와 초미세먼지로 구분하고 있지만, 대기환경과 환경 보전을 목적으로 하는 환경정책기본법에서는 미세먼지를 PM(Particulate Matter)이라는 단위로 구분한다. 즉, 미세먼지(PM_{10})의 경우 입자의 크기가 $10\mu m$ 이하인 먼지이고, 초미세먼지($PM_{2.5}$)는 입자의 크기가 $2.5\mu m$ 이하인 먼지로 정의하고 있다. 이에 비해 황사는 통념적으로는 입자 크기로 구분하지 않으나 주로 지름 $20\mu m$ 이하의 모래로 구분하고 있다. 때문에 (   )

① 황사 문제를 해결하기 위해서는 근본적으로 황사의 발생 자체를 억제할 필요가 있다.
② 황사와 미세먼지의 차이를 입자의 크기만으로 구분 짓긴 어렵다.
③ 미세먼지의 역할 또한 분명히 존재함을 기억해야 할 것이다.
④ 황사와 미세먼지의 근본적인 구별법은 그 역할에서 찾아야 할 것이다.
⑤ 초미세먼지를 차단할 수 있는 마스크라 해도 황사와 초미세먼지를 동시에 차단하긴 어렵다.

06

어떻게 그 공이 세 가지가 있다고 말하는가, 그 하나는 직통(直通)이요 다른 하나는 합통(合通)이요 또 다른 하나는 추통(推通)이다. 직통(直通)이라는 것은 많은 여러 물건을 일일이 취하되 순수하고 섞이지 않는 것이다. 합통(合通)이라는 것은 두 물건을 화합하여 아울러서 거두되 그렇고 그렇지 않은 것을 분별한다. 추통(推通)이라는 것은 이 물건으로써 전 물건에 합하고 또 다른 물건에 유추하는 것이다. 직통(直通)은 모두 참되고 오류가 없으니 하나의 사물이 스스로 하나의 사물이 되기 때문이다. 합통(合通)과 추통(推通)은 참도 있고 오류도 있으니 이것으로써 저것에 합하고, 맞는 것도 있고 맞지 않은 것도 있다. (   ) 더욱 많으면 맞지 않은 경우가 있기 때문이다.

– 최한기, 『기학』

① 이것으로 저것에 합하는 것은 참이고, 이것으로 저것을 분별하는 것은 거짓이니
② 이것으로써 저것에 합하고 또 다른 것을 유추하는 데는 위험이 더욱 많으니
③ 이것으로써 저것에 합하는 것은 맞지 않는 것보다 맞는 것이 더욱 많으니
④ 무릇 추통은 다만 사람만이 가능하고 유추하는 데는 위험이 더욱 적으니
⑤ 무릇 추통은 다만 사람은 가능하지만 금수는 추통을 하지 못하니

07 다음 글을 통해 추론할 수 있는 것은?

딸의 생일 선물을 깜빡 잊은 아빠가 "내일 우리 집보다 더 큰 곰 인형 사 올게."라고 말했을 때, 아빠가 발화한 문장은 상황에 적절한 발화인가 아닌가?

발화의 적절성 판단은 상황에 의존하고 있다. 화행(話行) 이론은 요청, 명령, 질문, 약속, 충고 등의 발화가 상황에 적절한지를 판단하는 기준으로 적절성 조건을 제공한다. 적절성 조건은 상황에 대한 배경적 정보와 관련되는 예비 조건, 그 행위에 대한 진실된 심리적 태도와 관련되는 진지성 조건, 그 행위가 본래의 취지대로 이행되도록 만드는 발화 효과와 관련되는 기본 조건으로 나뉜다. 어떤 발화가 적절한 것으로 판정되기 위해서는 이 세 가지 조건이 전부 충족되어야 한다.

적절성 조건을 요청의 경우에 적용해 보자. 청자가 그 행위를 할 능력이 있음을 화자가 믿는 것이 예비 조건, 청자가 그 행위를 하기를 화자가 원하는 것이 진지성 조건, 화자가 청자로 하여금 그 행위를 하게 하고자 하는 것이 기본 조건이다. "산타 할아버지를 만나게 해 주세요."라는 발화는, 산타클로스의 존재를 믿는 아들의 입장에서는 적절한 발화이지만 수행할 능력이 없는 부모의 입장에서는 예비 조건을 어긴 요청이 된다. "저 좀 미워해 주세요."라는 요청은, 화자가 진심으로 원하는 상황이라면 적절하지만 진심으로 원하지 않는 상황이라면 진지성 조건을 어긴 요청이 된다. "저 달 좀 따다 주세요."라는 요청은, 화자가 청자로 하여금 정말로 달을 따러 가게 하지 않을 것이므로 기본 조건을 어긴 요청이 된다.

둘 이상의 조건을 어긴 발화도 있다. 앞서 예로 들었던 "저 달 좀 따다 주세요."의 경우, 화자는 청자가 달을 따다 줄 능력이 없음을 알고 있고 달을 따다 주기를 진심으로 원하지도 않으며 또 달을 따러 가게 할 생각도 없는 것이 일반적인 상황이므로, 세 조건을 전부 어기고 있다. 그런데도 이 발화가 동서고금을 막론하고 빈번히 사용되고 또 용인되는 이유는 무엇일까? 화자는 이 발화가 세 조건을 전부 어기고 있음을 알고 있지만 오히려 이를 이용해서 모종의 목적을 이루고자 하고 청자 또한 그런 점을 이해하기 때문에, 이 발화는 적절하지는 않지만 유효한 의사소통의 방법으로 용인된다.

화행 이론은 적절성 조건을 이용하여 상황에 따라 달라지는 발화의 적절성에 대해 유용한 설명을 제공한다. 그러나 발화가 이루어지는 상황은 너무나 복잡다단하여 이것만으로 발화와 상황의 상호 관계를 다 설명할 수는 없다. 이러한 한계는 발화 상황과 연관 지어 언어를 이해하고 설명하려는 언어 이론의 공통적 한계이기도 하다.

① 적절성 조건을 어긴 문장은 문법적으로도 잘못이다.
② 예비 조건은 다른 적절성 조건들보다 우선 적용된다.
③ 적절성 조건이 가장 잘 적용되는 발화 행위는 요청이다.
④ 하나의 발화도 상황에 따라 적절성 여부가 달라질 수 있다.
⑤ 적절성 조건을 어긴 발화는 그렇지 않은 발화보다 의사소통에 효과적이다.

08 다음 글과 일치하는 내용을 〈보기〉에서 모두 고르면?

유럽 최대의 무역항이자 건축 수도인 로테르담에서는 거대한 말발굽, 혹은 연필깎이를 연상시키는 형상의 건축물이 새로운 랜드마크로 각광받고 있다. 길이 120m, 높이 40m에 10만여 m^2 규모로 10년의 건축기간을 거쳐 2014년 준공된 주상복합 전통시장 '마켓홀(Market Hall)이 바로 그것이다.
네덜란드의 건축 그룹 엠베에르데베(MVRDV)가 건물의 전체 설계를 맡은 마켓홀은 터널처럼 파낸 건물 중앙부에는 약 100여개의 지역 업체가 들어서 있으며, 시장 위를 둘러싸고 있는 건물에는 228가구의 아파트가 자리 잡고 있다. 양쪽 끝은 대형 유리벽을 설치해 자연광을 받을 수 있도록 하였고, 강한 외풍을 막아내기 위해 테니스 라켓 모양으로 디자인한 뒤 유리를 짜 넣어 건물 내외에서 서로를 감상할 수 있도록 하였다.
마켓홀의 내부에 들어서면 거대하고 화려한 외관 못지않은 거대한 실내 벽화가 손님들을 맞이한다. 11,000m^2에 달하는 천장벽화 '풍요의 뿔'은 곡식과 과일, 물고기 등 화려한 이미지로 가득한데, 이 벽화를 그린 네덜란드의 예술가 아르노 코넨과 이리스 호스캄은 시장에서 판매되는 먹을거리가 하늘에서 떨어지는 모습을 표현하기 위해 4,500개의 알루미늄 패널을 사용했다. 특히 이 패널은 작은 구멍이 뚫려있어 실내의 소리를 흡수, 소음을 줄여주는 기능적인 면 또한 갖추었다.
이처럼 현대의 건축기술과 미술이 접목되어 탄생한 마켓홀이 지닌 가장 큰 강점은 전통시장의 활성화와 인근 주민과의 상생에 성공했다는 점이다. 마켓홀은 전통시장의 상설화는 물론 1,200대 이상의 차량을 주차할 수 있는 규모의 주차장을 구비해 이용객의 접근을 용이하게 하고, 마켓홀을 찾은 이들이 자연스레 주변 5일장이나 인근 쇼핑거리로 향하게 하여 로테르담의 지역경제를 활성화하는 데 성공했다는 평가를 받고 있다.

〈보기〉

ㄱ. 엠베에르데베는 건물 내부에 설치한 4,500개의 알루미늄 패널을 통해 실내의 소리를 흡수하여 소음을 줄일 수 있도록 했다.
ㄴ. 마켓홀은 새로운 랜드마크로 로테르담의 무역 활성화에 크게 기여했다.
ㄷ. 마켓홀의 거대한 천장벽화는 화려한 이미지를 표현한 것은 물론 기능미 또한 갖추었다.
ㄹ. 마켓홀은 이용객들을 유치할 수 있도록 해 로테르담 주민들과의 상생에 성공할 수 있었다.

① ㄱ, ㄴ
② ㄴ, ㄷ
③ ㄱ, ㄷ
④ ㄴ, ㄹ
⑤ ㄷ, ㄹ

09 다음 글의 주제로 가장 적절한 것은?

> 최근에 사이버공동체를 중심으로 한 시민의 자발적 정치 참여 현상이 많은 관심을 끌고 있다. 이러한 현상과 관련하여 A의 연구가 새삼 주목 받고 있다. A의 연구에 따르면 공동체의 구성원이 됨으로써 얻게 되는 '사회적 자본'이 시민사회의 성숙과 민주주의 발전을 가져오는 원동력이다. A의 이론에서는 공동체에 대한 자발적 참여를 통해 사회 구성원 간의 상호 의무감과 신뢰, 구성원들이 공유하는 규칙과 관행, 사회적 유대 관계와 같은 사회적 자본이 늘어나면, 사회 구성원 간의 협조적인 행위가 가능하게 된다고 보았다. 더 나아가 A는 자원봉사자와 같이 공동체 참여도가 높은 사람이 투표할 가능성이 높고 정부 정책에 대한 의견 개진도 활발해지는 등 정치 참여도가 높아진다고 주장하였다.
>
> 몇몇 학자들은 A의 이론을 적용하여 면대면 접촉에 따른 인간관계의 산물인 사회적 자본이 사이버공동체에서도 충분히 형성될 수 있다고 보았다. 그리고 사이버공동체에서 사회적 자본의 증가는 곧 정치 참여도 활성화시킬 것으로 기대했다. 그러나 현실은 이러한 기대와는 달리 정치 참여가 활성화되지 않았다. 요즘 젊은이들을 보면 각종 사이버공동체에 자발적으로 참여하는 수준은 높지만 투표나 다른 정치 활동에는 무관심하거나 심지어 정치를 혐오하기도 한다. 이런 측면에서 A의 주장은 사이버공동체가 활성화된 오늘날에는 잘 맞지 않는다.
>
> 이러한 이유 때문에 오늘날 사이버공동체를 중심으로 한 정치 참여를 더 잘 활성화하기 위해서 '정치적 자본' 개념의 도입이 필요하다. 정치적 자본은 사회적 자본의 구성 요소와는 달리 정치 정보의 습득과 이용, 정치적 토론과 대화, 정치적 효능감 등으로 구성된다. 정치적 자본은 사회적 자본과 마찬가지로 공동체 참여를 통해서 획득되지만, 정치 과정에의 관여를 촉진한다는 점에서 사회적 자본과는 구분될 필요가 있다. 사회적 자본만으로 정치 참여를 기대하기 어렵고, 사회적 자본과 정치 참여 사이를 정치적 자본이 매개할 때 비로소 정치 참여가 활성화된다.

① 사이버공동체를 통해 축적된 사회적 자본에 정치적 자본이 더해질 때 정치 참여가 활성화된다.
② 사회적 자본은 정치적 자본을 포함하기 때문에 그 자체로 정치 참여의 활성화를 가져온다.
③ 사회적 자본이 많은 사회는 정치 참여가 활발하기 때문에 민주주의가 실현된다.
④ 사이버공동체의 특수성으로 인해 시민들의 정치 참여가 어렵게 되었다.
⑤ 사이버공동체에의 자발적 참여 증가는 정치 참여를 활성화시킨다.

10 다음 글의 중심 내용으로 가장 적절한 것은?

> 청소년보호법 유해매체물 심의 기준에 '동성애' 조항이 포함된 것은 동성애자의 평등권 침해라는 항의에 대하여, 위원회 쪽은 아직 판단력이 부족한 청소년들에게 균형 잡힌 정보를 제공해야 하므로 동성애를 상대적으로 우월하거나 바람직한 것으로 인식하게 할 우려가 있는 매체물을 단속하기 위함일 뿐, 결코 동성애를 성적 지향의 하나로 존중하지 않는 건 아니라고 주장했다. 일견 그럴싸하게 들리지만 이것이 정말 평등일까? 동성애를 조장하는 매체물을 단속한다는 명목은 이성애를 조장하는 매체물이란 개념으론 연결되지 않는다. 애초에 이성애주의에 기반을 두어 만들어진 규칙의 적용이 결코 평등일 순 없다.

① 청소년보호법 유해매체물 심의 기준은 동성애자에 대한 차별을 내포하고 있다.
② 청소년보호법은 청소년들의 자유로운 매체물 선택을 제한한다.
③ 청소년은 동성애에 대해 중립적인 시각을 갖기 어려울 것이다.
④ 청소년에게 동성애를 이성애와 차별하지 않도록 교육할 필요가 있다.
⑤ 동성애에 기반을 두어 규칙을 만들면 동성애보다 이성애를 존중하기 때문이다.

11 다음 지문을 토대로 〈보기〉를 바르게 해석한 것은?

> 요즘 대세로 불리는 폴더블 스마트폰이나 커브드 모니터를 직접 보거나 사용해 본 적이 있는가? 혁신적인 디자인과 더불어 사용자에게 뛰어난 몰입감을 제공하며 시장에서 큰 인기를 끌고 있는 이 제품들의 사양을 자세히 보면 'R'에 대한 값이 표시되어 있음을 알 수 있다. 이 R은 반지름(Radius)을 뜻하며 제품의 굽혀진 곡률을 나타내는데, 이 R의 값이 작을수록 접히는 부분의 비는 공간이 없어 완벽하게 접힌다.
> 일반적으로 여러 층의 레이어로 구성된 패널은 접었을 때 앞면에는 줄어드는 힘인 압축응력이, 뒷면에는 늘어나는 힘인 인장응력이 동시에 발생한다. 이처럼 서로 반대되는 힘인 압축응력과 인장응력이 충돌하면서 패널의 구조에 영향을 주는 것을 '폴딩 스트레스'라고 하는데, 곡률이 작을수록 즉, 더 접힐수록 패널이 받는 폴딩 스트레스가 높아진다. 따라서 곡률이 상대적으로 작은 인폴딩 패널이 곡률이 큰 아웃폴딩 패널보다 개발 난이도가 높은 셈이다.

〈보기〉

> S전자는 이번 행사에서 1.4R의 인폴딩 패널을 사용한 폴더블 스마트폰을 개발하는 데 성공했다고 발표했다. 이는 아웃폴딩 패널을 사용한 H기업이나 동일한 인폴딩 패널을 사용한 A기업의 폴더블 스마트폰보다 현저히 작은 곡률이다.

① 이번에 H기업에서 새로 개발한 1.6R의 작은 곡률이 적용된 패널을 사용한 폴더블 스마트폰은 S전자에서 개발한 폴더블 스마트폰과 동일한 방식의 패널을 사용했을 것이다.

② 아웃폴딩 패널을 사용한 H기업의 폴더블 스마트폰은 이번에 S전자에서 개발한 폴더블 스마트폰보다 폴딩 스트레스가 낮을 것이다.

③ 인폴딩 패널을 사용한 A기업의 폴더블 스마트폰은 S전자에서 개발한 폴더블 스마트폰과 개발난이도가 비슷했을 것이다.

④ 아웃폴딩 패널을 사용한 H기업의 폴더블 스마트폰의 R값은 인폴딩 패널을 사용한 A기업의 폴더블 스마트폰의 R값보다 작을 것이다.

⑤ S전자의 폴더블 스마트폰의 R값이 경쟁 기업보다 작은 것은 여러 층으로 구성된 패널의 층수를 타 기업의 패널보다 줄여 압축응력과 인장응력으로 인한 폴딩 스트레스를 줄였기 때문일 것이다.

12 다음 글을 근거로 판단할 때, 옳지 않은 것은?

개발도상국으로 흘러드는 외국자본은 크게 원조, 부채, 투자가 있다. 원조는 다른 나라로부터 지원받는 돈으로, 흔히 해외 원조 혹은 공적개발원조라고 한다. 부채는 은행 융자와 정부 혹은 기업이 발행한 채권으로, 투자는 포트폴리오 투자와 외국인 직접투자로 이루어진다. 포트폴리오 투자는 경영에 대한 영향력보다는 경제적 수익을 추구하기 위한 투자이고, 외국인 직접투자는 회사 경영에 일상적으로 영향력을 행사하기 위한 투자이다.

개발도상국에 유입되는 이러한 외국자본은 여러 가지 문제점을 보이고 있다. 해외 원조는 개발도상국에 대한 경제적 효과가 있다고 여겨져 왔으나 최근 경제학자들 사이에서는 그러한 경제적 효과가 없다는 주장이 점차 힘을 얻고 있다.

부채는 변동성이 크다는 단점이 지적되고 있다. 특히 은행 융자는 변동성이 큰 것으로 유명하다. 예컨대 1998년 개발도상국에 대하여 이루어진 은행 융자 총액은 500억 달러였다. 하지만 1998년 러시아와 브라질, 2002년 아르헨티나에서 일어난 일련의 금융 위기가 개발도상국을 강타하여 1999 ~ 2002년의 4개년 동안에는 은행 융자 총액이 연평균 －65억 달러가 되었다가, 2005년에는 670억 달러가 되었다. 은행 융자만큼 변동성이 큰 것은 아니지만, 채권을 통한 자본 유입 역시 변동성이 크다. 외국인은 1997년에 380억 달러의 개발도상국 채권을 매수했다. 그러나 1998 ~ 2002년에는 연평균 230억 달러로 떨어졌고, 2003 ~ 2005년에는 연평균 440억 달러로 증가했다.

한편 포트폴리오 투자는 은행 융자만큼 변동성이 크지는 않지만 채권에 비하면 변동성이 크다. 개발도상국에 대한 포트폴리오 투자는 1997년의 310억 달러에서 1998 ~ 2002년에는 연평균 90억 달러로 떨어졌고, 2003 ~ 2005년에는 연평균 410억 달러에 달했다.

① 개발도상국에 대한 투자는 경제적 수익뿐만 아니라 회사 경영에 영향력을 행사하기 위해서도 이루어질 수 있다.
② 해외 원조는 개발도상국에 대한 경제적 효과가 없다고 주장하는 경제학자들이 있다.
③ 개발도상국에 유입되는 외국자본에는 해외 원조, 은행 융자, 채권, 포트폴리오 투자, 외국인 직접투자가 있다.
④ 개발도상국에 대한 2005년의 은행 융자 총액은 1998년의 수준을 회복하지 못하였다.
⑤ 1998 ~ 2002년과 2003 ~ 2005년의 연평균 금액을 비교할 때, 개발도상국에 대한 포트폴리오 투자가 채권보다 증감액이 크다.

※ 다음 글을 읽고 물음에 답하시오. [13~15]

날마다 언론에서는 주식 시장이나 부동산 시장의 움직임을 설명하면서 투자 심리에 대해 이야기하지만, 정작 경제학에서는 '심리'에 대해 그다지 가르쳐 주지 않는다. 이 때문에 2002년에 카네만이라는 심리학자에게 노벨 경제학상이 수여되었을 때 많은 이들이 의아해했던 것이 사실이다. 경제학과 심리학이 무슨 상관이란 말인가?
물론, 1930년대 세계 대공황의 시기에 등장하여 자유방임의 철학에 수정을 가했던 케인스의 경제학이 인간의 심리적 측면에 대한 성찰에 근거하고 있음은 잘 알려진 사실이다. 그러나 케인스는 인간의 심리 그 자체를 과학적으로 파고들었다기보다, 우리의 의사 결정은 늘 미래가 불확실한 상황에서 이루어진다는 점과 우리가 직면하는 불확실성은 확률적으로도 파악하기 힘든 것이 대부분이라는 점을 강조하였다. 앞으로 어떻게 될지 모르는 상황에서도 무엇인가를 선택할 수밖에 없는 것이 인간의 운명이기에 인간의 행동은 경제학에서 가정하는 합리성을 갖추기보다는 때로는 직관에 의존하기도 하고 때로는 충동에 좌우되기도 한다는 것이다. (㉠) 그의 생각은 경제학도들 사이에서 인간 심리의 중요성을 강조하는 경구로 회자되었을지언정 합리성을 전제로 한 경제학의 접근 방법을 바꾸어 놓는 데까지 나아가지는 못했다.
그런데 카네만과 같은 확률 인지 심리학자들의 연구는 경제학의 방법론을 바꾸는 계기를 마련하였다. 그들은 사람들이 확률에 대해 판단할 때에 '주관적 추론'에 의존하는 경향이 매우 크다는 사실을 알아냈다. 예를 들어, A가 B에 속할 확률을 판단할 때 실제 확률에 영향을 미치는 정보보다 A가 B를 얼마나 닮았는지에 더 영향을 받는다거나, ㉡ <u>A의 구체적인 예를 떠올리기 쉬울수록 A가 발생할 확률이 더 크다고 판단한다거나</u>, 또한 새로운 정보가 추가됨에 따라 자신의 평가를 조정하지만 최종적인 추정 결과는 처음의 평가 쪽으로 기울기 쉬운 경향이 있다는 것 등이다. 이러한 주관적 추론은 편리한 인지 방법이지만, 체계적인 편향이나 심각한 오류를 낳기 쉽다.
이러한 성과에 기초하여 이들은 합리적인 인간 행동에 대한 기존의 인식을 비판하는 연구로 나아갔다. 그 가운데 하나가 이득에 관한 의사 결정과 손실에 관한 의사 결정 사이의 비일관성에 대한 연구이다. 이들은 매우 다양한 실험을 통해, 이득이 생기는 경우에는 사람들이 '위험(Risk)'을 기피하지만, 손실을 보는 경우에는 위험을 선호하는 비일관성이 나타난다는 사실을 발견하였다. 이러한 행동은 이해할 만한 것이기는 해도 불확실한 상황에서의 합리적인 행동에 대한 가장 핵심적인 가정, 즉 위험에 대한 태도의 일관성과는 모순된다. 카네만 등은 이러한 실험 결과가 사람들이 위험을 싫어하는 것이 아니라 손실을 싫어하는 것임을 보여 준다고 해석하였다. 손실은 언제나 이득보다 더 크게 보인다는 것이다.
이러한 연구는 합리성에 대한 일정한 가정에 기초하여 사회 현상을 다루어 온 경제학으로 하여금 인간의 행동에 대한 가정보다는 그에 대한 관찰에서 출발할 것을 요구하는 것이라 하겠다. 과연 심리학이 경제학을 얼마나, 그리고 어떻게 바꾸어 놓을지 그 귀추가 기대된다.

13 다음 중 ㉠에 들어갈 말로 가장 적절한 것은?

① 투자 관리는 예술도 과학도 아니고 공학이라는
② 직관은 많은 것을 하지만, 모든 것을 하지는 않는다는
③ 시장에만 맡겨둔다면 비참한 결과를 낳을 수 있을 것이라는
④ 기업 투자는 이자율보다 기업가의 동물적 본능에 더 크게 영향을 받는다는
⑤ 과학의 장점은 우리 인간을 미혹으로 이끄는 감정을 배제한다는 것이라는

14 다음 중 ㉡의 구체적 사례로 가장 적절한 것은?

① 동전 던지기를 하는데 앞면이 다섯 번 연이어 나왔을 때, 다음에는 뒷면이 나올 가능성이 더 크다고 생각한다.

② 교통사고 소식이 위암으로 인한 사망 소식보다 대중 매체에 더 자주 언급되기 때문에, 교통사고로 사망할 가능성이 위암으로 사망할 가능성보다 더 크다고 생각한다.

③ 50달러와 25달러로 나누어 받는 것보다 75달러를 한꺼번에 받는 것을 선호하는 것에, 150달러를 한꺼번에 지불하는 것보다는 100달러를 내고 다음에 50달러를 지불하는 것을 선호하였다.

④ '1×2×3×4×5×6×7×8'이라고 칠판에 쓰면서 5초 이내에 답하라고 하였을 때 응답자들이 낸 답의 중앙값은 512였으나, '8×7×6×5×4×3×2×1'이라고 쓴 경우에는 2,250이었다. 정답은 40,320이다.

⑤ 값이 15달러인 계산기를 구입하는 상황에서 5달러를 절약하기 위해 20분 더 운전을 하겠느냐는 질문에 대해 68%가 그렇게 하겠다고 답한 것에 반해, 125달러인 계산기를 구입하는 상황에서는 29%만이 그렇게 하겠다고 대답했다.

15 다음 중 윗글의 내용과 일치하는 것은?

① 카네만은 경제학에서 인간 심리의 중요성을 처음으로 강조하였다.

② 케인스는 심리학의 성과를 바탕으로 경제학의 접근 방법을 변화시켰다.

③ 확률 인지 심리학은 주관적 추론의 체계적인 편향이나 오류를 시정하였다.

④ 확률 인지 심리학의 성과는 경제학의 접근 방법에 중요한 변화를 요구한다.

⑤ 기존의 경제학에서는 인간 행동에 대한 가정보다 관찰에 기초하여 합리성을 논한다.

16 〈보기〉에서 10진법과 관련한 내용으로 옳은 것을 모두 고르면?

〈보기〉

㉠ 10진법은 1, 10, 100, 1,000, …과 같이 10배마다 새로운 자리로 옮겨가는 기수법이다.
㉡ 10진법에서 수를 취급할 때에는 한 자리의 수가 0부터 시작해서 '0, 1, 2, 3, 4, 5, 6, 7, 8, 9'로 증가해 10으로 될 때마다 자리올림을 한다.
㉢ 2진법으로 나타낸 수인 10001을 10진법으로 나타내면 16이다.

① ㉡
② ㉠, ㉡
③ ㉠, ㉢
④ ㉡, ㉢
⑤ ㉠, ㉡, ㉢

※ 다음 자료를 보고 이어지는 질문에 답하시오. [17~18]

S사 홍보팀 직원들은 지난 분기 매출 분석을 위해 다음과 같이 회의를 진행하고 있다.

김대리 : 우리 회사의 실적도 중요하지만 경쟁사와의 매출액 비교도 빼놓을 수 없는 자료입니다. 3개 경쟁사와 우리 회사의 시기별 매출액을 막대 그래프로 비교해 보면 좋을 것 같습니다.
임사원 : 그럼 저는 동종 업계 전체에서 우리 회사 매출액이 차지하는 비중은 얼마나 되는지 원형 그래프를 통해서 한눈에 알 수 있도록 작성해 보겠습니다.
박과장 : 박대리는 우리 회사 매출액의 증감 추이를 3년 전 자료부터 분기별로 분석해 주세요. 층별 그래프를 사용하세요.
이대리 : 저는 최사원과 함께 방사형 그래프를 활용하여 제품 분야별 매출 기여도 자료를 준비해 보겠습니다.
최사원 : 이대리님, 그 자료는 원형 그래프로 작성하는 것도 좋은 방법일 것 같습니다.

다음은 도표작성의 절차 및 유의사항이다. 이를 참고하여 도표를 작성할 계획이다.

〈도표작성의 절차〉

어떠한 도표로 작성할 것인지를 결정
▼
가로축과 세로축에 나타낼 것을 결정
▼
한 눈금의 크기를 결정
▼
자료의 내용을 가로축과 세로축이 만나는 곳에 표현
▼
표현한 점들을 선분으로 연결
▼
도표의 제목 및 단위 표시

〈도표작성의 유의사항〉

• 선 그래프 작성 시 유의점
  – 세로축에 수량, 가로축에 명칭 구분을 제시한다.
  – 선의 높이에 따라 수치를 파악하는 경우가 많으므로 세로축의 눈금을 가로축보다 크게 하는 것이 효과적이다.
  – 선이 두 종류 이상일 경우 반드시 그 명칭을 기입한다.
• 막대 그래프 작성 시 유의점
  – 막대 수가 많을 경우에는 눈금선을 기입하는 것이 알아보기 쉽다.
  – 막대의 폭은 모두 같게 하여야 한다.

• 원형 그래프 작성 시 유의점
  - 정각 12시의 선을 기점으로 오른쪽으로 그리는 것이 보통이다.
  - 분할선은 구성 비율이 큰 순서로 그린다.
• 층별 그래프 작성 시 유의점
  - 눈금은 선 그래프나 막대 그래프보다 적게 하고 눈금선은 넣지 않는다.
  - 층별로 색이나 모양이 완전히 다른 것이어야 한다.
  - 같은 항목은 옆에 있는 층과 선으로 연결하여 보기 쉽도록 한다.

17 **다음 중 회의 내용을 토대로 그래프 작성 요령에 대해 바르게 이해하고 있지 못한 사람은?**

① 김대리
② 임사원
③ 박과장
④ 이대리
⑤ 최사원

18 **다음 중 도표작성의 절차와 유의사항을 토대로 그래프를 작성할 때 잘못된 행동은?**

① 선 그래프를 작성할 때, 세로축의 눈금을 크게 한다.
② 막대 그래프를 작성할 때, 디자인을 위해 막대의 크기를 다양하게 한다.
③ 원 그래프를 작성할 때, 시계 방향으로 한다.
④ 층별 그래프를 작성할 때, 색과 모양을 다양하게 한다.
⑤ 층별 그래프를 작성할 때, 눈금선은 사용하지 않게 한다.

19 다음은 A ~ E의 NCS 직업기초능력평가 점수에 관한 자료이다. 자료를 보고 표준편차가 가장 큰 순서대로 나열한 것은?

(단위 : 점)

구분	의사소통능력	수리능력	문제해결능력	조직이해	직업윤리
A	60	70	75	65	80
B	50	90	80	60	70
C	70	70	70	70	70
D	70	50	90	100	40
E	85	60	70	75	60

① D > B > E > C > A
② D > B > E > A > C
③ B > D > A > E > C
④ B > D > C > E > A
⑤ E > B > D > A > C

20 A국가에서 10명 중 4명이 H병을 앓고 있으며, H병을 검사했을 때 오진일 확률이 40%이다. L씨를 포함한 200명이 검사를 받았을 때, L씨가 H병에 걸렸다고 진단받았다면 오진일 확률은?

① 50%
② 45%
③ 40%
④ 35%
⑤ 30%

21 A국가의 국회는 야당과 여당이 두 당만 있으며, 국회에서 의장을 뽑으려고 한다. 전체 당원 중 여당이 뽑힐 확률은 $\frac{2}{3}$, 여자가 뽑힐 확률은 $\frac{3}{10}$, 여당에서 뽑혔을 때 남자일 확률이 $\frac{3}{4}$이라고 한다. 남자가 의장으로 뽑혔을 때, 의장이 야당일 확률은?

① $\frac{1}{3}$
② $\frac{2}{7}$
③ $\frac{1}{2}$
④ $\frac{7}{12}$
⑤ $\frac{2}{3}$

22 은경이는 태국 여행에서 A ~ D 네 종류의 손수건을 총 9장 구매했으며, 그 중 B손수건은 3장, 나머지는 각각 같은 개수를 구매했다. 기념품으로 친구 3명에게 종류가 다른 손수건 3장씩 나눠줬을 때, 가능한 경우의 수는?

① 5가지
② 6가지
③ 7가지
④ 8가지
⑤ 9가지

23 다음은 만화산업의 지역별 수출・수입액 현황에 관한 자료이다. 2021년 전체 수출액 중 가장 높은 비중을 차지하는 지역의 수출액 비중과, 2021년 전체 수입액 중 가장 높은 비중을 차지하는 지역의 수입액 비중의 차를 구하면?(단, 소수점 둘째 자리에서 반올림한다)

〈만화산업 지역별 수출・수입액 현황〉

(단위 : 천 달러)

구분		중국	일본	동남아	북미	유럽	기타	합계
수출액	2019년	986	6,766	3,694	2,826	6,434	276	20,982
	2020년	1,241	7,015	4,871	3,947	8,054	434	25,562
	2021년	1,492	8,165	5,205	4,208	9,742	542	29,354
수입액	2019년	118	6,388	–	348	105	119	7,078
	2020년	112	6,014	–	350	151	198	6,825
	2021년	111	6,002	–	334	141	127	6,715

① 56.2%p
② 58.4%p
③ 60.6%p
④ 62.8%p
⑤ 65.0%p

24 다음은 2019년부터 2021년까지 전국 병원·의원 및 기관에서 신고한 종별 의료장비에 관한 통계자료이다. 이에 대한 설명으로 옳은 것은?

〈2021년도 종별 의료장비 현황〉

(단위 : 대)

구분	장비명	상급 종합병원	종합 병원	일반 병원	요양 병원	의원	보건 기관	한방 병원
특수 장비	CT (전산화단층 촬영장치)	254	526	710	7	474	5	11
	MRI (자기공명 영상진단기)	161	438	690	1	239	-	23
	유방촬영장치	107	395	643	40	1,983	6	5
고가 장비	PET (양전자단층 촬영기)	79	86	5	-	25	-	-
	감마나이프	20	2	-	-	-	-	-
	사이버나이프	5	6	-	-	-	-	-
기타 장비	체외충격파 쇄석기	48	243	40	1	510	-	-
	인공신장기	2,129	7,041	2,371	3,691	11,497	-	13
	골밀도검사기	107	449	1,155	285	10,553	170	56

〈2020년도 종별 의료장비 현황〉

(단위 : 대)

구분	장비명	상급 종합병원	종합 병원	일반 병원	요양 병원	의원	보건 기관	한방 병원
특수 장비	CT (전산화단층 촬영장치)	253	499	711	8	474	5	10
	MRI (자기공명 영상진단기)	159	414	668	1	232	-	22
	유방촬영장치	111	387	646	42	1,865	6	6
고가 장비	PET (양전자단층 촬영기)	83	86	6	-	25	-	-
	감마나이프	18	2	-	-	-	-	-
	사이버나이프	5	6	-	-	-	-	-
기타 장비	체외충격파 쇄석기	50	237	44	-	482	-	-
	인공신장기	2,173	6,616	2,146	3,271	10,741	-	-
	골밀도검사기	110	435	1,148	305	10,221	167	51

〈2019년도 종별 의료장비 현황〉

(단위 : 대)

구분	장비명	상급 종합병원	종합 병원	일반 병원	요양 병원	의원	보건 기관	한방 병원
특수 장비	CT (전산화단층 촬영장치)	242	480	703	8	490	5	5
	MRI (자기공명 영상진단기)	155	395	627	1	229	–	18
	유방촬영장치	108	381	633	47	1,783	7	4
고가 장비	PET (양전자단층 촬영기)	83	91	7	–	27	–	–
	감마나이프	18	2	–	–	–	–	–
	사이버나이프	5	6	–	–	–	–	–
기타 장비	체외충격파 쇄석기	51	225	44	–	454	–	–
	인공신장기	2,070	6,251	2,029	2,875	10,221	–	–
	골밀도검사기	109	424	1,125	303	9,862	163	31

① 2019년도에 전체 의료장비 중 골밀도검사기의 총 대수가 가장 많다.

② 2019년부터 2021년까지 특수장비들이 가장 많은 곳은 종합병원이고, 고가장비들이 가장 많은 곳은 상급종합병원이다.

③ 2020년부터 2021년까지 상급종합병원과 종합병원을 제외한 곳에서 모든 특수장비와 기타장비를 갖춘 곳은 3곳이다.

④ 2020년부터 2021년까지 병원·의원 및 기관 7곳이 공통으로 갖고 있는 의료장비는 3가지이다.

⑤ 특수장비와 고가장비 각각 총 대수가 2019년부터 2021년까지 매년 증가하고 있다.

25 다음은 2021년 직장생활 중 직장인들의 스트레스 정도를 조사한 자료이다. 이에 대한 설명으로 옳은 것은? (단, 기준별로 전체 조사 인원은 8,000명이다)

〈직장인 스트레스 정도〉

(단위 : %)

구분		매우 느낌	느끼는 편임	느끼지 않는 편임	전혀 느끼지 않음
성별	남자	17.0	56.3	21.7	5.0
	여자	16.0	53.7	24.7	5.6
연령	10대(13 ~ 19세)	7.4	44.8	30.1	17.7
	20대	19.1	52.9	22.0	6.0
	30대	20.8	57.3	19.1	2.8
	40대	19.6	58.3	18.7	3.4
	50대	14.6	57.8	23.3	4.3
	60대 이상	8.0	46.7	34.8	10.5
교육정도	초졸 이하	7.7	43.1	38.2	11.0
	중졸	11.4	55.2	25.5	7.9
	고졸	16.8	56.1	22.0	5.1
	대졸이상	18.7	56.4	21.1	3.8
혼인상태	미혼	17.6	55.3	21.6	5.5
	배우자 있음	16.6	55.6	23.1	4.7
	사별	8.0	43.5	35.3	13.2
	이혼	17.9	57.1	20.2	4.8
직업	전문관리	18.5	54.4	23.0	4.1
	사무	20.7	56.9	19.2	3.2
	서비스판매	17.0	55.3	22.4	5.3
	농어업	3.1	37.3	45.6	14.0
	기능노무	15.0	58.2	21.4	5.4

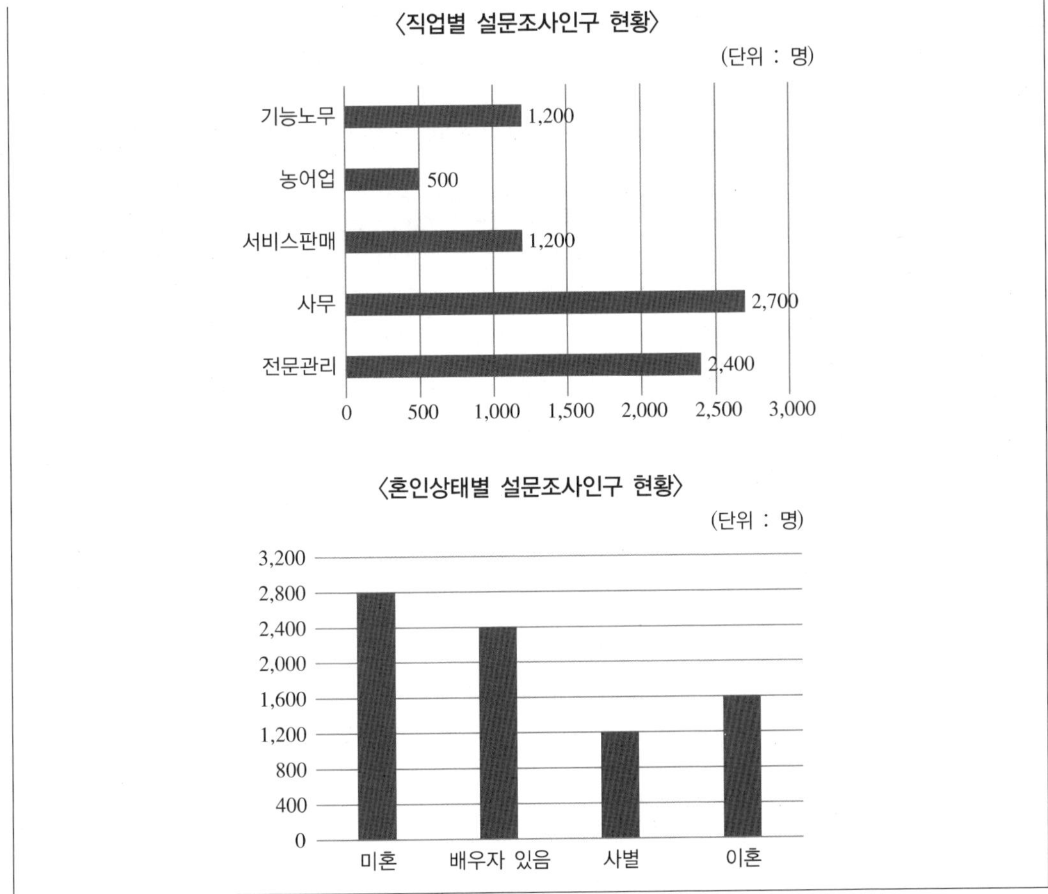

① 남자와 여자 직장인 각각 스트레스를 '매우 느낌'을 선택한 인원이 가장 많다.

② 교육정도가 고졸 이하인 조사인원이 5,700명일 때, 대졸 이상인 직장인 중 '전혀 느끼지 않음'을 택한 인원은 55명 이상이다.

③ 사무, 서비스판매를 하는 직장인 중 스트레스를 '전혀 느끼지 않는 편임'을 택한 인원은 기능노무 직장인 중 '매우 느낌'을 택한 인원보다 20명 더 많다.

④ 40대 직장인 중 스트레스를 느끼는 인원은 60대 이상 직장인 중 스트레스를 전혀 느끼지 않는 인원의 5배 이상이다.

⑤ 미혼인 직장인 중에서 스트레스를 '매우 느끼는' 인원은 5,000명 이상이다.

26 다음은 2000년, 2010년, 2020년의 전국 지역 및 수도권 평균 매매・전세가격에 대한 자료이다. 자료에 대한 설명으로 옳은 것은?

〈2000・2010・2020년 전국・수도권 평균 매매・전세가격〉

(단위 : 만 원)

구분		평균 매매가격			평균 전세가격		
		2000년	2010년	2020년	2000년	2010년	2020년
전국		10,100	14,645	18,500	6,762	9,300	13,500
수도권	전체	12,500	18,500	22,200	8,400	12,400	18,900
	서울	17,500	21,350	30,744	9,200	15,500	20,400
	인천	13,200	16,400	20,500	7,800	10,600	13,500
	경기	10,400	15,200	18,900	6,500	11,200	13,200

① 2020년 수도권 전체의 평균 매매가격은 전국의 1.2배이고, 평균 전세가격은 전국의 1.3배이다.
② 2000년 대비 2010년의 전국과 수도권 전체 평균 매매가격 증가율의 차이는 5%p 미만이다.
③ 2000년 전국의 평균 전세가격은 수도권 전체 평균 전세가격의 80% 미만이다.
④ 서울의 2010년 대비 2020년 매매가격 증가율은 2000년 대비 2010년 매매가격 증가율의 1.5배이다.
⑤ 2000년, 2010년, 2020년 서울, 인천, 경기의 평균 매매・전세가격이 높은 순으로 나열하면 항상 '서울, 인천, 경기'이다.

27 다음은 A국의 국민연금 수급자 급여실적에 대한 자료이다. 2016년 대비 2021년의 노령연금 증가율은 얼마인가?(단, 노령연금 증가율은 소수점 둘째 자리에서 반올림한다)

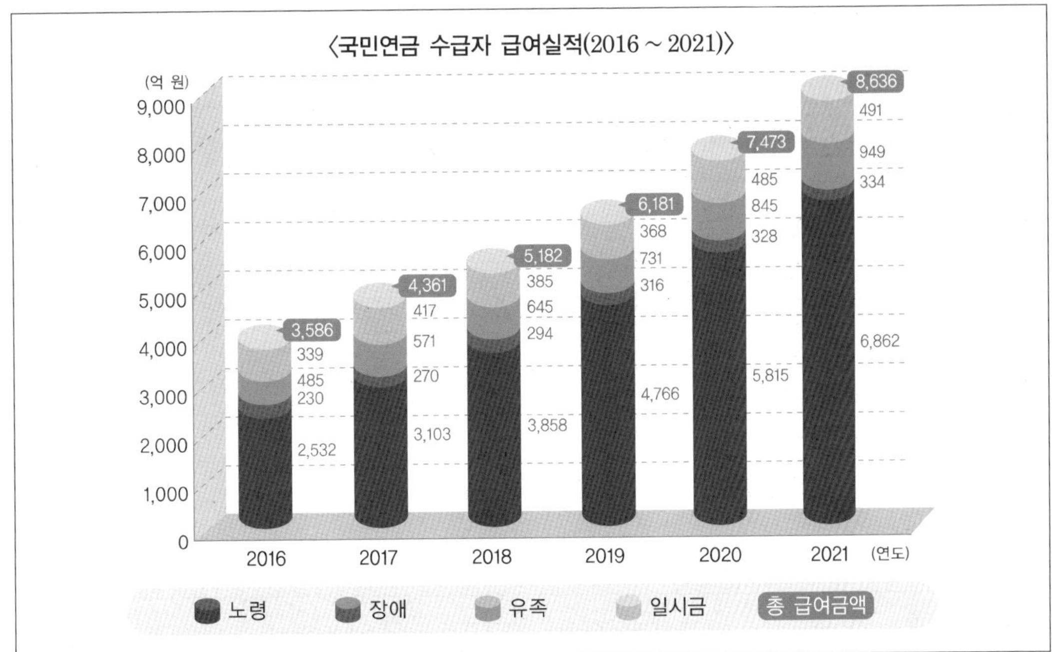

① 132.6%

② 143.7%

③ 154.4%

④ 171.0%

⑤ 182.2%

28 다음은 연도별 해외 전체 스마트폰 평균 스크린 대 바디 비율에 관한 자료이다. 이를 바르게 나타낸 그래프는?

〈전체 스마트폰 평균 스크린 대 바디 비율〉

(단위 : %)

구분	평균	최고 비율
2009년	33.1	52.0
2010년	35.6	56.9
2011년	43.0	55.2
2012년	47.5	60.3
2013년	53.0	67.6
2014년	58.2	72.4
2015년	63.4	78.5
2016년	60.2	78.0
2017년	64.1	83.6
2018년	65.0	82.2

※ 스크린 대 바디 비율은 전체 바디에서 스크린이 차지하는 비율이다.

①
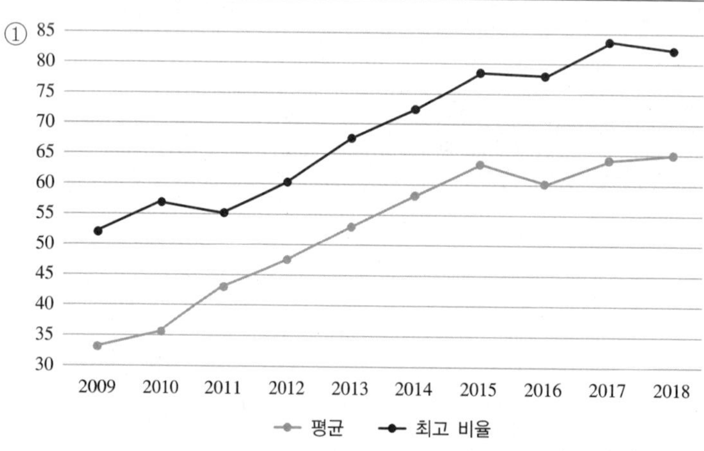

②
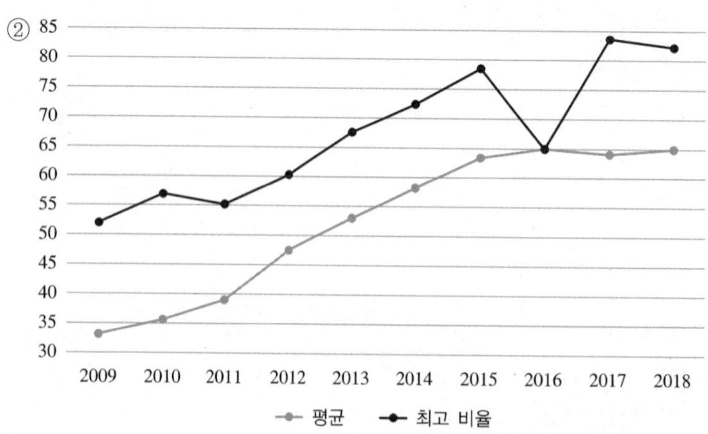

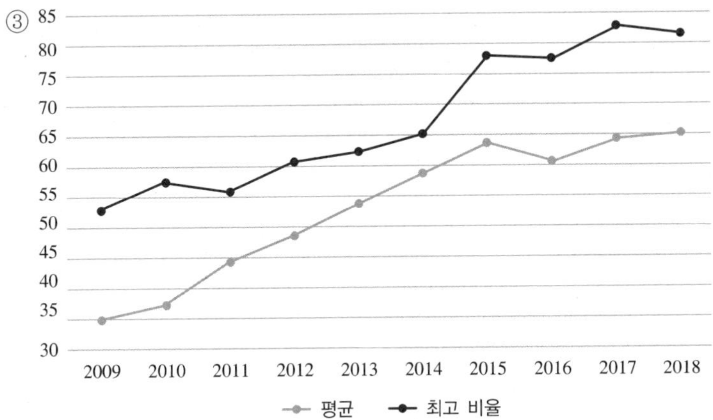
③
85
80
75
70
65
60
55
50
45
40
35
30
2009 2010 2011 2012 2013 2014 2015 2016 2017 2018
평균
최고 비율

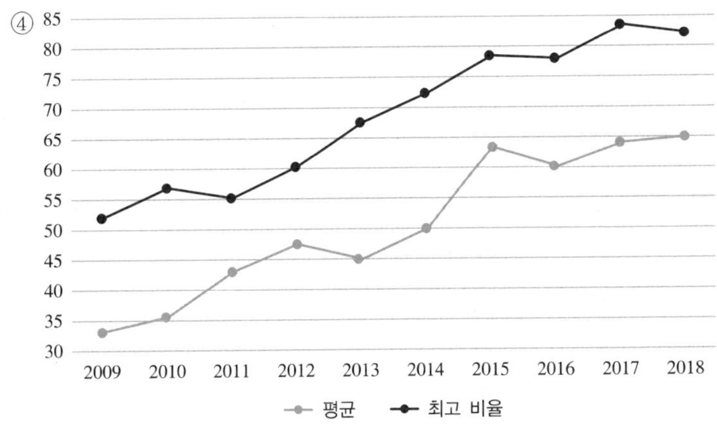
④
85
80
75
70
65
60
55
50
45
40
35
30
2009 2010 2011 2012 2013 2014 2015 2016 2017 2018
평균
최고 비율

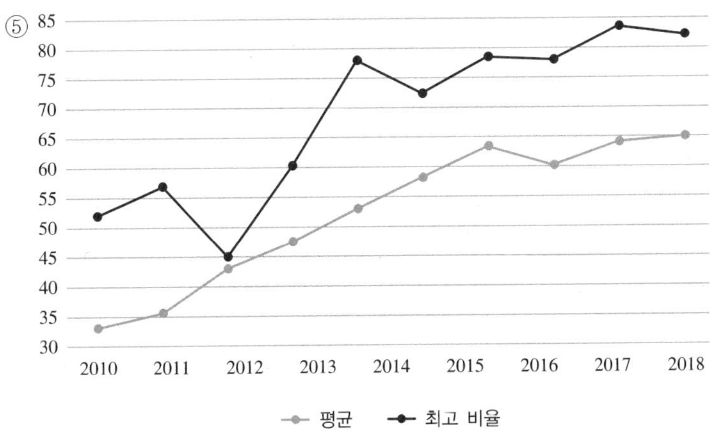
⑤
85
80
75
70
65
60
55
50
45
40
35
30
2010 2011 2012 2013 2014 2015 2016 2017 2018
평균
최고 비율

29 다음은 1980년 이후 주요 작물의 재배면적의 비중에 관한 자료이다. 1980년에 비해 2020년 전체 경지이용 면적이 25% 증가했다고 했을 때, 1980년에 비해 2020년 과실류의 재배면적은 얼마나 증가했는가?

〈주요 작물의 재배면적 변화〉

(단위 : %)

구분	식량작물			채소류			과실류		
	전체	미곡	맥류	전체	배추	양파	전체	사과	감귤
1980	82.9	44.6	30.9	7.8	27.5	1.6	1.8	35.0	10.0
1985	80.2	48.3	30.2	7.8	15.6	1.7	2.4	41.9	12.2
1990	71.7	62.2	18.2	13.0	12.7	2.0	3.6	46.5	12.1
1995	68.7	69.5	14.4	13.0	11.2	2.4	4.2	34.9	14.7
2000	69.3	74.5	9.6	11.5	13.9	2.5	5.5	36.8	14.3
2005	61.3	78.5	6.7	14.7	9.9	3.1	7.8	28.7	13.8
2010	62.7	81.3	5.2	14.1	11.9	4.1	8.1	16.8	15.6
2015	64.1	79.4	4.9	12.5	11.4	5.2	7.2	17.4	14.2
2016	63.3	80.9	4.9	12.6	13.0	5.6	7.9	18.4	13.8
2017	62.6	81.7	4.8	12.0	11.2	6.4	8.0	18.8	13.6
2018	62.3	81.7	4.9	12.2	12.4	6.8	8.1	19.5	13.6
2019	60.1	82.0	4.8	11.5	11.8	7.1	8.1	19.7	13.4
2020	60.1	82.0	3.6	11.3	10.2	9.0	8.6	19.1	13.0

※ 식량작물, 채소류, 과실류 항목의 수치는 전체 경지이용면적 대비 각 작물의 재배면적 비중을 의미함

※ 미곡, 맥류 등 세부품목의 수치는 식량작물, 채소류, 과실류의 재배면적 대비 각 품목의 재배면적 비중을 의미함

① 약 440%
② 약 460%
③ 약 480%
④ 약 500%
⑤ 약 520%

30 프로그램 수출부에서는 예탁결제 시스템 수출을 위해 부서 직원들을 수출대상국으로 파견하고자 한다. 제시된 〈조건〉에 따라 각 직원의 파견여부와 파견국가가 결정된다고 할 때, 다음 〈보기〉의 설명 중 항상 참인 것을 모두 고르면?

〈조건〉

- A대리가 인도네시아로 파견되지 않는다면, E주임은 몽골로 파견되지 않는다.
- D주임이 뉴질랜드로 파견된다면, B대리는 우즈베키스탄으로 파견된다.
- C주임은 아일랜드로 파견된다.
- E주임이 몽골로 파견되거나, C주임이 아일랜드로 파견되지 않는다.
- A대리가 인도네시아로 파견되지 않거나, B대리가 우즈베키스탄으로 파견되지 않는다.

〈보기〉

ㄱ. B대리는 우즈베키스탄으로 파견되지 않는다.
ㄴ. D주임은 뉴질랜드로 파견되지 않는다.
ㄷ. A대리는 인도네시아로 파견되고, E주임은 몽골로 파견되지 않는다.
ㄹ. C주임과 E주임은 같은 국가로 파견된다.

① ㄱ, ㄴ
② ㄱ, ㄷ
③ ㄴ, ㄷ
④ ㄴ, ㄹ
⑤ ㄷ, ㄹ

31 A씨는 최근 '빅데이터'에 관심이 생겨 관련 도서를 빌리기 위해 도서관에 갔다. 다음 〈조건〉을 근거로 할 때, 빌리고자 하는 도서가 있는 층은?

〈조건〉

- 도서관에는 어린이 문헌 정보실, 가족 문헌 정보실, 제1문헌 정보실, 제2문헌 정보실, 보존서고실, 일반 열람실이 있다.
- 1층은 어린이 문헌 정보실과 가족 문헌 정보실이다.
- 제1문헌 정보실은 하나의 층을 모두 사용한다.
- 제2문헌 정보실은 엘리베이터로 이동할 수 없다.
- 5층은 보존서고실로 직원들만 이용이 가능하다.
- 제1문헌 정보실에는 인문, 철학, 역사 등의 도서가 비치되어 있다.
- 제2문헌 정보실에는 정보통신, 웹, 네트워크 등의 도서가 비치되어 있다.
- 3층은 2층과 연결된 계단을 통해서만 이동할 수 있으며, 나머지 층은 엘리베이터로 이동할 수 있다.
- 일반 열람실은 보존서고실 바로 아래층에 있다.

① 1층
② 2층
③ 3층
④ 4층
⑤ 5층

32 L공사의 신입사원인 K는 a ~ h의 여덟 가지 교육 과제를 차례대로 수행하려 한다. 다음 〈조건〉을 참고하여 K가 e과제를 네 번째로 수행한다고 할 때, 다섯 번째로 수행할 교육 과제는 무엇인가?

〈조건〉

- 8가지 교육 과제 중 a과제와 d과제는 수행하지 않는다.
- b과제를 c과제보다 먼저 수행한다.
- c과제를 f과제보다 먼저 수행한다.
- g과제와 h과제는 b과제보다 나중에 수행한다.
- h과제는 f과제와 g과제보다 나중에 수행한다.
- f과제는 e과제보다 먼저 수행한다.

① b과제
② c과제
③ f과제
④ g과제
⑤ h과제

33 S공사는 5층짜리 선반에 사무용품을 정리해 두고 있다. 선반의 각 층에는 서로 다른 두 종류의 사무용품이 놓여 있다고 할 때, 다음 〈조건〉을 토대로 바르게 추론한 것은?

〈조건〉

- 선반의 가장 아래층에는 인덱스 바인더가 지우개와 함께 놓여 있다.
- 서류정리함은 보드마카와 스템플러보다 아래에 놓여 있다.
- 보드마카와 접착 메모지는 같은 층에 놓여 있다.
- 2공 펀치는 스템플러보다는 아래에 놓여있지만, 서류정리함보다는 위에 놓여 있다.
- 접착 메모지는 스템플러와 볼펜보다 위에 놓여 있다.
- 볼펜은 2공 펀치보다 위에 놓여있지만, 스템플러보다 위에 놓여 있는 것은 아니다.
- 북엔드는 선반의 두 번째 층에 놓여 있다.
- 형광펜은 선반의 가운데 층에 놓여 있다.

① 스템플러는 보드마카보다 위에 놓여 있다.
② 서류정리함은 북엔드보다 위에 놓여 있다.
③ 볼펜은 3층 선반에 놓여 있다.
④ 보드마카와 접착 메모지가 가장 높은 층에 놓여 있다.
⑤ 2공 펀치는 북엔드와 같은 층에 놓여 있다.

34 직원 A～J 10명은 교육을 받기 위해 지역본부로 이동해야 한다. 다음의 〈조건〉에 따라 여러 대의 차량으로 나누어 탑승할 때, 차량 배치로 적절한 것은?

〈조건〉

- 이용할 수 있는 차량은 총 3대이다.
- A와 B는 함께 탑승할 수 없다.
- C와 H는 함께 탑승해야 한다.
- B가 탑승하는 차량에는 총 4명이 탑승한다.
- F와 I가 함께 한 차에 탑승하면, H와 D도 또 다른 한 차에 함께 탑승한다.
- G나 J는 A와 함께 탑승한다.
- 3명, 3명, 4명으로 나누어 탑승한다.

① (C, E, H), (A, F, I), (B, D, G, J)
② (A, E, J), (B, C, D, H), (F, G, I)
③ (A, F, H, J), (C, D, I), (B, E, G)
④ (C, D, H), (F, I, J), (A, B, E, G)
⑤ (B, E, F), (A, C, G, H), (D, I, J)

35 S공사는 K고속도로 건설 사업을 시행함에 따라 A～F 6개 업체 중 3곳을 시공업체로 선정하고자 한다. 〈조건〉을 근거로 하고, B업체가 선정되지 않는다고 할 때, 다음 중 시공업체로 선정될 수 있는 업체를 모두 고르면?

〈조건〉

- A업체가 선정되면, B업체도 선정된다.
- B업체가 선정되지 않으면, C업체가 선정된다.
- D업체나 E업체가 선정되면, F업체도 선정된다.
- A업체가 선정되지 않으면, D업체가 선정된다.
- E업체가 선정되면, D업체는 선정되지 않는다.

① A, C, D
② A, C, F
③ C, D, F
④ C, E, F
⑤ D, E, F

36 A, B, C 세 사람 중 한 사람은 수녀이고, 한 사람은 왕이고, 한 사람은 농민이다. 수녀는 언제나 참을, 왕은 언제나 거짓을, 농민은 참을 말하기도 하고 거짓을 말하기도 한다. 이 세 사람이 다음과 같은 대화를 할 때, A, B, C는 각각 누구인가?

A : 나는 농민이다.
B : A의 말은 진실이다.
C : 나는 농민이 아니다.

① 농민, 왕, 수녀
② 농민, 수녀, 왕
③ 수녀, 왕, 농민
④ 수녀, 농민, 왕
⑤ 왕, 농민, 수녀

37 S기업 마케팅부 직원 A ~ J 10명이 점심식사를 하러 가서, 다음 〈조건〉에 따라 6인용 원형테이블 2개에 각각 4명, 6명씩 나눠 앉았다. 다음 중 항상 거짓인 것은?

〈조건〉

- A와 I는 빈자리 하나만 사이에 두고 앉아 있다.
- C와 D는 1명을 사이에 두고 앉아 있다.
- F의 양 옆 중 오른쪽 자리만 비어 있다.
- E는 C나 D의 옆자리가 아니다.
- H의 바로 옆에 G가 앉아 있다.
- H는 J와 마주보고 앉아 있다.

① A와 B는 같은 테이블이다.
② H와 I는 다른 테이블이다.
③ C와 G는 마주보고 앉아 있다.
④ A의 양 옆은 모두 빈자리이다.
⑤ D의 옆에 J가 앉아 있다.

38 다음을 읽고 착한 사람들을 모두 고르면?(단, 5명은 착한 사람 아니면 나쁜 사람이며, 중간적인 성향은 없다)

- 두준 : 나는 착한 사람이다.
- 요섭 : 두준이가 착한 사람이면 준형이도 착한 사람이다.
- 기광 : 준형이가 나쁜 사람이면 두준이도 나쁜 사람이다.
- 준형 : 두준이가 착한 사람이면 동운이도 착한 사람이다.
- 동운 : 두준이는 나쁜 사람이다.

A : 5명 중 3명은 항상 진실만을 말하는 착한 사람이고, 2명은 항상 거짓말만 하는 나쁜 사람이야. 위의 얘기만 봐도 누가 착한 사람이고, 누가 나쁜 사람인지 알 수 있지.
B : 위 얘기만 봐서는 알 수 없는 거 아냐? 아 잠시만. 알았다. 위 얘기만 봤을 때, 모순되지 않으면서 착한 사람이 3명일 수 있는 경우는 하나밖에 없구나.
A : 그걸 바로 알아차리다니 대단한데?

① 요섭, 기광, 동운
② 요섭, 기광, 준형
③ 두준, 요섭, 기광
④ 요섭, 준형, 동운
⑤ 두준, 준형, 동운

39 20대 남녀, 30대 남녀, 40대 남녀 6명이 뮤지컬 관람을 위해 공연장을 찾았다. 다음 〈조건〉을 참고할 때, 항상 옳은 것은?

〈조건〉

- 양 끝자리에는 다른 성별이 앉는다.
- 40대 남성은 왼쪽에서 두 번째 자리에 앉는다.
- 30대 남녀는 서로 인접하여 앉지 않는다.
- 30대와 40대는 인접하여 앉지 않는다.
- 30대 남성은 맨 오른쪽 끝자리에 앉는다.

〈뮤지컬 관람석〉

① 20대 남녀는 왼쪽에서 첫 번째 자리에 앉을 수 없다.
② 20대 남녀는 서로 인접하여 앉는다.
③ 40대 남녀는 서로 인접하여 앉지 않는다.
④ 20대 남성은 40대 여성과 인접하여 앉는다.
⑤ 30대 남성은 20대 여성과 인접하여 앉지 않는다.

40 직원 A ~ E는 다음 사내 교육프로그램 일정에 따라 요일별로 하나의 프로그램에 참가한다. 제시된 〈조건〉을 근거로 할 때, 다음 중 항상 참인 것은?

월	화	수	목	금
필수 1	필수 2	선택 1	선택 2	선택 3

〈조건〉

- A는 선택 프로그램에 참가한다.
- C는 필수 프로그램에 참가한다.
- D는 C보다 나중에 프로그램에 참가한다.
- E는 A보다 나중에 프로그램에 참가한다.

① D는 반드시 필수 프로그램에 참가한다.
② B가 필수 프로그램에 참가하면 C는 화요일 프로그램에 참가한다.
③ C가 화요일 프로그램에 참가하면 E는 선택 2 프로그램에 참가한다.
④ A가 목요일 프로그램에 참가하면 E는 선택 3 프로그램에 참가한다.
⑤ E는 반드시 목요일 프로그램에 참가한다.

41 다음 〈조건〉을 통해 추론할 때, 항상 거짓인 것은?

〈조건〉

- A ~ E 다섯 명의 이름을 입사한 지 오래된 순서로 이름을 적었다.
- A와 B의 이름은 바로 연달아서 적혔다.
- C와 D의 이름은 연달아서 적히지 않았다.
- E는 C보다 먼저 입사하였다.
- 가장 최근에 입사한 사람은 입사한지 2년 된 D이다.

① C의 이름은 A의 이름보다 먼저 적혔다.
② B는 E보다 먼저 입사하였다.
③ E의 이름 바로 다음에 C의 이름이 적혔다.
④ A의 이름은 B의 이름보다 나중에 적혔다.
⑤ B는 C보다 나중에 입사하였다.

42 S기업은 A ~ E 다섯 개 제품을 대상으로 내구성, 효율성, 실용성 세 개 영역에 대해 1 ~ 3등급을 기준에 따라 평가하였다. A ~ E제품에 대한 평가 결과가 다음과 같을 때, 반드시 참이 아닌 것은?

〈평가 결과〉

- 모든 영역에서 3등급을 받은 제품이 있다.
- 모든 제품이 3등급을 받은 영역이 있다.
- A제품은 내구성 영역에서만 3등급을 받았다.
- B제품만 실용성 영역에서 3등급을 받았다.
- C, D제품만 효율성 영역에서 2등급을 받았다.
- E제품은 1개의 영역에서만 2등급을 받았다.
- A와 C제품이 세 영역에서 받은 등급의 총합은 서로 같다.

① A제품은 효율성 영역에서 1등급을 받았다.
② B제품은 내구성 영역에서 3등급을 받았다.
③ C제품은 내구성 영역에서 3등급을 받았다.
④ D제품은 실용성 영역에서 2등급을 받았다.
⑤ E제품은 실용성 영역에서 2등급을 받았다.

43 다음은 조직문화의 유형에 대한 자료이다. 다음 중 자료에 대한 설명으로 옳지 않은 것을 〈보기〉에서 모두 고르면?

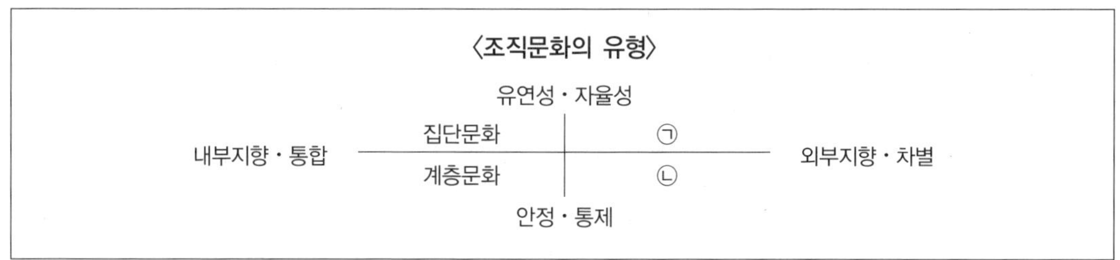

〈보기〉

ㄱ. ㉠에 들어갈 조직문화의 유형으로 적절한 것은 보수문화이다.
ㄴ. ㉡에 들어갈 조직문화의 유형으로 적절한 것은 합리문화이다.
ㄷ. 합리문화는 집단문화에 비해 조직구성원 간 단결을 더 강조한다.
ㄹ. 개인주의 성향은 계층문화보다 합리문화에서 더욱 강조된다.

① ㄱ, ㄴ
② ㄱ, ㄷ
③ ㄴ, ㄷ
④ ㄴ, ㄹ
⑤ ㄷ, ㄹ

44 다음 중 집단의 유형에 대한 설명으로 옳지 않은 것은?

① 공식적 집단의 목표는 비공식적 집단에 비해 광범위하며 유연하게 설정된다.
② 공식적 집단과 달리 비공식적 집단은 자발적 욕구에 의해 형성된다.
③ 비공식적 집단의 활동은 공식적 집단의 활동을 지원하기도 한다.
④ 공식적 집단의 구성원은 비공식적 집단의 구성원에 비해 인위적으로 결정된다.
⑤ 조직 내에는 다양한 범주의 집단이 존재할 수 있으며, 대표적으로 공식적 집단과 비공식적 집단으로 양분된다.

45 다음은 집단 간 관계에 대한 직원들의 대화내용이다. 집단 간 관계에 대하여 옳은 설명을 한 직원을 〈보기〉에서 모두 고르면?

〈보기〉

- A대리 : 영업팀 간 경쟁이 치열해지고 있네요. 이런 집단 간 경쟁의 원인은 주로 조직 내 한정된 자원을 더 많이 가져가려고 해서 발생하는 것 같아요.
- B차장 : 맞아. 조직 내 집단들이 서로 상반되는 목표를 추구할 때도 경쟁이 발생하기도 하지.
- C주임 : 그런데 오히려 각 영업팀들이 내부적으로는 더 결속되는 것 같아요. 역시 경쟁은 치열할수록 조직에 이로운 것 같습니다.
- D주임 : 그래도 경쟁이 너무 치열해지면 오히려 조직 전반에 비능률을 초래해.

① A대리
② C주임
③ A대리, B차장, C주임
④ A대리, B차장, D주임
⑤ B차장, C주임, D주임

46 다음 중 업무의 일반적 특성에 대한 설명으로 옳지 않은 것을 〈보기〉에서 모두 고르면?

〈보기〉

ㄱ. 한 조직의 다양한 업무들은 공통된 조직의 목적을 지향한다.
ㄴ. 한 조직의 각 업무에 요구되는 지식, 기술, 도구 등은 유사한 편이다.
ㄷ. 한 조직 내의 모든 업무들은 상호 유기적이다.
ㄹ. 한 조직 내의 업무들은 각각 부여된 재량 및 자율의 정도가 상이할 수 있다.

① ㄱ, ㄴ
② ㄱ, ㄷ
③ ㄴ, ㄷ
④ ㄴ, ㄹ
⑤ ㄷ, ㄹ

47 다음 중 업무수행 시트의 유형에 따른 설명이 바르게 연결된 것을 〈보기〉에서 모두 고르면?

〈보기〉

ㄱ. 간트 차트(Gantt Chart) : 각 업무활동 간의 관계를 확인할 수 있다.
ㄴ. 워크플로 시트(Workflow Sheet) : 단계별 업무의 기간을 바 형식으로 표시한다.
ㄷ. 워크플로 시트(Workflow Sheet) : 도형의 형태를 이용해 다양한 업무들을 구분할 수 있다.
ㄹ. 체크리스트(Checklist) : 단계별 업무를 평가할 수 있다.

① ㄱ, ㄴ
② ㄴ, ㄷ
③ ㄱ, ㄴ, ㄹ
④ ㄱ, ㄷ, ㄹ
⑤ ㄴ, ㄷ, ㄹ

48 K공사에 근무하는 B사원은 국내 원자력 산업에 대한 SWOT 분석결과 자료를 바탕으로 SWOT 분석에 의한 경영전략에 맞춰서 〈보기〉와 같이 분석하였다. 다음 〈보기〉의 ㉠~㉣ 중 SWOT 분석에 의한 경영전략으로 적절하지 않은 것은?

〈국내 원자력 산업에 대한 SWOT 분석결과〉

구분	분석 결과
강점(Strength)	• 우수한 원전 운영 기술력 • 축적된 풍부한 수주 실적
약점(Weakness)	• 낮은 원전해체 기술 수준 • 안전에 대한 우려
기회(Opportunity)	• 해외 원전수출 시장의 지속적 확대 • 폭염으로 인한 원전 효율성 및 필요성 부각
위협(Threat)	• 현 정부의 강한 탈원전 정책 기조

〈SWOT 분석에 의한 경영전략〉

• SO전략 : 강점을 살려 기회를 포착하는 전략
• ST전략 : 강점을 살려 위협을 회피하는 전략
• WO전략 : 약점을 보완하여 기회를 포착하는 전략
• WT전략 : 약점을 보완하여 위협을 회피하는 전략

〈보기〉

㉠ 뛰어난 원전 기술력을 바탕으로 동유럽 원전수출 시장에서 우위를 점하는 것은 SO전략으로 적절하겠어.
㉡ 안전성을 제고하여 원전 운영 기술력을 향상시키는 것은 WO전략으로 적절하겠어.
㉢ 우수한 기술력과 수주 실적을 바탕으로 국내 원전 사업을 확장하는 것은 ST전략으로 적절하겠어.
㉣ 안전에 대한 우려가 있는 만큼, 안전점검을 강화하고 당분간 정부의 탈원전 정책 기조에 협조하는 것은 WT전략으로 적절하겠어.

① ㉠, ㉡
② ㉠, ㉢
③ ㉡, ㉢
④ ㉡, ㉣
⑤ ㉢, ㉣

※ 다음 사무분장표를 보고 이어지는 질문에 답하시오. [49~50]

구분		분장사무
총무업무	6급 이동헌	1. 총무업무 총괄관리 2. 관인 및 공인관리에 관한 사항
	7급 이순천	1. 지방공무원 인사에 관한 사항 2. 지방공무원 교육훈련에 관한 사항 3. 지방공무원 상훈에 관한 사항 4. 교육행정자문위원회, 지방공무원인사위원회, 공적심사위원회 등 운영 및 관리에 관한 사항 5. 조례, 교육규칙, 훈령관리 6. 공직자 재산등록에 관한 사항 7. 지방 행·재정 통합시스템(단위업무, 성과관리, 지식관리) 운영에 관한 사항 8. 지방공무원 연구동아리 운영에 관한 사항 9. 비정규직(공익근무요원) 관리에 관한 사항 10. 사무인계·인수에 관한 사항
	7급 박은선	1. 공직기강 확립에 관한 사항 2. 공무원범죄 처분 및 진정·비위사항 조사 처리 3. 도의회 행정사무감사 수감 및 지역교육청 평가 4. 각종감사의 수감 및 결과 처리 5. 지방공무원 징계업무 6. 보안업무에 관한 사항 7. 을지연습, 비상대비, 재난안전관리에 관한 사항 8. 지도방문에 관한 사항 9. 행정규제완화, 교원업무경감 등에 관한 사항 10. 직원 친목회(동호인회)에 관한 사항 11. 교육정책 홍보
	8급 김별라	1. 문서수발에 관한 사항 2. 공무원연금 및 건강보험에 관한 사항 3. 민원, 행정정보공개, 교육행정서비스헌장에 관한 사항 4. 기록물관리(자료관 운영)에 관한 사항 5. 회의실 및 청사관리에 관한 사항 6. 맞춤형 복지 업무에 관한 사항 7. 민방위 및 소방에 관한 사항 8. 지방공무원 복무관리 9. 당직(실) 운영에 관한 사항(정) 10. 각종 행사에 관한 사항 11. 기타 타 부서에 속하지 아니한 사항

49 공무원 A는 신분이 변동되어 자신에게 산정되는 변동복지점수에 대해 알아보기 위해 사내 담당 공무원을 찾아가려고 한다. 다음 중 변동복지점수 산정 업무를 처리하는 사람은 누구인가?

① 이동헌 ② 이순천
③ 박은선 ④ 김별라
⑤ 없음

50 사무분장표에서 다음에 제시된 지원계획에 대한 업무수행과 관련된 사람을 모두 고르면?

〈2022년 동호인 모임 지원 계획〉

Ⅰ. 기본방침
- 각종 동호인 모임이 활성화될 수 있도록 적극적인 지원 체제 확립
- 스포츠・레저 등 다양한 문화생활을 향유할 수 있도록 분야(종목) 및 회원 자격 등 참여의 폭을 최대한 확대

Ⅱ. 동호인 모임 현황(2022년 1월 기준)
- 전체 7개 모임, 회원 139명
  - 축구, 테니스, 등산, 볼링, 서예, 수지, 당구

Ⅲ. 지원 계획
1. 모임활동 지원
   - 지원 내용 : 간부 참여 및 지원금 지급
   - 지원금 지급기준
     - 지원 횟수 : 모임 당 연 3회 내외
     - 지원 금액 : 1회 30만 원 내외(2022년 총 예산 7,000천 원)

   ※ 지원 횟수 및 금액은 예산범위 내에서 변동될 수 있음
2. 모임장소 제공
   - 자체 회의실 등 모임장소 제공
   - 청사 체육시설 사용 협조 조치
     - 청사관리소에 승인 신청해야 하므로 사업(행사)계획서를 첨부하여 행사 개최 1주일 전까지 행정지원과로 지원 협조 요청
3. 복무 조치
   - 근무시간 내에 동호인회 개최 불가
   - 근무시간 이외의 시간에 동호인회에 참석할 경우 출장 처리 불가

   ※ 단, 행정안전부 주관 전 부처 동호인회 대회에 선수로 참가 시 공가 가능
4. 차량 지원
   - 중앙대회 참석을 위해 단체이동이 불가피하거나 각종 장비・물품 등 준비물이 많은 경우에 차량 운행 협조(상호 협의)

① 이동헌, 이순천
② 이순천, 박은선
③ 이동헌, 박은선, 김별라
④ 이동헌, 이순천, 박은선
⑤ 이동헌, 이순천, 박은선, 김별라

www.sdedu.co.kr

제4회 한국환경공단

NCS 직업기초능력평가

www.sdedu.co.kr

〈문항 및 시험시간〉

평가영역	문항 수	시험시간	모바일 OMR 답안채점 / 성적분석 서비스
의사소통+수리+문제해결+조직이해	50문항	60분	

한국환경공단 신입직원 필기시험

제4회 모의고사

문항 수 : 50문항
시험시간 : 60분

01 다음 글에서 〈보기〉의 문장이 들어갈 위치로 가장 적절한 것은?

문화가 발전하려면 저작자의 권리 보호와 저작물의 공정 이용이 균형을 이루어야 한다. 저작물의 공정 이용이란 저작권자의 권리를 일부 제한하여 저작권자의 허락이 없어도 저작물을 자유롭게 이용하는 것을 말한다. 비영리적인 사적 복제를 허용하는 것이 그 예이다. (㉮) 우리나라의 저작권법은 오래전부터 공정 이용으로 볼 수 있는 저작권 제한 규정을 두었다.

그런데 저작물의 공정 이용은 디지털 환경에서 여러 장애에 부딪혔다. 디지털 환경에서는 저작물을 원본과 동일하게 복제할 수 있고 용이하게 개작할 수 있다. (㉯) 그 결과 디지털화된 저작물의 이용 행위가 공정 이용의 범주에 드는 것인지 가늠하기가 더 어려워졌고 그에 따른 처벌 위험도 커졌다. (㉰)

이러한 문제를 해소하기 위한 시도의 하나로 포괄적으로 적용할 수 있는 '저작물의 공정한 이용' 규정이 저작권법에 별도로 신설되었다. 그리하여 저작권자의 동의가 없어도 저작물을 공정하게 이용할 수 있는 영역이 확장되었다. 그러나 공정 이용 여부에 대한 시비가 자율적으로 해소되지 않으면 예나 지금이나 법적인 절차를 밟아 갈등을 해소해야 한다. (㉱) 저작물 이용의 영리성과 비영리성, 목적과 종류, 비중, 시장 가치 등이 법적인 판단의 기준이 된다.

저작물 이용자들이 여전히 처벌에 대한 불안감을 느끼는 시점에서 저작물의 자유 이용 허락 제도와 같은 '저작물의 공유' 캠페인이 주목을 받고 있다. 이 캠페인은 저작권자들이 자신의 저작물에 일정한 이용 허락 조건을 표시해서 이용자들에게 무료로 개방하는 것을 말한다. 누구의 저작물이든 개별적인 저작권을 인정하지 않고 모두가 공동으로 소유하자고 주장하는 사람들과 달리, 이 캠페인을 펼치는 사람들은 기본적으로 자신과 타인의 저작권을 존중한다. 캠페인 참여자들은 저작권자와 이용자들의 자발적인 참여를 통해 자유롭게 활용할 수 있는 저작물의 양과 범위를 확대하려고 노력한다. (㉲) 그러나 캠페인에 참여한 저작물을 이용할 때 허용된 범위를 벗어난 경우 법적 책임을 질 수 있다.

〈보기〉

㉠ 따라서 저작물이 개작되더라도 그것이 원래 창작물인지 이차적 저작물인지 알기 어렵다.
㉡ 이들은 저작물의 공유가 확산되면 디지털 저작물의 이용이 활성화되고 그 결과 인터넷이 더욱 창의적이고 풍성한 정보 교류의 장(場)이 될 것이라고 주장한다.

① ㉠ – ㉮, ㉡ – ㉯
② ㉠ – ㉯, ㉡ – ㉰
③ ㉠ – ㉯, ㉡ – ㉱
④ ㉠ – ㉯, ㉡ – ㉲
⑤ ㉠ – ㉮, ㉡ – ㉲

02 다음 글의 ㉠과 ㉡에 들어갈 말을 가장 적절하게 나열한 것은?

> 애덤 스미스의 '보이지 않는 손'이라는 가정은 시장에서 개인의 이익 추구 활동을 제한하지 않는 것이 전체 이윤을 극대화하는 최선의 방책임을 보여주는 것으로 간주되었다. 그렇다면 다음의 경우는 어떠한가? 공동 소유의 목초지에 양을 치기에 알맞은 풀이 자라고 있다고 생각해 보자. 일정 넓이의 목초지에 방목할 수 있는 가축 두수에는 일정한 한계가 있기 마련이다. 즉, '수용 한계'가 존재하는 것이다. 그 목초지에 한 마리를 더 방목한다고 해서 다른 가축들이 갑자기 죽거나 병에 걸리는 것은 아니다. 하지만 목초지의 수용 한계를 넘어 양을 키울 경우, 목초가 줄어들어 그 목초지에서 양을 키워 얻을 수 있는 전체 생산량이 줄어든다. 나아가 수용 한계를 과도하게 초과할 정도로 사육 두수가 늘어날 경우 목초지 자체가 거의 황폐화된다. 예를 들어 수용 한계가 양 20마리인 공동 목초지에서 4명의 농부가 각각 5마리의 양을 키우고 있다고 해 보자. 그 목초지의 수용 한계에 이미 도달한 상태이지만, 그 중 한 농부가 자신의 이익을 늘리고자 방목하는 양의 두수를 늘리려 한다. 그러면 5마리를 키우고 있는 농부들은 목초지의 수용 한계로 인하여 기존보다 이익이 줄어들지만, 두수를 늘린 농부의 경우 그의 이익이 기존보다 조금 늘어난다. 손실을 만회하기 위해 다른 농부들도 사육 두수를 늘리고자 할 것이다. 이러한 상황이 장기화될 경우, (㉠) 이와 같이 애덤 스미스의 '보이지 않는 손'에 시장을 맡겨 둘 경우 (㉡) 결과가 나타날 것이다.

① ㉠ : 농부들의 총이익은 기존보다 증가할 것이다.
   ㉡ : 한 사회의 공공 영역이 확장되는

② ㉠ : 농부들의 총이익은 기존보다 감소할 것이다.
   ㉡ : 한 사회의 전체 이윤이 감소하는

③ ㉠ : 농부들의 총이익은 기존보다 감소할 것이다.
   ㉡ : 한 사회의 전체 이윤이 유지되는

④ ㉠ : 농부들의 총이익은 기존과 동일하게 될 것이다.
   ㉡ : 한 사회의 전체 이윤이 감소되는

⑤ ㉠ : 농부들의 총이익은 기존과 동일하게 될 것이다.
   ㉡ : 한 사회의 공공 영역이 보호되는

03 다음 글에서 〈보기〉의 문장이 들어갈 위치로 가장 적절한 것은?

1895년에 발견된 X선은 진단 의학의 혁명을 일으켰다. 이후 X선 사진 기술은 단면 촬영을 통해 입체 영상 구성이 가능한 CT(컴퓨터 단층 촬영 장치)로 진화하면서 해부를 하지 않고 인체 내부를 정확하게 진단하는 기술로 발전하였다. (㉮)

X선 사진은 X선을 인체에 조사하고, 투과된 X선을 필름에 감광시켜 얻어낸 것이다. 조사된 X선의 일부는 조직에서 흡수·산란되고 나머지는 조직을 투과하여 반대편으로 나오게 된다. X선이 투과되는 정도를 나타내는 투과율은 공기가 가장 높으며 지방, 물, 뼈의 순서로 낮아진다. 또한 투과된 X선의 세기는 통과한 조직의 투과율이 낮을수록, 두께가 두꺼울수록 약해진다. 이런 X선의 세기에 따라 X선 필름의 감광 정도가 달라져 조직의 흑백 영상을 얻을 수 있다. (㉯) 이러한 X선 사진의 한계를 극복한 것이 CT이다.

CT는 인체에 투과된 X선의 분포를 통해 인체의 횡단면을 영상으로 재구성한다. CT 촬영기 한쪽 편에는 X선 발생기가 있고 반대편에는 여러 개의 X선 검출기가 배치되어 있다. (㉰) CT 촬영기 중심에, 사람이 누운 침대가 들어가면 X선 발생기에서 나온 X선이 인체를 투과한 후 맞은편 X선 검출기에서 검출된다.

X선 검출기로 인체를 투과한 X선의 세기를 검출하는데, 이때 공기를 통과하며 감쇄된 양을 빼고, 인체 조직만을 통과하면서 감쇄된 X선의 총량을 구해야 한다. 이것은 공기만을 통과한 X선 세기와 조직을 투과한 X선 세기의 차이를 계산하면 얻을 수 있고, 이를 환산값이라고 한다. 즉, 환산값은 특정 방향에서 X선이 인체 조직을 통과하면서 산란되거나 흡수되어 감쇄된 총량을 의미한다. 이 값을 여러 방향에서 구하기 위해 CT 촬영기를 회전시킨다. (㉱) 그러면 동일 단면에 대한 각 방향에서의 환산값을 구할 수 있고, 이를 활용하여 컴퓨터가 단면 영상을 재구성한다.

CT에서 영상을 재구성하는 데에는 역투사(Back Projection) 방법이 이용된다. 역투사는 어떤 방향에서 X선이 진행했던 경로를 거슬러 진행하면서 경로상에 환산값을 고르게 분배하는 방법이다. (㉲) CT 촬영기를 회전시키며 얻은 여러 방향의 환산값을 경로별로 역투사하여 더해 나가는데, 이처럼 여러 방향의 환산값들이 더해진 결과가 역투사 결괏값이다. 역투사를 하게 되면 뼈와 같이 감쇄를 많이 시키는 조직에서는 여러 방향의 값들이 더해지게 되고, 그 결과 다른 조직에서보다 더 큰 결괏값이 나오게 된다.

〈보기〉

그렇지만 X선 사진에서는 투과율이 비슷한 조직들 간의 구별이 어려워서, X선 사진은 다른 조직과의 투과율 차이가 큰 뼈나 이상 조직의 검사에 주로 사용된다.

① ㉮
② ㉯
③ ㉰
④ ㉱
⑤ ㉲

04 다음 글을 읽고 문단을 논리적 순서대로 바르게 배열한 것은?

먹을거리가 풍부한 현대인의 가장 큰 관심사 중 하나는 웰빙과 다이어트일 것이다. 현대인은 날씬한 몸매에 대한 열망이 지나쳐서 비만한 사람들이 나태하다고 생각하기도 하고, 심지어는 거식증으로 인해 사망한 패션 모델까지 있었다. 이러한 사회적 경향 때문에 우리가 먹는 음식물에 포함된 지방이나 기름 성분은 몸에 좋지 않은 '나쁜 성분'으로 매도당하기도 한다. 물론 과도한 지방 섭취, 특히 몸에 좋지 않은 지방은 비만의 원인이 되고 당뇨병, 심장병, 고혈압과 같은 각종 성인병을 유발하지만, 사실 지방은 우리 몸이 정상적으로 활동하는 데 필수적인 성분이다.

(A) 먹을 것이 풍족하지 않은 상황에서 생존에 필수적인 능력은 다름 아닌 에너지를 몸에 축적하는 능력이었다.

(B) 사실 비만과 다이어트의 문제는 찰스 다윈(Charles R. Darwin)의 진화론과 밀접한 관련이 있다. 찰스 다윈은 19세기 영국의 생물학자로 「종의 기원」이라는 책을 써서 자연선택을 통한 생물의 진화 과정을 설명하였다.

(C) 약 100년 전만 해도 우리나라를 비롯한 전 세계 대부분의 국가는 식량이 그리 풍족하지 않았다. 실제로 수십만 년 지속된 인류의 역사에서 인간이 매일 끼니 걱정을 하지 않고 살게 된 것은 최근 수십 년의 일이다.

(D) 생물체가 살아남고 번식을 해서 자손을 남길 수 있느냐 하는 것은 주위 환경과의 관계가 중요한 역할을 한다. 자연선택이란 주위 환경에 따라 생존하기에 적합한 성질 또는 기능을 가진 종들이 그렇지 못한 종들보다 더 잘 살아남게 되어 자손을 남기게 된다는 개념이다.

그러므로 인류는 이러한 축적 능력이 유전적으로 뛰어난 사람들이 그렇지 않은 사람들보다 상대적으로 더 잘 살아남았을 것이다. 그렇게 살아남은 자들의 후손인 현대인들이 달거나 기름진 음식을 본능적으로 좋아하게 된 것은 진화의 당연한 결과였다. 그러나 음식이 풍부한 현대 사회에서 이러한 유전적 특성은 단점으로 작용하게 되었다. 지방이 풍부한 음식을 찾는 경향은 지나치게 지방을 축적하게 했고, 결국 부작용으로 이어졌다.

① (C) – (A) – (B) – (D)
② (C) – (D) – (A) – (B)
③ (B) – (C) – (A) – (D)
④ (B) – (D) – (C) – (A)
⑤ (B) – (A) – (D) – (C)

05 다음 제시된 문장을 읽고, 이어질 문단을 논리적인 순서대로 바르게 배열한 것은?

2003년 7조 규모였던 인터넷쇼핑 시장이 2010년에는 19조에 이를 것으로 전망되고 있다. 이는 전체 소매유통의 8%에 육박하는 것으로, 인터넷 기술이 발달하고 인터넷 이용 인구가 증가할수록 인터넷쇼핑 시장은 점점 확대될 것으로 예상된다.

(가) 역선택(Adverse Selection)이란 품질이 좋은 상품이 시장에서 사라져 품질이 나쁜 상품만 거래할 수밖에 없게 된 상황을 말한다. 이를 최초로 제기한 애커로프(Akerlof)는, 역선택은 경제적 거래 이전에 소비자의 불비정보(不備情報)로 인해 발생한 것이므로, 생산자는 광고를 통한 신호와 평판을 통해 상품의 유형을 정확히 소비자에게 알려 역선택으로 인한 사회 후생의 감소를 막아야 한다고 말했다. 합리적인 경제주체는 불비정보 상황에 처할 경우 역선택을 염두에 두므로, 더 많은 정보의 획득을 통해 상품의 숨겨진 정보를 파악하고 가격보다는 '정보'라는 비가격 요소에 의해 물건의 구매를 결정짓게 되는 것이다.

(나) 인터넷쇼핑 시장은 위와 같은 급격한 성장과 더불어 또 하나 흥미로운 점을 보이고 있다. 그것은 동일한 물품에 대해 수천여 개 업체에서 가격 경쟁을 하고 있음에도 불구하고, 막상 매출 상위 업체를 살펴보면 물품단가가 낮지 않은 대기업체들의 시장점유율이 높다는 사실이다. 상품의 품질이 동일한 경우 가격이 낮을수록 수요가 증가한다는 경제학의 기본 이론이 왜 인터넷쇼핑 시장에서는 통하지 않는 것일까?

(다) 역선택은 '악화(惡貨)가 양화(良貨)를 구축(驅逐)한다.'는 그레샴의 법칙과 유사하다. 불비정보 하의 역선택 상황이 발생하면, 시장에 고품질 상품은 사라지고 저품질 상품만 남게 되며, 그 시장은 소비자에게 외면당할 수밖에 없을 것이다. 정보보유자(생산자) 스스로 상품에 대한 적극적인 신호전략만이 불비정보 게임 하에서 생존할 수 있는 유일한 방법임을 주지하고, 인터넷쇼핑몰 내에서 정보 교환의 활성화를 통해 소비자와 생산자의 윈 – 윈(Win – Win)을 이끌어내야 할 것이다.

(라) 앞에서 말한 인터넷쇼핑 매출 상위 업체를 보면 제품 상세정보, 상품 Q&A 메뉴를 운영하여 소비자에게 더 많은 정보를 제공하고 있다. 이렇게 생산자・소비자 간 정보피드백, 광고, 평판을 전략적으로 이용할 때 온라인마켓에서의 성공이 가능한 것임에도 불구하고, 아직 많은 인터넷쇼핑몰에서 가격인하 정책만을 고수하는 것을 목격할 수 있다. 완전정보게임이라면 가격과 수요가 반비례하는 수요의 법칙이 100% 통하겠지만 이는 교과서에나 나오는 모델일 뿐이다. 현실 경제의 대부분은 불비정보 상황이거나 불완전정보게임으로 소비자와 생산자 모두 역선택과 도덕적 해이의 문제에 노출되어 있다는 것을 인식할 필요가 있다.

(마) 이것은 온라인마켓과 오프라인마켓의 차이점에 기인한다. 온라인마켓의 경우 소비자가 직접 물건을 보고 만질 수 없으므로, 소비자는 자신이 알지 못하는 상품의 숨겨진 유형으로 인한 비대칭정보 상황 속에 놓이게 된다. 이에 역선택을 하지 않기 위해서 가격이 아닌 다른 신호에 반응하는 것이다.

① (가) – (다) – (나) – (마) – (라)
② (가) – (라) – (나) – (마) – (다)
③ (나) – (가) – (다) – (마) – (라)
④ (나) – (마) – (가) – (라) – (다)
⑤ (나) – (마) – (라) – (가) – (다)

06 다음 글을 통해 알 수 있는 내용으로 적절하지 않은 것은?

> 인간의 삶과 행위를 하나의 질서로 파악하고 개념과 논리를 통해 이해하고자 하는 시도는 소크라테스와 플라톤을 기점으로 시작된 가장 전통적인 방법론이라고 할 수 있다. 이는 결국 경험적이고 우연적인 요소를 배제하여 논리적 필연으로 인간을 규정하고자 한 것이다. 이에 반해 경험과 감각을 중시하고 욕구하는 실체로서의 인간을 파악하고자 한 이들이 소피스트들이다. 이 두 관점은 두 개의 큰 축으로 서구 지성사에 작용해 왔다.
>
> 하지만 이는 곧 소크라테스와 플라톤의 관점에서는 삶과 행위의 구체적이고 실제적인 일상이 무시된 채 본질적이고 이념적인 영역을 추구하였다는 것이며, 소피스트들의 관점에서는 고정적 실체로서의 도덕이나 정당화의 문제보다는 변화하는 실제적 행위만이 인정되었다는 이야기로 환원되어 왔다. 그리고 이와 같은 문제를 제대로 파악한 것이 바로 고대 그리스의 웅변가이자 소피스트인 '이소크라테스'이다.
>
> 이소크라테스는 소피스트들에 대해 그들의 교육이 도덕이나 시민적 덕성의 함양과는 무관하게 탐욕과 사리사욕을 위한 교육에 그치고 있다고 비판했으며, 동시에 영원불변하는 보편적 지식의 무용성을 주장했다. 그는 시의적절한 의견들을 통해 더 좋은 결과에 이를 수 있는 능력을 얻으려는 자가 바로 철학자라고 주장했다. 그렇기에 이소크라테스의 수사학은 플라톤의 이데아론뿐만 아니라 소피스트들의 무분별한 실용성을 지양하면서도, 동시에 삶과 행위의 문제를 이론적이고도 실제적으로 해석하는 것으로 평가할 수 있다.

① 이소크라테스의 주장에 따르면 플라톤의 이데아론은 '과연 그것이 현실을 살아가는 이들에게 무슨 의미가 있는가'에 대한 필연적인 물음에 맞닥뜨리게 된다.

② 소피스트들의 주장과 관점은 현대사회의 물질만능주의를 이해하기에 적절한 사례가 된다.

③ 소피스트와 이소크라테스는 영원불변하는 보편적 지식의 존재를 부정하며 구체적이고 실제적인 일상을 중요하게 여겼다.

④ 이소크라테스를 통해 절대적인 진리를 추구하지 않는 것이 반드시 비도덕적인 일로 환원된다고는 볼 수 없음을 확인할 수 있다.

⑤ 훌륭한 말과 미덕을 갖춘 지성인은 이소크라테스가 추구한 목표에 가장 가까운 존재라고 할 수 있다.

07 다음 문맥상 빈칸에 들어갈 내용으로 가장 적절한 것은?

> 글을 쓰다 보면 어휘력이 부족하여 적당한 단어를 찾지 못하고 고민을 하는 경우가 많이 있다. 특히 사용빈도가 낮은 단어들은 일상적인 회화 상황에서 자연스럽게 익힐 기회가 적다. 대개 글에서는 일상적인 회화에서 사용하는 것보다 훨씬 고급 수준의 단어를 많이 사용하게 되므로 이런 어휘력 습득은 광범위한 독서를 통해서 가능하다. (   )

① 그러므로 평소 국어사전을 활용하여 어휘력을 습득하는 습관이 필요하다.
② 그러므로 사용빈도가 낮은 단어들은 사용하지 않는 것이 좋다.
③ 그러므로 고급수준의 단어들을 사용하는 것보다는 평범한 단어를 사용하는 것이 의미전달을 분명히 한다.
④ 그러므로 평소에 수준 높은 좋은 책들을 많이 읽는 것이 필요하다.
⑤ 그러므로 독서보다는 자기 학습을 통해 어휘력을 습득해야 한다.

08 다음 글의 내용과 일치하는 것을 〈보기〉에서 모두 고르면?

> 과거에는 일반 시민들이 사회 문제에 관한 정보를 얻을 수 있는 수단이 거의 없었다. 따라서 일반 시민들은 신문과 같은 전통적 언론을 통해 정보를 얻었고 전통적 언론은 주요 사회 문제에 대한 여론을 형성하는 데 강한 영향을 끼쳤다. 지금도 신문에서 물가 상승 문제를 반복해서 보도하면 일반 시민들은 이를 중요하다고 생각하고, 그와 관련된 여론도 활성화된다.
> 이처럼 전통적 언론이 여론을 형성하는 것을 '의제설정기능'이라고 한다. 하지만 막강한 정보원으로 인터넷이 등장한 이후 전통적 언론의 영향력은 약화되고 있다. 그리고 인터넷을 통한 상호작용 매체인 소셜 네트워킹 서비스(이하 SNS)가 등장한 이후에는 그러한 경향이 더욱 강화되고 있다. 일반 시민들이 SNS를 통해 문제를 제기하고, 많은 사람들이 그 문제에 대해 중요하다고 생각하면 역으로 전통적 언론에서 뒤늦게 그 문제에 대해 보도하는 현상이 생기게 된 것이다. 이러한 현상을 일반 시민이 의제설정을 주도한다는 점에서 '역의제설정 현상'이라고 한다.

〈보기〉

㉠ 현대의 전통적 언론은 의제설정기능을 전혀 수행하지 못하고 있다.
㉡ SNS는 일반 시민이 의제설정을 주도하는 것을 가능하게 했다.
㉢ 현대 언론은 과거 언론에 비해 의제설정기능의 역할이 강하다.
㉣ SNS로 인해 의제설정 현상이 강해지고 있다.

① ㉡
② ㉢
③ ㉠, ㉡
④ ㉠, ㉣
⑤ ㉢, ㉣

09 다음 글의 주제로 가장 적절한 것은?

> 우유니 사막은 세계 최대의 소금사막으로 남아메리카 중앙부 볼리비아의 포토시주(州)에 위치한 소금 호수로, '우유니 소금사막' 혹은 '우유니 염지' 등으로 불린다. 지각변동으로 솟아오른 바다가 빙하기를 거쳐 녹기 시작하면서 거대한 호수가 생겨났다. 면적은 1만 2,000km^2이며 해발고도 3,680m의 고지대에 위치한다. 물이 배수되지 않은 지형적 특성 때문에 물이 고여 얕은 호수가 되었으며, 소금으로 덮인 수면 위에 푸른 하늘과 흰 구름이 거울처럼 투명하게 반사되어 관광지로도 이름이 높다.
> 소금층 두께는 30cm부터 깊은 곳은 100m 이상이며 호수의 소금 매장량은 약 100억 톤 이상이다. 우기인 12월에서 3월 사이에는 20 ~ 30cm의 물이 고여 얕은 염호를 형성하는 반면, 긴 건기 동안에는 표면뿐만 아니라 사막의 아래까지 증발한다. 특이한 점은 지역에 따라 호수의 색이 흰색, 적색, 녹색 등의 다른 빛깔을 띤다는 점이다. 이는 호수마다 쌓인 침전물의 색깔과 조류의 색깔이 다르기 때문이다. 또한 소금 사막 곳곳에서는 커다란 바위부터 작은 모래까지 한꺼번에 섞인 빙하성 퇴적물들과 같은 빙하의 흔적들을 볼 수 있다.

① 우유니 사막의 기후와 식생
② 우유니 사막의 주민 생활
③ 우유니 사막의 자연 지리적 특징
④ 우유니 사막 이름의 유래
⑤ 우유니 사막의 관광 상품 종류

10 다음 글의 제목으로 가장 적절한 것은?

> 반대는 필수불가결한 것이다. 지각 있는 대부분의 사람이 그러하듯 훌륭한 정치가는 항상 열렬한 지지자보다는 반대자로부터 더 많은 것을 배운다. 만약 반대자들이 위험이 있는 곳을 지적해 주지 않는다면, 그는 지지자들에 떠밀려 파멸의 길을 걷게 될 수 있기 때문이다. 따라서 현명한 정치가라면 그는 종종 친구들로부터 벗어나기를 기도할 것이다. 친구들이 자신을 파멸시킬 수도 있다는 것을 알기 때문이다. 그리고 비록 고통스럽다 할지라도 결코 반대자 없이 홀로 남겨지는 일이 일어나지 않기를 기도할 것이다. 반대자들이 자신을 이성과 양식의 길에서 멀리 벗어나지 않도록 해준다는 사실을 알기 때문이다. 자유의지를 가진 국민의 범국가적 화합은 정부의 독단과 반대당의 혁명적 비타협성을 무력화시키는 정치권력의 충분한 균형에 의존하고 있다. 그 균형이 어떤 상황 때문에 강제로 타협하게 되지 않는 한, 그리고 모든 시민이 어떤 정책에 영향을 미칠 수는 있으나 누구도 혼자 정책을 지배할 수 없다는 것을 느끼게 되지 않는 한, 그리고 습관과 필요에 의해서 서로 조금씩 양보하지 않는 한, 자유는 유지될 수 없기 때문이다.

① 민주주의와 사회주의
② 반대의 필요성과 민주주의
③ 민주주의와 일방적인 의사소통
④ 권력을 가진 자와 혁명을 꿈꾸는 집단
⑤ 혁명의 정

※ 다음 글을 읽고 추론한 내용으로 가장 적절한 것을 고르시오. [11~12]

11

두뇌 연구는 지금까지 뉴런을 중심으로 진행되어 왔다. 뉴런 연구로 노벨상을 받은 카얄은 뉴런이 '생각의 전화선'이라는 이론을 확립하여 사고와 기억 등 두뇌에서 일어나는 모든 현상을 뉴런의 연결망과 뉴런 간의 전기 신호로 설명했다. 그러나 두뇌에는 뉴런 외에도 신경교 세포가 존재한다. 신경교 세포는 뉴런처럼 그 수가 많지만 전기 신호를 전달하지 못한다. 이 때문에 과학자들은 신경교 세포가 단지 두뇌 유지에 필요한 영양 공급과 두뇌 보호를 위한 전기 절연의 역할만을 가진다고 여겼다.
그러나 최근 과학자들은 신경교 세포에서 그 이상의 기능을 발견했다. 신경교 세포 중에도 '성상세포'라 불리는 별 모양의 세포가 자신만의 화학적 신호를 가진다는 것이 밝혀졌다. 성상세포는 뉴런처럼 전기를 이용하지는 않지만, '뉴런송신기'라고 불리는 화학물질을 방출하고 감지한다. 과학자들은 이러한 화학적 신호의 연쇄반응을 통해 신경교 세포가 전체 뉴런을 조정한다고 추론했다.
A연구팀은 신경교 세포가 전체 뉴런을 조정하면서 기억력과 사고력을 향상시킨다고 예상하고, 이를 확인하기 위해 인간의 신경교 세포를 갓 태어난 생쥐의 두뇌에 주입했다. 그 결과, 쥐가 자라면서 주입된 인간의 신경교 세포도 성장했다. 이 세포들은 쥐의 뉴런들과 완벽하게 결합되어 쥐의 두뇌 전체에 걸쳐 퍼지게 되었다. 심지어 어느 두뇌 영역에서는 쥐의 뉴런의 숫자를 능가하기도 했다. 뉴런과 달리 쥐와 인간의 신경교 세포는 비교적 쉽게 구별된다. 인간의 신경교 세포는 매우 길고 무성한 섬유질을 가지기 때문이다. 쥐에 주입된 인간의 신경교 세포는 그 기능을 그대로 간직한다. 그렇게 성장한 쥐들은 다른 쥐들과 잘 어울렸고, 다른 쥐들의 관심을 끄는 것에 흥미를 보였다. 이 쥐들은 미로를 통과해 치즈를 찾는 테스트에서 더 뛰어났다. 보통의 쥐들은 네다섯 번의 시도 끝에 올바른 길을 배웠지만, 인간의 신경교 세포를 주입받은 쥐들은 두 번 만에 학습했다.

① 인간의 신경교 세포를 쥐에게 주입하면, 쥐의 뉴런은 전기 신호를 전달하지 못할 것이다.
② 인간의 뉴런 세포를 쥐에게 주입하면, 쥐의 두뇌에는 화학적 신호의 연쇄 반응이 더 활발해질 것이다.
③ 인간의 뉴런 세포를 쥐에게 주입하면, 그 뉴런 세포는 쥐의 두뇌 유지에 필요한 영양을 공급할 것이다.
④ 인간의 신경교 세포를 쥐에게 주입하면, 그 신경교 세포는 쥐의 뉴런을 보다 효과적으로 조정할 것이다.
⑤ 인간의 신경교 세포를 쥐에게 주입하면, 그 신경교 세포는 쥐의 신경교 세포의 기능을 갖도록 변화할 것이다.

12

모필은 붓을 말한다. 이 붓은 종이, 먹과 함께 문인들이 인격화해 불렀던 문방사우(文房四友)에 속하는데, 문인들은 이것을 품성과 진리를 탐구하는 데에 없어서는 안 되는 중요한 벗으로 여기고 이것들로 글씨를 쓰거나 그림을 그렸다. 이렇게 그려진 그림을 동양에서는 문인화(文人畵)라 불렀으며 이 방면에 뛰어난 면모를 보인 이들을 문인화가라고 지칭했다. 그리고 문인들은 화공(畵工)과는 달리 그림을, 심성을 기르고 심의(心意)와 감흥을 표현하는 교양적 매체로 보고, 전문적이고 정교한 기법이나 기교에 바탕을 둔 장식적인 채색풍을 의식적으로 멀리했다. 또한 시나 서예와의 관계를 중시하여 시서화일치(詩書畵一致)의 경지를 지향하고, 대상물의 정신, 그리고 고매한 인품을 지닌 작가의 내면을 구현하는 것이 그림이라고 보았다. 이런 의미에서 모필로 대표되는 지・필・묵(紙・筆・墨, 종이・붓・먹)은 문인들이 자신의 세계를 표현하는 데 알맞은 매재가 되면서 동양의 문화현상으로 자리 잡게 되었던 것이다.
중국 명나라 말기의 대표적 문인인 동기창(董其昌)은 정통적인 화공들의 그림보다 문인사대부들이 그린 그림을 더 높이 평가했다. 동양에서 전문적인 화공의 그림과 문인사대부들의 그림이 대립되는 양상을 형성한 것은 이에서 비롯되는데, 이처럼 두 개의 회화적 전통이 성립된 곳은 오로지 극동 문화권뿐이다. 전문 화가들의 그림보다 아마추어격인 문인사대부들의 그림을 더 높이 사는 이러한 풍조야말로 동양 특유의 문화 현상에서만 나타나는 것이다.
동양에서 지・필・묵은 단순한 그림의 매재라는 좁은 영역에 머무는 것이 아니라 동양의 문화를 대표한다는 보다 포괄적인 의미를 지닌다. 지・필・묵은 단순한 도구나 재료의 의미를 벗어나 그것을 통해 파생되는 모든 문화적 현상 자체를 대표한다. 나아가 수학(修學)의 도구로 사용되었던 지・필・묵이 점차 자신의 생각과 예술을 담아내는 매재로 발전하면서 이미 그것은 단순한 도구가 아니라 하나의 사유 매체로서 기능을 하게 되었다. 말하자면 종이와 붓과 먹을 통해 사유하게 되었다는 것이다.

① 동기창(董其昌)은 정교한 기법이나 기교에 바탕을 둔 그림을 높이 평가했을 것이다.
② 동양 문화와 같이 서양 문화에도 두 개의 회화적 전통이 성립되어 있었을 것이다.
③ 정통적인 화공(畵工)들은 주로 문인화(文人畵)를 그렸을 것이다.
④ 서양 문화에서는 문인사대부들보다 전문 화가들의 그림을 더 높게 평가할 것이다.
⑤ 지・필・묵은 동서양의 문화적 차이를 극복하고 사유 매체로서의 기능을 담당하였을 것이다.

※ 다음 글을 읽고 이어지는 물음에 답하시오. [13~15]

인간 사회와 더불어 오래 전부터 존재해 온 기술은 산업혁명 이후 매우 빠른 속도로 발전을 거듭해 왔다. 그에 따라 기술의 영향력은 날로 증대되어 오늘날 우리는 그 누구도 기술의 영향에서 벗어날 수 없게 되었다.
그렇다면 기술의 발전은 삶의 질을 높이고 사회가 진보하는 데 긍정적인 영향만을 끼치는가? 그렇지는 않다. 기술의 발전은 인간과 사회에 긍정적인 영향과 부정적인 영향을 동시에 끼친다. 이러한 이유로 기술에 대한 사회적 통제의 필요성이 제기되었다. 이에 부응하여 등장한 국가 기술 정책의 수단이 기술 영향 평가(Technology Assessment)이다. 기술 영향 평가는 전문가와 이해 당사자 및 일반 시민들이 특정한 기술의 사회적 영향을 평가한 다음, 긍정적 영향은 극대화하고 부정적 영향은 최소화할 수 있도록 기술 변화의 방향과 속도를 통제하는 것을 목표로 한다.
초창기의 기술 영향 평가는 이미 개발된 기술이 사회에 끼치는 영향을 사후에 평가하고 처방하는 데 주력하는 경향이 있었다. 그러나 이러한 사후적 평가와 처방은 기술에 대한 '㉠ 통제의 딜레마' 문제에 부딪히게 되었다. 통제의 딜레마란, 비록 기술 영향 평가를 통해 어떤 기술이 문제가 많다고 판단할지라도, 그 기술의 개발이 이미 상당히 진행되어 있는 상태라면 그것을 중단시키는 일이 거의 불가능한 상황을 말한다. 이 딜레마는 기술에 대한 사회적 통제를 어렵게 만든다. 결국 통제의 딜레마로 인해 사후적 기술 영향 평가는 기술을 통제하고자 했던 원래의 목적을 달성하는 데 한계를 드러내게 되었다.
이 딜레마를 극복하고자 기술 개발의 전 과정에 대한 지속적인 평가를 통해 기술 변화가 사회적으로 바람직한 방향으로 이루어지도록 적극적으로 유도하는, 사전적이고 과정적인 기술 영향 평가가 새롭게 등장하였다. 기술이 일방적으로 사회에 영향을 끼치기만 하는 것이 아니라, 사회도 기술 변화의 내용이나 속도에 영향을 끼칠 수 있다는 기술 사회학적 인식이 그 배경이 되었다. 이 새로운 기술 영향 평가는 기술 개발의 과정에 초점을 둠으로써 기술 통제의 측면에서 전통적인 기술 영향 평가에 비해 좀 더 성공적이라고 평가받고 있다.
그러면 새로운 기술 영향 평가는 통제의 딜레마를 완전히 해결했는가? 이 질문에 아주 긍정적으로 답하기는 어렵다. 무엇보다 기술 발전의 방향은 불확실성이 많아 사전적이고 과정적인 평가조차도 기술의 영향을 정확하게 예측하기 힘들기 때문이다. 설혹 잘 예측하여 기술 통제를 위해 적절한 기술 정책을 실시한다고 하더라도 그 정책이 의도하지 않은 결과를 낳을 수도 있다. 그럼에도 불구하고 사회적 영향이 점점 더 커지고 있는 기술들에 대한 평가와 통제의 필요성을 감안한다면 이 기술 영향 평가는 현재로서 우리가 취할 수 있는 최선의 기술 정책 수단이라고 할 수 있다.

13 다음 중 글쓴이의 생각으로 적절하지 않은 것은?

① 기술과 사회는 상호 작용하는 관계이다.
② 기술 발전의 방향을 시장 원리에만 맡겨서는 안 된다.
③ 과학적 기술 예측은 모두 기술 통제의 성공으로 이어진다.
④ 기술은 문제 해결이 아니라 문제 발생의 원인이 되기도 한다.
⑤ 직접적인 이해관계에 있는 사람도 기술 영향 평가에 참여할 수 있다.

14 **다음 중 윗글의 논지 전개 방식으로 가장 적절한 것은?**

① 어떤 현상에 대해 문제를 제기하고, 그 문제를 해결하기 위한 방안들을 평가하고 있다.
② 어떤 현상에 대해 제기된 비판들을 점검하고, 그에 대한 반박 가능성을 검토하고 있다.
③ 어떤 현상의 문제점을 상반된 관점에서 비교 분석하고, 절충적인 해결책을 모색하고 있다.
④ 현상을 바라보는 관점을 설정하고, 각각의 현상에 대해 구체적인 근거를 들어 비판하고 있다.
⑤ 현상을 설명할 수 있는 이론을 구축하고, 실제 사례에 적용하여 실현 가능성을 점검 하고 있다.

15 **윗글에서 밑줄 친 ㉠을 통해 야기된 상황의 예시로 가장 적절한 것은?**

① 비디오테이프에는 베타 방식과 VHS 방식이 있었다. 기술적으로는 전자가 후자보다 우월한 것으로 평가되었지만, 시장에서는 후자가 선택되었다.
② 구(舊) 소련 체르노빌 핵 발전소에서는 작업자들이 원자로의 기계적 결함을 제대로 통제하지 못했다. 이 때문에 방사능이 누출되어 수많은 사람들이 사망했다.
③ 홍수 방지를 위한 댐의 규모를 정하기 위해 수많은 전문가들을 동원했다. 하지만 규모에 따른 홍수 방지 효과를 잘못 계산하여 결국 홍수를 통제하는 데 실패했다.
④ 개발이 거의 완료된 어떤 청정에너지 기술이 오히려 환경오염을 유발할 가능성이 높음을 뒤늦게 알게 됐다. 하지만 이미 너무 많은 자원이 투입된 까닭에 중단할 수 없었다.
⑤ 1986년 미국 항공 우주국은 우주선 로켓 부스터의 접합부를 밀폐하는 오링(O-ring)이 불완전하다는 것을 알고 있었다. 하지만 이를 허용 범위 이내의 문제로 인식하는 바람에 우주 왕복선이 폭발하는 대형 사고가 발생했다.

※ 다음 자료를 보고 이어지는 질문에 답하시오. [16~17]

요즘은 과속단속 카메라의 위치를 몰라서 단속되는 경우는 거의 없다. 반면, 제한속도를 10km/h 정도 초과해도 단속에 걸리지 않는다는 운전자들의 믿음이 배신당하는 경우는 종종 있다. 왜 그럴까? 인터넷 커뮤니티나 SNS 등에는 과속단속 카메라에 단속되는 속도에 대한 정보가 꽤 많이 올라와 있는데, 이 정보를 맹신하기 때문이다.

이 정보들이 주장하는 핵심은 제한속도에서 +10km/h를 넘어야 그때부터 단속한다거나, 제한속도의 10%가 가산된 속도부터 단속되는 만큼 실제 제한속도보다 약간 더 빠르게 달려도 된다는 것이다. 제한속도가 60km/h라면 66km/h부터, 100km/h라면 110km/h부터 단속되거나, 60km/h라면 70km/h부터, 100km/h라면 110km/h부터 단속된다는 것이다.

과연 실제로도 그럴까? 경찰청에 따르면, 제한속도가 100km/h이상인 곳에서는 22km/h, 70 ~ 99km/h인 곳에서는 15km/h, 60km/h 이하인 곳에서는 11km/h까지 과속하더라도 과속단속 카메라에 찍히지 않는다고 한다. 다만, 구간단속의 경우 제한속도에서 10km/h를 넘지 않는 것이 안전하다. 이러한 호기심을 바탕으로 김씨는 다음과 같은 속도단위의 환산표를 작성하였다.

m/s	m/h	km/s	km/h
1	3600	0.001	3.6
1,000	3,600,000	1	3,600
26.3452	94,842.72	0.03	
30.3452	109,242.72	0.03	109.24

16 다음 중 김씨가 7200m/h를 m/s 단위로 환산한 값으로 알맞은 것은?

① 2
② 2.5
③ 3
④ 3.5
⑤ 4

17 다음 중 김씨가 환산표의 빈칸에 넣을 값으로 알맞은 것은?(단, 소수점 셋째 자리에서 반올림한다)

① 64.63
② 58.92
③ 94.84
④ 86.44
⑤ 78.94

18 K사원은 인사평가에서 A ~ D 네 가지 항목의 점수를 받았다. 이 점수를 각각 1 : 1 : 1 : 1의 비율로 평균을 구하면 82.5점이고, 2 : 3 : 2 : 3의 비율로 평균을 구하면 83점, 2 : 2 : 3 : 3의 비율로 평균을 구하면 83.5점이다. 각 항목의 만점은 100점이라고 할 때, K사원이 받을 수 있는 최고점과 최저점의 차는?

① 45점
② 40점
③ 30점
④ 25점
⑤ 20점

19 A중학교 1, 2, 3학년 학생들의 수학 점수 평균을 구했더니 각각 38점, 64점, 44점이었다. 각 학년의 학생 수가 50명, 20명, 30명이라고 할 때, 학교 학생들의 전체 수학 점수 평균은 몇 점인가?

① 43점
② 44점
③ 45점
④ 46점
⑤ 47점

20 H영화관에서 관객 50명에게 A, B영화 관람여부를 조사한 결과, 두 영화를 모두 관람한 관객은 20명이고, 영화를 하나도 보지 않은 사람은 15명이다. A영화를 관람한 관객이 28명일 때, 모든 관객 중 관객 한 명을 택할 경우 그 관객이 B영화만 관람한 관객일 확률은?

① $\frac{22}{50}$
② $\frac{3}{10}$
③ $\frac{13}{50}$
④ $\frac{9}{50}$
⑤ $\frac{7}{50}$

21 7경기 중 4경기를 이기면 우승하는 야구 경기에서 현재 A팀이 3승 1패로 앞서고 있다. 매 경기 어느 한 팀이 이길 확률은 각각 같고, 비기는 경우는 없다고 가정할 때, A팀이 우승할 확률은?

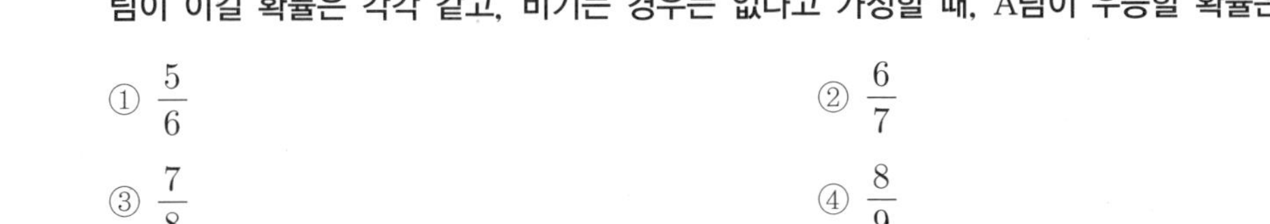

① $\frac{5}{6}$
② $\frac{6}{7}$
③ $\frac{7}{8}$
④ $\frac{8}{9}$
⑤ $\frac{9}{10}$

22 J공사의 체육대회에서 올해 운영을 위한 임원진(운영위원장 1명, 운영위원 2명)을 새롭게 선출하려고 한다. 추천 받은 인원은 20명이며, 임원진으로 남자와 여자가 1명 이상씩 선출되어야한다. 추천 인원 남녀 성비가 6 : 4일 때, 올해 임원을 선출할 수 있는 경우의 수는?

① 916가지
② 1,374가지
③ 1,568가지
④ 2,464가지
⑤ 2,592가지

23 C사는 신약개발을 위해 Z바이러스에 대한 항체 유무에 따른 질병 감염 여부를 조사하였다. 조사 결과 질병에 양성 반응을 보인 확률은 95%이고, 이 중 항체가 있는 사람의 비율은 15.2%p였다. 또한 질병에 음성 반응을 보였지만 항체가 없는 사람의 비율은 4.2%p라고 한다면 조사 참여자 중 항체를 보유한 사람의 비율은?(단, 양성은 질병에 감염된 것을 의미하고, 음성은 질병에 감염되지 않은 것을 의미한다)

① 14%
② 16%
③ 18%
④ 20%
⑤ 22%

24 다음은 보건복지부에서 발표한 2021년 12월 말 기준 어린이집 보육현황이다. 표를 근거로 할 때, 〈보기〉의 빈칸에 들어갈 수치로 옳은 것은?

〈2021년 12월 말 기준 어린이집 보육현황〉

(단위 : 명, %)

구분		계	국·공립 어린이집	법인 어린이집	민간 어린이집			가정 어린이집	부모협동 어린이집	직장 어린이집
					소계	법인 외	민간 개인			
강원	정원	53,498	6,119	10,186	27,742	3,307	24,435	8,866	78	507
	현원	42,996	5,309	7,822	22,205	2,473	19,732	7,297	63	300
	이용률	80.4	86.8	76.8	80.0	74.8	80.8	82.3	80.8	59.2
충북	정원	59,175	4,025	11,301	33,968	3,199	30,769	8,682	59	1,140
	현원	48,251	3,530	8,751	27,306	2,503	24,803	7,842	46	776
	이용률	81.5	87.7	77.4	80.4	78.2	80.6	90.3	78.0	68.1

〈보기〉

충북에 비해 강원 어린이집 원생들의 이용률이 가장 낮은 시설의 차이는 (   )%p이다.

① 5.6
② 6.4
③ 7.3
④ 8.0
⑤ 8.9

25 다음은 방송통신위원회가 발표한 2021년 유선방송사 현황이다. 〈보기〉의 빈칸에 들어갈 수치로 옳은 것은?

〈복수종합유선방송사(MSO) 현황과 시장점유율〉

구분	SO수(개)		방송사업수익 (억 원)		방송사업수익 점유율(%)		가입자당 월평균 수신료(원)	
	2020년	2021년	2020년	2021년	2020년	2021년	2020년	2021년
T-broad	21	22	4,946	5,384	25.6	25.4	8,339	8,660
CJ 헬로비전	17	19	4,290	5,031	22.2	23.8	6,661	6,264
현대 HCN	8	8	1,663	1,835	8.6	8.7	6,120	6,402
CMB	9	9	1,036	1,142	5.4	5.4	4,552	4,567
GS	2	-	672	-	3.5	-	6,806	-

〈보기〉

2020년 가입자당 월평균 수신료가 가장 높은 방송사와 가장 낮은 방송사의 수신료 차이는 (　　)원이다.

① 2,531
② 2,893
③ 3,112
④ 3,787
⑤ 4,269

26 다음은 A, B상품의 일 년 동안의 계절별 판매량을 나타낸 그래프이다. 이를 해석한 것으로 옳지 않은 것은?

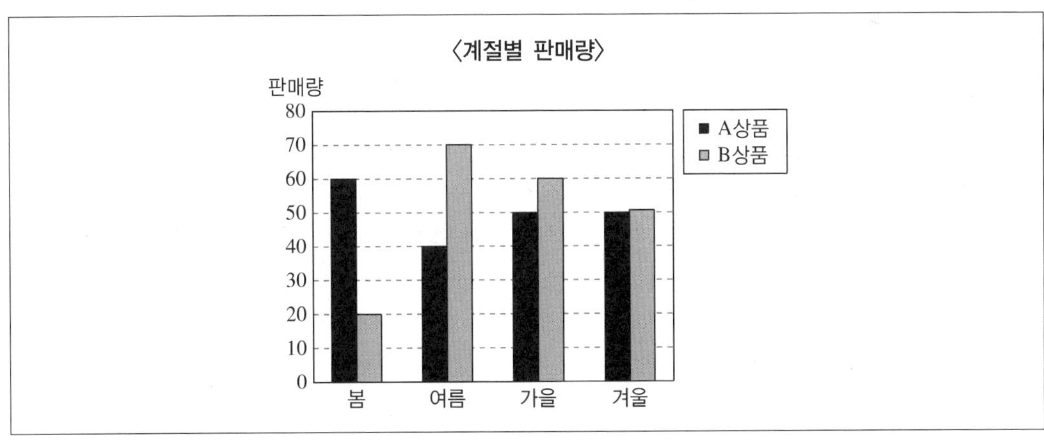

① A상품과 B상품의 연간 판매량은 모두 200 이상이다.
② A상품 판매량의 표준편차가 B상품보다 크다.
③ A상품과 B상품의 판매량의 합이 가장 적은 계절은 봄이다.
④ 두 상품의 판매량의 차는 봄에서부터 시간이 지남에 따라 감소한다.
⑤ B상품은 여름에 잘 팔리는 물건이다.

27 다음은 연령별 남녀 유권자 수 및 투표율 현황을 지역별로 조사한 자료이다. 이에 대한 설명으로 옳은 것은?(단, 비율은 소수점 둘째 자리에서 반올림한다)

〈연령별 남녀 유권자 수 및 투표율 현황〉

(단위 : 천 명)

구분		10대	20대	30대	40대	50대 이상	전체
지역	성별						
서울	남성	28(88%)	292(72%)	442(88%)	502(94%)	481(88%)	1,745
	여성	22(75%)	300(78%)	428(82%)	511(96%)	502(93%)	1,763
경기	남성	24(78%)	271(69%)	402(92%)	448(79%)	482(78%)	1,627
	여성	21(82%)	280(88%)	448(95%)	492(85%)	499(82%)	1,740
인천	남성	23(84%)	302(92%)	392(70%)	488(82%)	318(64%)	1,523
	여성	20(78%)	288(88%)	421(86%)	511(98%)	302(58%)	1,542
충청	남성	12(82%)	182(78%)	322(78%)	323(83%)	588(92%)	1,427
	여성	15(92%)	201(93%)	319(82%)	289(72%)	628(98%)	1,452
전라	남성	11(68%)	208(94%)	221(68%)	310(76%)	602(88%)	1,352
	여성	10(72%)	177(88%)	284(92%)	321(84%)	578(76%)	1,370
경상	남성	8(71%)	158(76%)	231(87%)	277(88%)	602(91%)	1,276
	여성	9(73%)	182(83%)	241(91%)	269(83%)	572(82%)	1,273
제주	남성	4(76%)	102(88%)	118(69%)	182(98%)	201(85%)	607
	여성	3(88%)	121(94%)	120(72%)	177(95%)	187(79%)	608
전체		210	3,064	4,389	5,100	6,542	19,305

※ 투표율은 해당 유권자 중 투표자의 비율이다.

① 남성 유권자 수가 다섯 번째로 많은 지역의 20대 투표자 수는 35만 명 이하이다.

② 지역 유권자가 가장 적은 지역의 유권자 수는 전체 지역 유권자 수에서 6% 미만을 차지한다.

③ 전 지역의 50대 이상 유권자 수가 모든 연령대의 유권자 수에서 차지하는 비율은 30% 이상 35% 미만이다.

④ 20대 여성투표율이 두 번째로 높은 지역의 20대 여성 유권자 수는 20대 남성 유권자 수의 1.2배 이상이다.

⑤ 인천의 여성투표율이 세 번째로 높은 연령대와 같은 연령대의 경상지역 남녀 투표자 수는 남성이 여성보다 많다.

28 다음은 2012년부터 2021년까지 연도별 감자 재배면적 및 생산량을 나타낸 표이다. 이에 대한 해석으로 옳지 않은 것은?

〈연도별 감자 재배면적 및 생산량〉

(단위 : ha, 톤)

구분	봄감자			고랭지감자			가을감자		
	재배면적	10a당 생산량(kg)	생산량	재배면적	10a당 생산량(kg)	생산량	재배면적	10a당 생산량(kg)	생산량
2012	16,302	2,415	393,632	3,801	3,668	139,423	4,810	1,739	83,652
2013	19,126	2,392	457,584	3,784	2,509	94,944	3,894	1,789	69,674
2014	17,424	2,396	417,433	3,793	3,332	126,371	3,713	1,716	63,730
2015	20,977	2,722	571,024	3,751	2,963	111,125	2,702	1,676	45,289
2016	15,596	2,772	432,342	2,975	3,647	108,500	2,901	1,713	49,690
2017	14,545	2,526	367,363	3,403	3,875	131,867	2,286	1,685	38,508
2018	15,259	2,580	393,670	3,579	3,407	121,927	3,162	1,267	40,073
2019	14,943	2,152	321,518	3,244	3,049	98,895	2,787	1,663	46,342
2020	15,819	2,435	385,244	3,462	2,652	91,811	4,121	1,723	71,010
2021	18,150	2,567	465,948	3,844	3,634	139,676	4,835	1,654	79,981

※ 1ha=100a

※ 10a당 생산량은 소수점 이하 첫째 자리에서 반올림한다.

① 2012 ~ 2021년까지 매년 봄감자는 가을감자보다 4배 이상 생산되었다.

② 감자 생산효율이 높은 순서는 매년 '고랭지감자 – 봄감자 – 가을감자'순으로 동일하다.

③ 2015 ~ 2018년 동안 고랭지감자의 재배면적이 넓을수록 10a당 생산량도 많아졌다.

④ 2018 ~ 2020년 동안 전년 대비 모든 감자의 10a당 생산량 평균은 감소하는 추세이다.

⑤ 2012 ~ 2021년 동안 봄감자가 가장 많이 생산된 연도의 고랭지감자와 가을감자의 재배면적 차이는 1,049ha이다.

29 다음은 2021년 방송 산업 종사자 수를 나타낸 자료이다. 2021년 추세에 언급되지 않은 분야의 인원은 고정되어 있었다고 할 때, 2020년 방송 산업 종사자 수는?

〈2021년 방송 산업 종사자 수〉

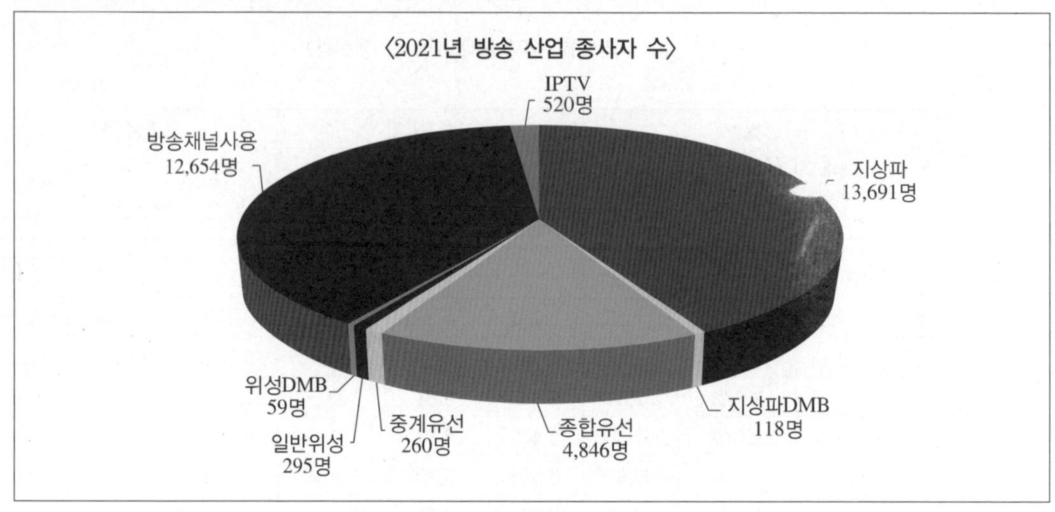

〈2021년 추세〉

지상파 방송사(지상파DMB 포함)는 전년보다 301명(2.2%)이 증가한 것으로 나타났다. 직종별로 방송직에서는 PD(1.4% 감소)와 아나운서(1.1% 감소), 성우, 작가, 리포터, 제작지원 등의 기타 방송직(5% 감소)이 감소했으나, 카메라, 음향, 조명, 미술, 편집 등의 제작관련직(4.8% 증가)과 기자(0.5% 증가)는 증가하였다. 그리고 영업홍보직(13.5% 감소), 기술직(6.1% 감소), 임원(0.7% 감소)은 감소했으나, 연구직(11.7% 증가)과 관리행정직(5.8% 증가)은 증가했다.

① 20,081명
② 24,550명
③ 32,142명
④ 32,443명
⑤ 34,420명

30 기획부 부서회의에 최부장, 김과장, 이대리, 조대리, 한사원, 박사원 중 일부만 회의에 참석할 예정이다. 다음 〈조건〉을 바탕으로 최부장이 회의에 참석했을 때, 회의에 반드시 참석하는 직원의 수는?

〈조건〉

- 한사원이 회의에 참석하지 않으면 박사원도 참석하지 않는다.
- 조대리가 회의에 참석하면 이대리는 참석하지 않는다.
- 최부장이 회의에 참석하면 이대리도 참석한다.
- 박사원이 회의에 참석하지 않으면 최부장도 참석하지 않는다.

① 1명
② 2명
③ 3명
④ 4명
⑤ 5명

31 G기업에서는 김대리, 이대리, 박대리, 최대리, 한대리, 임대리 중 몇 명을 과장으로 승진시키려고 한다. 다음 〈조건〉을 바탕으로 최 대리가 승진했을 때, 승진하는 대리의 수는?

〈조건〉

- 김대리가 승진하면 박대리도 승진한다.
- 최대리가 승진하면 박대리와 이대리는 승진하지 못한다.
- 임대리가 승진하지 못하면 최대리도 승진하지 못한다.
- 한대리가 승진하지 못하면 김대리는 승진한다.

① 1명
② 2명
③ 3명
④ 4명
⑤ 5명

32 S기업의 직원 A～F 여섯 명은 3명씩 2조로 나누어 근무한다. 다음 〈조건〉을 근거로 할 때, 반드시 거짓인 것은?

〈조건〉

- A가 근무하는 날에는 E도 근무한다.
- B가 근무하는 날에는 D는 근무하지 않는다.
- B가 근무하지 않는 날에는 E는 근무하지 않는다.
- D가 근무하지 않는 날에는 C와 F도 근무하지 않는다.

① E가 근무하는 날에는 B도 근무한다.
② D와 E는 같은 날에 근무한다.
③ C와 B는 같은 날에 근무하지 않는다.
④ F가 근무하는 날에는 D도 근무한다.
⑤ A가 근무하는 날에는 B도 근무한다.

33 **다음 그림과 같이 각 층에 1인 1실의 방이 4개 있는 3층 호텔에 A ~ I 총 9명이 투숙해 있다. 〈조건〉을 근거로 할 때, 반드시 참인 것은?**

	301	302	303	304	
좌	201	202	203	204	우
	101	102	103	104	

〈조건〉

(가) 각 층에는 3명씩만 투숙한다.
(나) A의 바로 위에는 C가 투숙해 있으며, A의 바로 오른쪽 방에는 아무도 투숙해 있지 않다.
(다) B의 바로 위의 방에는 아무도 투숙해 있지 않다.
(라) C의 바로 왼쪽에 있는 방에는 아무도 투숙해 있지 않으며, C는 D와 같은 층 바로 옆에 인접해 있다.
(마) D는 E의 바로 아래의 방에 투숙해 있다.
(바) E, F, G는 같은 층에 투숙해 있다.
(사) G의 옆방에는 아무도 투숙해 있지 않다.
(아) I는 H보다 위층에 투숙해 있다.

① A는 104, 204, 304호 중 한 곳에 투숙해 있다.
② C는 1층에 투숙해 있다.
③ F는 3층에 투숙해 있을 것이다.
④ H는 1층, 바로 위의 방에는 E, 그 위의 방에는 D가 있다.
⑤ I는 3층에 투숙해 있다.

34 **대근이는 여자 친구가 있지만 여자 친구 말고도 5명(봉선, 지선, 주리, 은이, 신영)의 여성들을 만나고 있다. 주말에는 여자 친구와 약속을 잡고, 평일에는 5명의 여성들과 약속을 잡았다. 다음 〈조건〉을 근거로 할 때, 대근이가 화요일에 만나는 여성은?**

〈조건〉

• 대근이는 봉선이를 주리와 은이를 만나는 요일 사이에 만날 것이다.
• 대근이는 지선이를 주리와 신영이보다 먼저 만날 것이다.
• 대근이는 신영이를 지선이와 은이를 만나는 요일 사이에 만날 것이다.
• 대근이는 신영이를 화요일에 만나지 않는다.

① 봉선
② 지선
③ 주리
④ 은이
⑤ 신영

35 상준이는 건강상의 이유로 운동을 하기로 했다. 월요일부터 일요일까지 3일을 선택하여 오전 또는 오후에 운동을 하기로 했다. 다음 〈조건〉을 근거로 할 때, 상준이가 운동을 시작한 첫 주 월요일부터 일요일까지 운동한 요일은?

〈조건〉

- 운동을 하려면 마지막 운동을 한 지 최소 12시간이 지나야 한다.
- 상준이는 주말에 약속이 있어서 운동을 하지 못했다.
- 상준이는 금요일 오후에 운동을 했다.
- 상준이는 금요일을 제외한 나머지 날 오후에 운동을 하지 못했다.
- 금요일, 월요일을 제외한 두 번은 이틀 연속으로 했다.

① 월요일(오전), 화요일(오후), 금요일(오후)
② 화요일(오전), 화요일(오후), 금요일(오후)
③ 화요일(오전), 수요일(오전), 금요일(오후)
④ 월요일(오전), 화요일(오전), 금요일(오후)
⑤ 목요일(오후), 금요일(오후), 월요일(오전)

36 (가)와 (나) 마을에 A ~ F 6명이 살고 있다. (가)와 (나) 마을에는 3명씩 살고 있으며, (가) 마을 사람들은 항상 진실만을 말하고 (나) 마을 사람들은 항상 거짓만 말한다. 다음 〈조건〉을 근거로 하고, F가 (가) 마을에 살고 있을 때, (나) 마을에 사는 사람을 모두 고르면?

〈조건〉

- A : B, D 중 한 명은 (가) 마을이야.
- C : A, E 중 한 명은 (나) 마을이야.

① A, B, C
② A, B, D
③ B, C, D
④ B, C, E
⑤ C, D, E

37 다음은 다섯 사람의 대화 내용이다. 이 중 두 사람은 진실만을 말하고, 세 사람은 거짓만을 말하고 있다. 지훈의 대화가 거짓일 때, 진실만을 말하는 사람을 모두 고르면?

〈대화 내용〉

동현 : 정은이는 지훈이와 영석이를 싫어해.
정은 : 아니야. 난 둘 중 한 사람은 좋아해.
선영 : 동현이는 정은이를 좋아해.
지훈 : 선영이는 거짓말만 해.
영석 : 선영이는 동현이를 싫어해.
선영 : 맞아. 그런데 정은이는 지훈이와 영석이 둘 다 좋아해.

① 동현, 선영　② 정은, 영석
③ 동현, 영석　④ 정은, 선영
⑤ 선영, 영석

38 경찰은 용의자 5명을 대상으로 수사를 벌이고 있다. 범인을 검거하기 위해 경찰은 용의자 5명을 심문하여 진술을 받아냈다. 이 중 2명의 진술은 참이고, 3명의 진술은 거짓이라고 할 때, 범인을 고르면?(단, 범행 현장에는 범죄자와 목격자가 있고, 범죄자는 목격자가 아니며, 모든 사람은 참이나 거짓만 말한다)

〈진술〉

A : 나는 범인이 아니고, 나와 E만 범행 현장에 있었다.
B : C와 D는 범인이 아니고, 목격자는 2명이다.
C : 나는 B와 함께 있었고, 범행 현장에 있지 않았다.
D : C의 말은 모두 참이고, B가 범인이다.
E : 나는 범행 현장에 있었고, A가 범인이다.

① A　② B
③ C　④ D
⑤ E

39 민하, 상식, 은희, 은주, 지훈은 점심 메뉴로 쫄면, 라면, 우동, 김밥, 어묵 중 각각 하나씩을 주문하였다. 다음 〈조건〉을 근거로 할 때, 점심 메뉴를 바르게 짝지은 것은?(단, 모두 서로 다른 메뉴를 주문하였다)

〈조건〉

- 민하와 은주는 라면을 먹지 않았다.
- 상식과 민하는 김밥을 먹지 않았다.
- 은희는 우동을 먹었고, 지훈은 김밥을 먹지 않았다.
- 지훈은 라면과 어묵을 먹지 않았다.

① 지훈 – 라면, 상식 – 어묵
② 지훈 – 쫄면, 민하 – 라면
③ 은주 – 어묵, 상식 – 김밥
④ 은주 – 쫄면, 민하 – 김밥
⑤ 민하 – 어묵, 상식 – 라면

40 다음 중 창의적 사고에 대한 설명으로 옳지 않은 것은?

① 창의적 사고능력은 누구나 할 수 있는 일반적 사고와 달리 일부 사람만이 할 수 있는 능력이다.
② 창의적 사고란 정보와 정보의 조합으로 사회나 개인에게 새로운 가치를 창출하도록 하게 한다.
③ 창의적 사고란 무에서 유를 만들어 내는 것이 아니라 끊임없이 참신한 아이디어를 산출하는 것이다.
④ 창의적인 사고란 이미 알고 있는 경험과 지식을 다시 결합함으로써 참신한 아이디어를 산출하는 것이다.
⑤ 창의적 사고를 하기 위해서는 고정관념을 버리고, 문제의식을 가져야 한다.

41 제시된 〈조건〉이 모두 참일 때, 다음 중 항상 참이 아닌 것은?

〈조건〉

- 적극적인 사람은 활동량이 많다.
- 잘 다치지 않는 사람은 활동량이 많지 않다.
- 활동량이 많으면 면역력이 강화된다.
- 적극적이지 않은 사람은 영양제를 챙겨먹는다.

① 적극적인 사람은 잘 다친다.
② 적극적인 사람은 면역력이 강화된다.
③ 잘 다치지 않는 사람은 영양제를 챙겨먹는다.
④ 영양제를 챙겨먹으면 면역력이 강화된다.
⑤ 잘 다치지 않는 사람은 적극적이지 않은 사람이다.

42 다음의 글이 참일 때, 추론한 내용으로 가장 적절하지 않은 것은?

> 원두 소비량이 감소하면 원두 수확량이 감소한다. 그리고 원두 수확량이 감소하면 원두 가격이 인상된다. 그러나 원두 수확량이 감소하지 않으면 커피 가격이 인상되지 않는다. 따라서 (   )

① 커피 가격이 인상되면 원두 수확량이 감소한다.
② 커피 가격이 인상되면 원두 가격이 인상된다.
③ 원두 수확량이 감소하지 않으면 원두 소비량이 감소하지 않는다.
④ 원두 가격이 인상되지 않으면 원두 수확량이 감소하지 않는다.
⑤ 원두 소비량이 감소하지 않으면 커피 가격은 인상되지 않는다.

43 다음 밑줄 친 부분에 대한 설명으로 가장 적절한 것은?

> 산업민주주의의 발달과 함께 근로자 또는 노동조합을 경영의 파트너로 인정하는 협력적 노사관계가 중시됨에 따라 이들을 조직의 경영의사결정 과정에 참여시키는 <u>경영참가제도</u>가 논의되고 있다. 특히, 최근에는 국제경쟁의 가속화와 저성장, 급격한 기술발전과 같은 환경변화에 따라 대립적인 노사관계만으로는 한계가 있다고 지적되면서 점차 경영참가의 중요성이 커지고 있다.

① 경영자의 고유한 권리인 경영권이 강화될 수 있다.
② 모든 근로자의 참여로 보다 합리적인 의사결정이 가능하다.
③ 분배 문제를 해결함으로써 노동조합의 단체교섭 기능이 강화된다.
④ 가장 큰 목적은 경영의 민주성을 제고하는 것이다.
⑤ 경영자의 일방적인 의사결정보다 빠른 의사결정이 가능하다.

44 다음은 카메론(Cameron)과 퀸(Quinn)이 개발한 조직문화 진단 척도 중 일부이다. ①~④의 기준과 부합하여 (가)에 들어갈 기준척도로 가장 적절한 것은?

(가)		점수
①	우리 회사는 인적자원개발을 중요시하며, 높은 신뢰도, 개방성, 참여도를 강조한다.	
②	우리 회사는 새로운 자원을 발굴하고, 도전하는 것을 중시하여 새로운 시도와 기회창조를 높이 평가한다.	
③	우리 회사는 경쟁과 성과를 중시하여 시장에서 목표달성과 경쟁에서 이기는 것을 강조한다.	
④	우리 회사는 영속성과 안정성을 강조한다. 효율성, 통제, 원활한 운영이 중요하다.	
총점		100

① 전략적 강조점
② 조직의 응집력
③ 성공의 기준
④ 조직의 리더십
⑤ 조직의 관리

45 **중요한 프로젝트를 앞두고 있는 기획팀의 L씨는 자신의 체계적인 계획에도 불구하고 도저히 업무가 진행되고 있지 않아 고민이다. L씨는 자신의 업무 수행을 방해하는 요인을 찾아 이를 해결하고자 한다. 다음 중 L씨의 해결방안에 대한 설명으로 적절하지 않은 것은?**

① 영업팀 K씨는 오전부터 L씨에게 전화를 걸어 사적인 이야기를 나눈다. 다른 사람들과 대화를 단절하는 것은 바람직하지 않으므로 L씨는 K씨에게 사적인 전화는 업무 시간 외에 통화하도록 이야기하였다.
② L씨는 오전부터 점심 메뉴를 고민하는 P씨의 메신저에 대답하느라 바쁘다. 메신저에 즉각적으로 대답할 필요는 없으므로 L씨는 메신저에 접속하는 시간을 정하기로 하였다.
③ 최근 쉴 새 없이 쏟아지는 광고메일로 인해 업무에 필요한 메일을 선별하는 데 많은 시간이 걸린다. 따라서 L씨는 일과 중 메일을 확인하는 시간을 3시간 동안 10분 단위로 계획하기로 하였다.
④ 갈등은 반드시 부정적 결과를 초래하므로 무조건 회피하는 것이 좋다. 따라서 L씨는 일단 같은 팀 사원과의 갈등 상황을 모른 척하기로 하였다.
⑤ 적정 수준의 업무 스트레스는 오히려 성과 도출에 도움을 주기도 한다. 따라서 L씨는 스트레스를 효과적으로 관리하기 위해 운동을 다니기로 하였다.

46 **다음은 마이클 포터(Michael E. Porter)의 본원적 경쟁전략에 대한 설명이다. ㉠~㉢에 들어갈 단어가 바르게 연결된 것은?**

> 본원적 경쟁전략은 해당 사업에서 경쟁우위를 확보하기 위한 전략으로 (㉠) 전략, (㉡) 전략, (㉢) 전략으로 구분된다.
> (㉠) 전략은 원가절감을 통해 해당 산업에서 우위를 점하는 전략으로, 이를 위해서는 대량생산을 통해 단위 원가를 낮추거나 새로운 생산기술을 개발할 필요가 있다. 여기에는 70년대 우리나라의 섬유업체나 신발업체, 가발업체 등이 미국시장에 진출할 때 취한 전략이 해당한다.
> (㉡) 전략은 조직이 생산품이나 서비스를 (㉡)하여 고객에게 가치가 있고 독특하게 인식되도록 하는 전략이다. (㉡) 전략을 활용하기 위해서는 연구개발이나 광고를 통하여 기술, 품질, 서비스, 브랜드이미지를 개선할 필요가 있다.
> (㉢) 전략은 특정 시장이나 고객에게 한정된 전략으로, (㉠)나 (㉡) 전략이 산업전체를 대상으로 하는데 비해 (㉢) 전략은 특정 산업을 대상으로 한다. 즉, (㉢) 전략에서는 경쟁조직들이 소홀히 하고 있는 한정된 시장을 (㉠)나 (㉡) 전략을 써서 집중적으로 공략하는 방법이다.

	㉠	㉡	㉢
①	원가우위	차별화	집중화
②	원가우위	집중화	차별화
③	차별화	집중화	원가우위
④	집중화	원가우위	차별화
⑤	집중화	차별화	원가우위

47 다음과 같은 상황에서 사용된 차트와 그 설명이 옳은 것을 〈보기〉에서 모두 고르면?

〈보기〉

가. 직원 A는 자신의 맡은 프로젝트의 전체일정을 체크하고 싶어 시간을 바(Bar) 형식으로 표시한 간트 차트(Gantt Chart)를 사용하여 전체 일정을 한눈에 볼 수 있도록 하였다.
나. 직원 B는 평상시에도 혼자 할 일, 협조가 필요한 일, 주의해야 할 일 등을 구분하기 어려워 이를 정리하기 위해 체크리스트(Checklist)를 사용하여 시간의 흐름대로 정리하였다.
다. 직원 C는 이번 업무를 마치고 보고서를 쓰기 위해 각 단계를 효과적으로 수행했는지 스스로 점검하기 위해 워크플로 시트(Workflow Sheet)를 만들어 업무별로 기대되는 수행수준을 달성했는지 확인해 보았다.

① 가
② 가, 나
③ 가, 다
④ 나, 다
⑤ 가, 나, 다

48 다음은 K회사의 신제품 관련 회의가 끝난 후 작성된 회의록이다. 회의록을 이해한 내용으로 적절하지 않은 것은?

회의일시	2022.○.○	부서	홍보팀, 영업팀, 기획팀
참석자	홍보팀 팀장, 영업팀 팀장, 기획팀 팀장		
회의안건	신제품 홍보 및 판매 방안		
회의내용	- 경쟁 업체와 차별화된 마케팅 전략 필요 - 적극적인 홍보 및 판매 전략 필요 - 대리점 실적 파악 및 소비자 반응 파악 필요 - 홍보팀 업무 증가에 따라 팀원 보충 필요		
회의결과	- 홍보용 보도 자료 작성 및 홍보용 사은품 구매 요청 - 대리점별 신제품 판매량 조사 실시 - 마케팅 기획안 작성 및 공유 - 홍보팀 경력직 채용 공고		

① 이번 회의안건은 여러 팀의 협업이 필요한 사안이다.
② 기획팀은 마케팅 기획안을 작성하고, 이를 다른 팀과 공유해야 한다.
③ 홍보팀 팀장은 경력직 채용 공고와 관련하여 인사팀에 업무협조를 요청해야 한다.
④ 대리점의 신제품 판매량 조사는 소비자들의 반응을 파악하기 위한 것이다.
⑤ 영업팀은 홍보용 보도 자료를 작성하고, 홍보용 사은품을 구매해야 한다.

49 수제 초콜릿에 대한 분석 기사를 읽고 〈보기〉와 같이 SWOT 분석에 의한 마케팅 전략을 진행하려고 할 때, 다음 중 적절하지 않은 마케팅 전략은?

> 오늘날 식품 시장을 보면 원산지와 성분이 의심스러운 제품들로 넘쳐 납니다. 이로 인해 소비자들은 고급스럽고 안전한 먹거리를 찾고 있습니다. 우리의 수제 초콜릿은 이러한 요구를 완벽하게 충족시켜주고 있습니다. 풍부한 맛, 고급 포장, 모양, 건강상의 혜택, 강력한 스토리텔링 모두 높은 품질을 원하는 소비자들의 요구를 충족시키는 것입니다. 사실 수제 초콜릿을 만드는 데는 비용이 많이 듭니다. 각종 장비 및 유지 보수에서부터 값비싼 포장과 유통 업체의 높은 수익을 보장해주다 보면 초콜릿을 생산하는 업체에게 남는 이익은 많지 않습니다. 또한 수제 초콜릿의 존재 자체를 많은 사람들이 알지 못하는 상황입니다. 하지만 보다 좋은 식품에 대한 인기가 높아짐에 따라 더 많은 업체들이 수제 초콜릿을 취급하기를 원하고 있습니다. 따라서 수제 초콜릿은 일반 초콜릿보다 더 높은 가격으로 판매될 수 있을 것입니다. 현재 초콜릿을 대량으로 생산하는 대기업들은 자신들의 일반 초콜릿과 수제 초콜릿의 차이를 줄이는 데 최선을 다하고 있습니다. 그리고 직접 맛을 보기 전에는 일반 초콜릿과 수제 초콜릿의 차이를 알 수 없기 때문에 소비자들은 굳이 초콜릿에 더 많은 돈을 지불해야 하는 이유를 알지 못할 수 있습니다. 따라서 수제 초콜릿의 효과적인 마케팅 전략이 필요한 시점입니다.

〈보기〉

〈SWOT 분석에 의한 마케팅 전략〉

- SO전략(강점 – 기회전략) : 강점을 살려 기회를 포착
- ST전략(강점 – 위협전략) : 강점을 살려 위협을 회피
- WO전략(약점 – 기회전략) : 약점을 보완하여 기회를 포착
- WT전략(약점 – 위협전략) : 약점을 보완하여 위협을 회피

① 수제 초콜릿의 값비싸고 과장된 포장을 바꾸고, 그 비용으로 안전하고 맛있는 수제 초콜릿을 홍보하면 어떨까.

② 수제 초콜릿을 고급 포장하여 수제 초콜릿의 스토리텔링을 더 살려보는 것은 어떨까.

③ 수제 초콜릿의 스토리텔링을 포장에 명시한다면 소비자들이 믿고 구매할 수 있을 거야.

④ 수제 초콜릿의 마케팅을 강화하는 방법으로 일반 초콜릿과 수제 초콜릿의 차이를 알려 대기업과의 경쟁에서 이겨야겠어.

⑤ 전문가의 의견을 통해 수제 초콜릿의 풍부한 맛을 알리는 동시에 일반 초콜릿과 맛의 차이도 알려야겠어.

50 총무부의 K부장은 주말 간 출장을 떠나며, 다음 주 월요일의 부서 업무를 다음과 같이 정리하였고, 스케줄을 바탕으로 부서원에게 해당 업무를 배정할 수 있도록 G과장에게 업무 메일을 남겼다. 총무부의 월요일 스케줄을 참고할 때, 처리해야 할 업무가 잘못 배정된 사람은?(단, 한 명당 하나의 업무만 배정한다)

〈K부장의 E-mail 내용〉

G과장, 내가 이번 주말 간 지방 순회 출장을 가서 다음 주 월요일 오전에 회사에 복귀할 예정이야. 현안 업무 중 다음 주 전사 행사 준비, 전사 사무비품 보충, 지난 달 완료한 ○○프로젝트 보고서 초안 작성이 시급한데, 내가 출장 준비 때문에 사원들에게 일일이 업무를 부여하지 못했네. 첨부파일로 우선 다음 주 월요일에 해야 할 업무와 부서원의 스케줄을 정리해 놨으니, 확인하고 월요일 오전에는 내 대신 부서장 회의에 참석하고, 이후에 부서원들에게 업무지시를 좀 해줘야겠어. 사무비품 주문서의 경우는 작성만 확실히 해 두면 내가 오후에 직접 결재하고 발송할 테니 오류 없도록 G과장이 다시 한 번 확인해 줘.

〈총무부 월요일 업무〉

- 부서장 회의 참석(09:00 ~ 10:00)
- 사무비품 주문서 작성 및 주문 메일 발송
  ※ 주문서 최종 결재자 : K부장, 메일은 퇴근 전에 발송할 것
- 행사 용품 오배송건 반품
  ※ 택배 접수 마감 시간 16:00
- ○○프로젝트 보고서 초안 작성
- 행사 참여 안내문 등기 발송
  ※ 우체국 영업시간(09:00 ~ 18:00) 내 방문

〈총무부 월요일 스케줄〉

<table>
<tr><th>시간</th><th>K부장</th><th>G과장</th><th>J대리</th><th>L사원</th><th>O사원</th></tr>
<tr><td>09:00 ~ 10:00</td><td rowspan="2">출장 복귀</td><td></td><td rowspan="3">오전 반차</td><td colspan="2">사내 교육 프로그램 참여</td></tr>
<tr><td>10:00 ~ 11:00</td><td rowspan="2">○○프로젝트 성과분석회의</td><td rowspan="2"></td><td rowspan="2"></td></tr>
<tr><td>11:00 ~ 12:00</td><td></td></tr>
<tr><td>12:00 ~ 13:00</td><td colspan="5">점심시간</td></tr>
<tr><td>13:00 ~ 14:00</td><td></td><td></td><td>오전 반차</td><td></td><td></td></tr>
<tr><td>14:00 ~ 15:00</td><td rowspan="3">외근</td><td></td><td rowspan="2">행사 진행 업체 사전미팅</td><td></td><td></td></tr>
<tr><td>15:00 ~ 16:00</td><td></td><td></td><td></td></tr>
<tr><td>16:00 ~ 17:00</td><td></td><td></td><td></td><td></td></tr>
<tr><td>17:00 ~ 18:00</td><td colspan="2">업무 보고</td><td></td><td colspan="2">비품 정리</td></tr>
</table>

① G과장 – 부서장 회의 참석
② G과장 – ○○프로젝트 보고서 초안 작성
③ J대리 – 행사 용품 오배송건 반품
④ L사원 – 우체국 방문 및 등기 발송
⑤ O사원 – 사무용품 주문서 작성

한국환경공단 NCS 직업기초능력평가

정답 및 해설

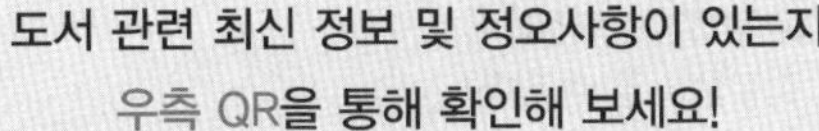

한국환경공단 신입사원 필기시험

제1회 정답 및 해설

01	02	03	04	05	06	07	08	09	10
②	②	⑤	④	⑤	⑤	⑤	⑤	②	②
11	12	13	14	15	16	17	18	19	20
①	③	④	②	⑤	①	③	②	③	③
21	22	23	24	25	26	27	28	29	30
④	③	③	②	④	③	②	④	③	③
31	32	33	34	35	36	37	38	39	40
⑤	①	③	③	④	①	⑤	③	⑤	②
41	42	43	44	45	46	47	48	49	50
④	②	⑤	③	②	③	②	①	⑤	③

01

정답 ②

제품 관련 상세자료를 받아서 소비자들이 사용하는 데 있어 어려움이 있지 않도록 제품의 기능에 대한 내용을 바탕으로 문서를 작성하는 것이기에 김대리는 설명서를 작성해야 한다.

02

정답 ②

주어진 모든 문서의 내용을 모두 기억하기란 불가능하다. 따라서 문서 작성 시, 필요한 문서이해능력으로는 꼭 알아야하는 중요한 내용만을 골라 필요한 정보를 획득하고, 수집하여 종합하는 능력이 필요하다.

- 문서 작성 시 필요한 문서이해능력
  - 자신에게 주어진 각종 문서를 읽고 적절히 이해할 수 있는 능력
  - 유용한 정보를 구분하고 비교하여 통합할 수 있는 능력
  - 자신에게 필요한 내용이 무엇인지 추론할 수 있는 능력
  - 도표, 수, 기호 등도 이해하고 표현할 수 있는 능력
  - 꼭 알아야하는 중요한 내용만을 파악하여 필요한 정보를 획득하고, 종합하는 능력

03

정답 ⑤

- 첫 번째 빈칸 : 빈칸 앞 문장의 플라스틱은 석유를 증류하는 과정에서 얻어진다는 내용과 빈칸 뒤 문장의 폐기물의 불완전 연소에 의한 대기 오염이 환경오염의 원인이 된다는 내용을 통해 빈칸에는 석유로 플라스틱을 만드는 과정과 이를 폐기하는 과정에서 온실가스가 많이 배출된다는 내용의 ⓒ이 적절함을 알 수 있다.
- 두 번째 빈칸 : 빈칸 앞 문장에서는 생분해성 플라스틱의 친환경적인 분해 과정을 이야기하고 있으나, 빈칸 뒤 문장에서는 생분해성 플라스틱보다 바이오 베이스 플라스틱의 개발을 진행하고 있다고 이야기한다. 따라서 빈칸에는 생분해성 플라스틱의 단점을 언급하는 ⓛ이 적절함을 알 수 있다.
- 세 번째 빈칸 : ㉠은 빈칸 앞 문장에서 언급한 '이산화탄소의 총량을 기준으로 볼 때 바이오 베이스 플라스틱이 환경 문제가 되지 않는' 이유와 연결된다. 따라서 빈칸에는 ㉠이 적절하다.

04

정답 ④

제시된 글을 통해 4세대 신냉매는 온실가스를 많이 배출하는 기존 3세대 냉매의 대체 물질로 사용되어 지구 온난화 문제를 해결하는 열쇠가 될 것임을 알 수 있다.

05

정답 ⑤

제시문에서는 토지 이용의 전통은 정원에서 시작되었으며, 만여 종의 경작용 식물들이 대량 생산에 들어가기 전에 정원에서 자라는 단계를 거쳐 왔다고 하였다. 또한 여성들이 주도적으로 정원을 이용하면서 식물에 대한 지식과 경험을 얻었다고 하였다. 따라서 빈칸에 들어갈 내용은 ⑤가 가장 적절하다.

06

정답 ⑤

세 번째 문단에서 저작권의 의의는 인류의 지적 자원에서 영감을 얻은 결과물을 다시 인류에게 되돌려 주는 데 있다고 하였으므로 ⑤의 내용은 옳지 않다.

07

정답 ⑤

네 번째 문단의 마지막 두 문장을 보면 편협형 정치 문화와 달리 정치 체계에 대한 최소한의 인식이 있는 신민형 정치 문화의 예로 독재 국가를 언급하고 있으므로 ⑤는 글의 내용과 일치하지 않는 설명이다.

08

정답 ⑤

제시된 글은 '돌림힘'에 대해 설명하고 있다. 먼저 우리에게 친숙한 지레의 원리에서 돌림힘의 개념이 숨어 있다고 흥미 유발을 일으키는 (라) 문단이 맨 처음에 와야 한다. 이후 돌림힘의 정의에 대해 설명하는 (가) 문단으로 이어져야 하며, 확장된 개념인 알짜 돌림힘에 대해 정의하는 (다) 문단으로 이어진 후, 알짜 돌림힘이 어떻게 적용되는지 설명하는 (나) 문단이 오는 것이 자연스럽다.

09

정답 ②

제시된 글은 검무의 정의와 기원, 검무의 변천 과정과 구성, 검무의 문화적 가치를 설명하는 글로, 표제와 부제로 ②가 가장 적절하다.

10

정답 ②

제시된 글은 제4차 산업혁명으로 인한 노동 수요 감소로 인해 나타날 수 있는 문제점으로 대공황에 대한 위험을 설명하면서도, 긍정적인 시각으로 노동 해방을 통해 인간적인 삶 향유가 이루어질 수 있다고 말한다. 따라서 제4차 산업혁명의 밝은 미래와 어두운 미래를 나타내는 ②가 제목으로 적절하다.

11

정답 ①

A사원의 경우 계획을 세워 순차적으로 업무를 수행하므로 효율적인 업무 수행을 하고 있다.

오답분석

② 다른 사람의 업무에 지나칠 정도로 책임감을 느끼며 괴로워하는 B대리는 '배려적 일중독자'에 해당한다.
③ 음식을 과다 섭취하는 폭식처럼 일을 한번에 몰아서 하는 C주임은 '폭식적 일중독자'에 해당한다.
④ 휴일이나 주말에도 일을 놓지 못하는 D사원은 '지속적인 일중독자'에 해당한다.
⑤ 혼자서 소화할 수 없을 만큼 많은 업무를 담당하는 E대리는 '주의결핍형 일중독자'에 해당한다.

12

정답 ③

모든 식물이 아닌 전체 식물의 90%가 피보나치 수열의 잎차례를 따르고 있다.

13

정답 ④

①은 첫 번째 문단, ②는 두 번째 문단, ③은 여섯 번째 문단, ⑤는 다섯 번째 문단에 대한 내용으로 기사 전체에 대한 제목으로는 적절하지 않다. 기사는 피보나치 수열과 식물에서 나타나는 피보나치 수열을 설명하고 있으므로 기사의 제목으로 ④가 적절하다.

14

정답 ②

㉠은 '진리, 가치, 옳고 그름 따위가 판단되어 드러나 알려지다.'의 의미로 사용된 것이다. ②는 '드러나게 좋아하다.'의 의미로 사용되었다.

15

정답 ⑤

주로 보통 활동을 하는 성인 남성의 하루 기초대사량이 1,728kcal라면 하루에 필요로 하는 총 칼로리는 $1,728\times(1+0.4)=2,419.2$kcal가 된다. 이때, 지방은 전체 필요 칼로리 중 20% 이하로 섭취해야 하므로 하루 $2,419.2\times0.2=483.84$kcal 이하로 섭취하는 것이 좋다.

오답분석

① 신장 178cm인 성인 남성의 표준 체중은 $1.78^2\times22\fallingdotseq69.7$kg이 된다.
② 표준 체중이 73kg인 성인의 기초대사량은 $1\times73\times24=1,752$kcal이며, 정적 활동을 하는 경우 활동대사량은 $1,752\times0.2=350.4$kcal이므로 하루에 필요로 하는 총 칼로리는 $1,752+350.4=2,102.4$kcal이다.
③ 표준 체중이 55kg인 성인 여성의 경우 하루 평균 $55\times1.13=62.15$g의 단백질을 섭취해야 한다.
④ 탄수화물의 경우 섭취량이 부족하면 케톤산증을 유발할 수 있으므로 반드시 하루에 최소 100g 정도의 탄수화물을 섭취해야 한다.

16

정답 ①

김진주의 점수를 ㉠, 박한열의 점수를 ㉡, 최성우의 점수를 ㉢, 정민우의 점수를 ㉣이라고 하면

i) ㉠=22,
ii) ㉢+㉣=22,
iii) ㉡=22−5=17,
iv) ㉢−㉣=㉠−㉡+1=6이 되고

ii)와 iv)를 연립하면, ㉣=8이 된다.

따라서 김진주와 정민우의 점수의 합은 22+8=30이다.

17

정답 ③

검산이란 연산의 결과를 확인하는 과정을 의미하며, 보기에서 설명하는 검산법은 구거법이다. 구거법이란 원래의 수와 각 자리 수의 합이 9로 나눈 나머지와 같다는 원리를 이용하는 것으로서, 각 수를 9로 나눈 나머지를 계산해서 좌변과 우변을 9로 나눈 나머지가 같은지만 확인하는 방법이다.

오답분석

① 역연산 : 본래의 풀이와 반대로 연산을 해가면서 본래의 답이 맞는지를 확인해 나가는 검산법으로 덧셈은 뺄셈으로, 뺄셈은 덧셈으로, 곱셈은 나눗셈으로, 나눗셈은 곱셈으로 확인한다.
② 단위환산 : 서로 다른 단위를 포함하는 계산을 동등한 양을 가진 단위로 바꾸는 것이다.

④ 사칙연산 : 사칙연산이란 수에 관한 덧셈, 뺄셈, 곱셈, 나눗셈의 네 종류의 계산법으로 사칙계산이라고도 한다.
⑤ 산술평균 : 전체 관찰값을 모두 더한 후 관찰값의 개수로 나눈 값이다.

18

정답 ②

레이더 차트(방사형 그래프, 거미줄 그래프)에 대한 설명이다.

오답분석

① 막대 그래프 : 세로 또는 가로 막대로 사물의 양을 나타내며, 크고 작음을 한 눈에 볼 수 있기 때문에 편리하다.
③ 선 그래프 : 꺾은선 그래프라고도 하며, 시간에 따라 지속적으로 변화하는 것을 기록할 때 편리하다. 조사하지 않은 중간값도 대략 예측할 수 있다.
④ 층별 그래프 : 합계와 각 부분의 크기를 백분율 또는 실수로 나타내고, 시간적 변화를 보고자 할 때 쓰인다.
⑤ 점 그래프 : 통계학에서 데이터들의 분포를 점으로 나타내는 도표 또는 그러한 도표로 나타내는 방법으로, 점의 개수로 양의 많고 적음을 나타내는 그래프이다.

19

정답 ③

- A기업의 복사지 한 달 사용량 : 20,000장÷10개월=2,000장
- A기업의 현재부터 한 달 사용량 : 2,000장×2=4,000장

따라서 4,000장×4=16,000장이므로 4개월 후에 연락해야 한다.

20

정답 ③

내일 검은 펜을 사용하려면 오늘은 파란 펜이나 빨간 펜을 사용해야 한다.

$$\left(\frac{1}{2}\times\frac{1}{2}\right)+\left(\frac{1}{3}\times\frac{2}{3}\right)=\frac{17}{36}$$

21

정답 ④

두 사람이 내릴 수 있는 층은 1～8층이다.

따라서 두 사람이 엘리베이터에서 내리는 경우의 수는 8×8=64가지이고, 같은 층에서 내리는 경우의 수는 8가지이다.

그러므로 두 사람이 같은 층에서 내릴 확률은 $\frac{8}{64}=\frac{1}{8}$이고, 서로 다른 층에서 내릴 확률은 $1-\frac{1}{8}=\frac{7}{8}$이다.

22

정답 ③

깃발은 2개이고, 깃발을 5번 들어서 표시할 수 있는 신호의 개수는 2×2×2×2×2=32가지이다. 여기서 5번 모두 흰색 깃발만 사용하거나 검은색 깃발만 사용하는 경우의 수 2가지를 빼면 32−2=30가지이다.

23

정답 ③

합격자 수를 x명이라고 하면 불합격자 수는 $(100-x)$명이다.

전체 응시자의 점수의 합은 64×100=6,400점이고 이는 합격자 점수와 불합격자 점수의 합과 같다.

즉, $80x+60\times(100-x)=6,400 \rightarrow 20x=400 \rightarrow x=20$

따라서 합격률은 $\frac{20}{100}\times100=20\%$이다.

24

정답 ②

$$\frac{2+8+(\text{가})}{2+8+(\text{가})+44+17+10+1}\times100=40\%$$

$\rightarrow \frac{10+(\text{가})}{82+(\text{가})}=\frac{2}{5} \rightarrow 5\times[10+(\text{가})]=2\times[82+(\text{가})]$

$\rightarrow 3\times(\text{가})=114$

$\therefore$ (가)=38

25

정답 ④

- 2019년 : $\frac{16,452}{19,513}\times100 ≒ 84.31\%$
- 2018년 : $\frac{6,989}{13,321}\times100 ≒ 52.47\%$

$\therefore$ 84.31−52.47=31.84%p

26

정답 ③

인구 천 명당 병상 수가 1.8로 가장 적은 2021년의 비중도 약 16.8로 10%를 넘는다. 따라서 옳지 않은 설명이다.

오답분석

① 표를 통해 쉽게 확인할 수 있다.
② 2020년 천 명당 치과·한방병원이 보유하고 있는 병상 수는 0.2개인데 전체는 천 명당 10.2개이므로 그 비율은 약 1.96%이다. 따라서 2020년 전체 병상 수 498,302개 중 치과·한방병원의 병상 수는 약 9,766개이다. 복잡해 보이지만 치과·한방병원의 인구 천 명당 병상 수 0.2개, 천 명당 전체 병상 수 10.2개의 비율이 2% 정도라는 수치만 보면 만 개가 넘지 않는다는 것을 쉽게 파악할 수 있다.
④ 병원 수가 늘어났다면 늘어난 수치보다 병상 수가 증가해야 하는데(한 병원에 1개의 병상만 있는 것이 아니므로) 병원 수가 5% 늘어났다면 병상 수는 최소 5% 이상 증가해야 하므로 옳은 판단이다.
⑤ 조사기간 동안 의원의 병상 수는 그대로라면 결국 조산원의 병상 수가 준 것이므로 옳은 판단이다.

27

정답 ②

남녀 국회의원의 여야별 SNS 이용자 구성비 중 여자의 경우 여당이 (22÷38)×100≒57.9%이고, 야당은 (16÷38)×100≒42.1%이므로 잘못된 그래프이다.

오답분석

① 국회의원의 여야별 SNS 이용자 수는 각각 145명, 85명이다.
③ 야당 국회의원의 당선 횟수별 SNS 이용자 구성비는 85명 중 초선 36명, 2선 28명, 3선 14명, 4선 이상 7명이므로 각각 계산해보면 42.4%, 32.9%, 16.5%, 8.2%이다.
④ 2선 이상 국회의원의 정당별 SNS 이용자는 A당 63명, B당 44명, C당 5명이다.
⑤ 여당 국회의원의 당선 유형별 SNS 이용자 구성비는 145명 중 지역구가 126명이고, 비례대표가 19명이므로 각각 86.9%와 13.1%이다.

28

정답 ④

딸기 쿠키 1개(박력분 10g, 버터 5g, 설탕 8g, 딸기잼 20g)+마카다미아 쿠키 4개(박력분 40g, 버터 40g, 설탕 32g, 마카다미아 12개)=박력분 50g, 버터 45g, 설탕 40g, 딸기잼 20g, 마카다미아 12개이므로 버터가 40g이 넘게 필요하기 때문에 주어진 재료로 한 번에 만들 수 없다.

오답분석

① 스모어스 쿠키 4개(박력분 40g, 버터 20g, 설탕 32g, 초코시럽 40g, 마쉬멜로우 4개)
② 스모어스 쿠키 2개(박력분 20g, 버터 10g, 설탕 16g, 초코시럽 20g, 마쉬멜로우 2개)
초코칩 쿠키 1개(박력분 10g, 버터 5g, 설탕 8g, 초코시럽 5g, 초코칩 10개)
→ 박력분 30g, 버터 15g, 설탕 24g, 초코시럽 25g, 마쉬멜로우 2개, 초코칩 10개
③ 딸기 쿠키 1개(박력분 10g, 버터 5g, 설탕 8g, 딸기잼 20g)
초코칩 쿠키 3개(박력분 30g, 버터 15g, 설탕 24g, 초코시럽 15g, 초코칩 30개)
→ 박력분 40g, 버터 20g, 설탕 32g, 초코시럽 15g, 딸기잼 20g, 초코칩 30개
⑤ 초코칩 쿠키 3개(박력분 30g, 버터 15g, 설탕 24g, 초코시럽 15g, 초코칩 30개)
마카다미아 쿠키 2개(박력분 20g, 버터 20g, 설탕 16g, 마카다미아 6개)
→ 박력분 50g, 버터 35g, 설탕 40g, 마카다미아 6개, 초코시럽 15g, 초코칩 30개

29

정답 ③

주어진 조건을 정리하면 다음과 같다.

구분	월	화	수	목	금	토	일
첫째	○	×		×	○		
둘째						○	
셋째							○
넷째			○				

첫째는 화요일과 목요일에 병간호할 수 없고, 수, 토, 일요일은 다른 형제들이 간호를 하므로 월요일과 금요일에 병간호한다. 둘째와 셋째에게 남은 요일은 화요일과 목요일이지만, 둘 중 누가 화요일에 간호를 하고 목요일에 간호를 할지는 알 수 없다.

30

정답 ③

보고서에서는 50대 이상 연령대가 40대에 비해 2년 미만 생활 기간이 상대적으로 높게 나타났다고 설명하고 있으나, 그래프에서는 반대로 40대가 50대 이상보다 더 높게 나타나 있다.

31

정답 ⑤

플라잉 요가의 강좌 1회당 수강료는 플라잉 요가가 $\frac{330,000}{20}=$ 16,500원이고, 가방 공방은 $\frac{360,000}{12}$=30,000원이다. 따라서 플라잉 요가는 가방 공방보다 강좌 1회당 수강료가 30,000−16,500=13,500원 저렴하다.

오답분석

① 운동 프로그램인 세 강좌는 모두 오전 시간에 신청할 수 있으며, 공방 프로그램의 강좌시간은 모두 오후 1시 이후에 시작하므로 가능하다.
② 가방 공방의 강좌시간은 2시간 30분이며, 액세서리 공방은 2시간이므로 가방 공방 강좌시간이 30분 더 길다.
③ 공방 중 하나를 수강하는 경우 오후 1시 이전에 수강이 가능한 필라테스와 플라잉 요가를 모두 들을 수 있으므로 최대 두 프로그램을 들을 수 있다.
④ 프로그램을 최대로 수강할 경우는 필라테스와 플라잉 요가를 오전에 수강하고, 오후에는 액세서리 공방, 가방 공방, 복싱 중 한 강좌를 듣는 것이다. 따라서 세 강좌 중 가장 비싼 수강료는 가방 공방이므로 총 수강료가 가장 비싼 경우는 가방 공방을 수강하는 것이다.

32

정답 ①

첫 번째 조건에서 3종류의 과자를 2개 이상씩 구입했으며, 두 번째 조건을 보면 B과자를 A과자보다 많이 샀고, 세 번째 조건까지 적용하면 3종류의 과자를 구입한 개수는 'A<B≤C'임을 알 수 있다. 따라서 가장 적게 산 A과자를 2개 또는 3개 구입했을 때 구입 방법을 정리하면 다음 표와 같다.

(단위 : 개)

구분	A과자	B과자	C과자
경우 1	2	4	9
경우 2	2	5	8
경우 3	2	6	7
경우 4	2	7	6
경우 5	3	6	6

경우 1은 마지막 조건을 만족시키지 못하므로 제외된다. 그리고 경우 4는 C과자 개수보다 B과자가 더 많으므로 세 번째 조건에 맞지 않는다. 따라서 가능한 방법은 경우 2, 경우 3, 경우 5로 총 3가지이다.

ㄱ. 하경이가 B과자를 살 수 있는 개수는 5개 또는 6개이다.

오답분석

ㄴ. 경우 5에서 C과자는 6개 구입 가능하다.
ㄷ. 경우 5에서 A과자는 3개 구입 가능하다.

33

정답 ③

세 번째 조건과 네 번째 조건을 기호로 나타내면 다음과 같다.

- D → ~E
- ~E → ~A

각각의 대우 E → ~D와 A → E에 따라 A → E → ~D가 성립하므로 A를 지방으로 발령한다면 E도 지방으로 발령하고, D는 지방으로 발령하지 않는다. 이때, 첫 번째 조건에 의해 회사는 B와 D에 대하여 같은 결정을 하고, 두 번째 조건에 의해 C와 E에 대하여는 다른 결정을 하므로 B와 C를 지방으로 발령하지 않는다.
따라서 A를 지방으로 발령한다면 지방으로 발령하지 않는 직원은 B, C, D 총 3명이다.

34

정답 ③

주어진 조건에 따라 A ~ E의 이번 주 당직일을 정리하면 다음과 같다.

구분	월	화	수	목	금
경우 1	A, B, E	B	C	D	A, D
경우 2	A, B	B	C	D	A, D, E
경우 3	A, D, E	D	C	B	A, B
경우 4	A, D	D	C	B	A, B, E

따라서 C는 항상 수요일에 혼자 당직을 서므로 반드시 참이 되는 것은 ③이다.

오답분석

① 경우 3・4의 경우 B는 월요일에 당직을 서지 않는다.
② 경우 1・2의 경우 B는 금요일에 당직을 서지 않는다.
④ 경우 3・4의 경우 D는 금요일에 당직을 서지 않는다.
⑤ 경우 1・3의 경우 E는 금요일에 당직을 서지 않는다.

35

정답 ④

갑과 병은 둘 다 참을 말하거나 거짓을 말하고, 을과 무의 진술이 모순이므로 둘 중 한 명은 무조건 거짓말을 하고 있다. 만약 갑과 병이 거짓을 말하고 있다면 을과 무의 진술로 인해 거짓말을 하는 사람이 최소 3명이 되므로 조건에 맞지 않는다. 따라서 갑과 병은 모두 진실을 말하고 있으며, 정은 갑의 진술과 어긋나므로 거짓을 말하고 있다.
거짓을 말하고 있는 나머지 한 명은 을 또는 무인데, 을이 거짓을 말하는 경우 무의 진술에 의해 갑・을・무는 함께 무의 집에 있었던 것이 되므로 정이 범인이고, 무가 거짓말을 하는 경우에도 갑・을・무는 함께 출장을 가 있었던 것이 되므로 역시 정이 범인이 된다.

36

정답 ①

D와 E의 주장이 서로 상반되므로 둘 중에 한 명은 거짓을 말하고 있는 범인인 것을 알 수 있다.

- D가 범인인 경우
  D가 거짓을 말하고 있으므로 A는 범인이 아니다. A가 범인이 아니며, E는 진실을 말하고 있으므로 B 또한 범인이 아니다. 따라서 B가 범인이라고 주장한 C가 범인이고, 나머지는 진실만을 말하므로 범인이 아니다.
- E가 범인인 경우
  E가 거짓을 말하고 있으므로 E와 A, B가 범인이 된다. 그러나 이 경우, 범인은 모두 3명이 되어 모순이 발생된다.

따라서 C와 D가 범인이므로 정답은 ①이다.

37

정답 ⑤

일남이와 삼남이의 발언에 모순이 있으므로, 일남이와 삼남이 중 적어도 1명은 거짓을 말한다. 만약 일남이와 삼남이가 모두 거짓말을 하고 있다면 일남이는 경찰이고(시민, 마피아 ×), 자신이 경찰이라고 말한 이남이의 말이 거짓이 되면서 거짓말을 한 사람이 3명 이상이 되므로 조건에 부합하지 않는다. 따라서 일남이는 경찰이 아니며, 일남이나 삼남이 중에 1명만 거짓을 말한다.

- 일남이가 거짓, 삼남이가 진실을 말한 경우
  일남이는 마피아이고, 오남이가 마피아라고 말한 이남이의 말은 거짓이므로, 이남이는 경찰이 아니다. 즉, 남은 사남이와 오남이는 모두 진실을 말해야 한다. 두 사람의 말을 종합하면 사남이는 경찰도 아니고 시민도 아니게 되므로 마피아여야 한다. 그러나 이미 일남이가 마피아이고 마피아는 1명이라고 했으므로 모순이다.

• 일남이가 진실, 삼남이가 거짓을 말한 경우
일남이는 시민이고, 이남・사남・오남 중 한 명은 거짓, 다른 두 명은 진실을 말한다. 만약 오남이가 거짓을 말하고 이남이와 사남이가 진실을 말한다면 이남이는 경찰, 오남이는 마피아이고 사남이는 시민이어야 하는데, 오남이의 말이 거짓이 되려면 오남이가 경찰이 되므로 모순이다. 또한, 만약 사남이가 거짓을 말하고 이남이와 오남이가 진실을 말한다면 이남이와 사남이가 모두 경찰이므로 역시 모순된다. 즉, 이남이가 거짓, 사남이와 오남이가 진실을 말한다.

따라서 사남이는 경찰도 시민도 아니므로 마피아이고, 이남이와 오남이가 모두 경찰이 아니므로 삼남이가 경찰이다.

38

정답 ③

세 번째 조건에 따라 D는 여섯 명 중 두 번째로 키가 크므로 1팀에 배치되는 것을 알 수 있다. 또한 두 번째 조건에 따라 B는 2팀에 배치되므로 한 팀에 배치되어야 하는 E와 F는 아무도 배치되지 않은 3팀에 배치되는 것을 알 수 있다. 마지막으로 네 번째 조건에 따라 B보다 키가 큰 A는 2팀에 배치되므로 결국 A, B, C, D, E, F는 다음과 같이 배치된다.

1팀	2팀	3팀
C>D	A>B	E, F

따라서 키가 가장 큰 사람은 C이다.

39

정답 ⑤

월요일부터 토요일까지 각 팀의 회의 진행 횟수가 같으므로 6일 동안 6개 팀은 각각 두 번씩 회의를 진행해야 한다. 주어진 조건에 따라 A ~ F팀의 회의 진행 요일을 정리하면 다음과 같다.

<table>
<tr><th>월</th><th>화</th><th>수</th><th>목</th><th>금</th><th>토</th></tr>
<tr><td rowspan="2">C, B</td><td rowspan="2">D, B</td><td>C, E</td><td rowspan="2">A, F</td><td rowspan="2">A, F</td><td>D, E</td></tr>
<tr><td>D, E</td><td>C, E</td></tr>
</table>

오답분석

① E팀은 수요일과 토요일에 모두 회의를 진행한다.
② 화요일에 회의를 진행한 팀은 B팀과 D팀이다.
③ C팀과 E팀은 수요일과 토요일 중 하루는 함께 회의를 진행한다.
④ C팀은 월요일에 한 번 회의를 진행하였고, 수요일 또는 토요일 중 하루만 회의를 진행한다.

40

정답 ②

여름은 겨울보다 비가 많이 내림 → 비가 많이 내리면 습도가 높음 → 습도가 높으면 먼지와 정전기가 잘 일어나지 않음
비가 많이 내리면 습도가 높고 습도가 높으면 먼지가 잘 나지 않으므로 비가 많이 오지 않는 겨울이 여름보다 먼지가 잘 난다.

오답분석

④ 1번째 명제와 4번째 명제로 추론할 수 있다.
⑤ 4번째 명제의 대우와 1번째 명제로 추론할 수 있다.

41

정답 ④

먼저 첫 번째 조건과 두 번째 조건에 따라 6명의 신입 사원을 각 부서별로 1명, 2명, 3명으로 나누어 배치한다. 이때, 세 번째 조건에 따라 기획부에 3명, 구매부에 1명이 배치되므로 인사부에는 2명의 신입 사원이 배치된다. 또한 1명이 배치되는 구매부에는 마지막 조건에 따라 여자 신입 사원이 배치될 수 없으므로 반드시 1명의 남자 신입 사원이 배치된다. 남은 5명의 신입 사원을 기획부와 인사부에 배치하는 방법은 다음과 같다.

<table>
<tr><th>구분</th><th>기획부(3명)</th><th>인사부(2명)</th><th>구매부(1명)</th></tr>
<tr><td>경우 1</td><td>남자 1명,
여자 2명</td><td>남자 2명</td><td rowspan="2">남자 1명</td></tr>
<tr><td>경우 2</td><td>남자 2명,
여자 1명</td><td>남자 1명,
여자 1명</td></tr>
</table>

경우 1에서는 인사부에 남자 신입 사원만 배치되므로 '인사부에는 반드시 여자 신입 사원이 배치된다.'의 ④는 옳지 않다.

42

정답 ②

규칙과 법을 준수하고, 관행과 안정, 문서와 형식, 명확한 책임소재 등을 강조하는 관리적 문화의 특징을 가진 문화는 (다)이다. (가)는 집단문화, (나)는 개발문화, (다)는 계층문화, (라)는 합리문화이며, 각 분야별 주요 특징은 다음과 같다.

(가) 집단문화 : 관계지향적인 문화이며, 조직구성원 간 인간애 또는 인간미를 중시하는 문화로서 조직내부의 통합과 유연한 인간관계를 강조한다. 따라서 조직구성원 간 인화단결, 협동, 팀워크, 공유가치, 사기, 의사결정과정에 참여 등을 중요시하며, 개인의 능력개발에 대한 관심이 높고, 조직구성원에 대한 인간적 배려와 가족적인 분위기를 만들어내는 특징을 가진다.

(나) 개발문화 : 높은 유연성과 개성을 강조하며, 외부환경에 대한 변화지향성과 신축적 대응성을 기반으로 조직구성원의 도전의식, 모험성, 창의성, 혁신성, 자원획득 등을 중시하며, 조직의 성장과 발전에 관심이 높은 조직문화를 의미한다. 따라서 조직구성원의 업무수행에 대한 자율성과 자유재량권 부여 여부가 핵심요인이다.

(다) 계층문화 : 조직내부의 통합과 안정성을 확보하고, 현상유지 차원에서 계층화되고 서열화된 조직구조를 중요시하는 조직문화이다. 즉, 위계질서에 의한 명령과 통제, 업무처리 시 규칙과 법을 준수, 관행과 안정, 문서와 형식, 보고와 정보관리, 명확한 책임소재 등을 강조하는 관리적 문화의 특징을 나타내고 있다.

(라) 합리문화 : 과업지향적인 문화로, 결과지향적인 조직으로써의 업무의 완수를 강조한다. 조직의 목표를 명확하게 설정하여 합리적으로 달성하고, 주어진 과업을 효과적이고 효율적으로 수행하기 위하여 실적을 중시하고, 직무에 몰입하며, 미래를 위한 계획을 수립하는 것을 강조한다. 합리문화는 조직구성원간의 경쟁을 유도하는 문화이기 때문에 때로는 지나친 성과를 강조하게 되어 조직에 대한 조직구성원들의 방어적인 태도와 개인주의적인 성향을 드러내는 경향을 보인다.

43

정답 ⑤

ㄱ. SWOT 분석은 내부 환경 뿐 아니라 외부 환경에 대한 분석도 포함한다.

ㄴ. 기업의 내부 환경은 '장점(Strength)'과 '약점(Weakness)'으로 구분된다. '기회요인(Opportunity)'과 '위협요인(Threat)'으로 구분되는 것은 외부 환경이다.

ㄷ. SWOT 분석은 기업의 환경을 '장점(Strength)'과 '약점(Weakness)', '기회요인(Opportunity)'와 '위협요인(Threat)' 등 4가지 요소로 구분한다.

44

정답 ③

ㄴ에 들어갈 대응 전략은 약점을 극복하여 기회를 활용하는 WO전략이다. 그러나 ㄴ의 내용은 단순히 약점요인 극복에 대한 전략만 포함하고 있으며, 기회요인 활용에 대한 전략은 포함되어 있지 않다.

ㄷ에 들어갈 대응 전략은 강점을 활용하여 위협을 회피하는 ST전략이다. 그러나 ㄷ의 내용은 해외 공장 가동률 확대라는 강점요인에 대한 전략만 포함하고 있으며, 위협요인의 구체적인 회피 전략은 포함되어 있지 않다.

오답분석

ㄱ. SO전략으로서 가동이 가능한 해외 공장들이 많다는 강점을 활용해 국내 자동차부품 제조업체 폐업으로 인한 내수공급량 부족을 점유할 전략이므로 적절하다.

ㄹ. WT전략으로서 국내 공장 가동률이 저조한 점을 보완할 수 있는 방안을 통해, 위협요인인 동남아 제조사의 진입을 억제하는 전략으로 적절하다.

45

정답 ②

ㄴ. 경영참가제도의 목적 중 하나는 노동조합 또는 근로자가 경영과정에 참여하도록 함으로써 노사 간의 세력 균형을 형성하는 것이다. 이를 통해 근로자 또는 노동조합이 자신의 의사를 반영함으로써 공동으로 문제를 해결하고, 노사 간의 세력 균형을 이룰 수 있다. 또한 근로자나 노동조합이 새로운 아이디어를 제시하거나 현장에 적합한 개선방안을 마련해 줌으로써 경영의 효율성을 제고할 수 있다. 따라서 궁극적으로는 노사 간 대화의 장이 마련되고 상호 신뢰를 증진시킬 수 있다.

오답분석

ㄱ. 근로자 또는 노동조합이 경영자와 함께 사내 문제를 공동으로 해결할 수 있다.

ㄷ. 의견을 공유하는 과정에서 노동조합 또는 근로자가 새로운 아이디어를 제시하거나 현장에 적합한 개선방안을 제시하여 경영의 효율성을 제고할 수 있다.

ㄹ. 경영참가제도의 궁극적 목표는 노사 간 대화의 장을 확보하여 경영의 민주성을 제고하고, 노사 간 상호 신뢰를 증진시키는 것이다.

46

정답 ③

- 이주임 : 조직의 공식적 목표와 실제적 목표는 다를 수 있으며, 반드시 일치시켜야 하는 것은 아니다.
- 박대리 : 운영목표는 조직구조나 운영과정과 같이 조직 체제를 구체화할 수 있는 기준이 된다.

오답분석

- 김대리 : 조직의 존재에 정당성과 합법성을 제공하는 것은 운영목표가 아니라 조직의 사명이다.
- 최사원 : 운영목표는 조직의 실제적 목표이며, 이는 조직의 사명에 비해 단기적인 목표이다.

47

정답 ②

조직목표는 조직체제의 다양한 구성요소들과 상호관계를 가지고 있기 때문에 다양한 원인들에 의하여 변동되거나 없어지고 새로운 목표로 대치되기도 한다.

오답분석

① 조직목표들은 위계적 상호관계가 있어서 서로 상하관계에 있으면서 영향을 주고받는다.

③ 조직목표는 수립 이후에 변경되거나 필요성이 소멸됨에 따라 사라지기도 한다.

④ 조직은 복수 혹은 단일의 조직목표를 갖고 있을 수 있다. 하지만 어느 경우가 더 바람직하다고 평가할 수는 없다.

⑤ 조직목표의 변화를 야기하는 조직 내적 요인으로는 리더의 결단, 조직 내 권력구조 변화, 목표형성 과정 변화 등이 있고, 조직 외적 요인으로는 경쟁업체의 변화, 조직자원의 변화, 경제정책의 변화 등이 있다.

48

정답 ①

최선을 다해 최고의 성과를 낸다면 가장 이상적인 결과가 되겠지만, 회사 생활을 하다보면 그렇지 못한 경우도 많다. 결과를 위해 과정을 무시하는 것은 옳지 않으며, 본인만 돋보이고자 한다면 팀워크를 망칠 수도 있으므로 A지원자가 가장 적절하지 않다.

49

정답 ⑤

A팀장이 요청한 중요 자료를 먼저 메일로 전송하고, 그후 PPT 자료를 전송한다. 점심 예약전화는 오전 10시 이전에 처리해야 하고, 오전 내에 거래처 미팅일자 변경 전화를 해야 한다.

50

정답 ③

비품은 회사 업무상에 사용되는 물품을 의미하는데, 대체로 기업에서는 사전에 품목을 정해 놓고 필요한 자에게 보급한다. 만약 품목에 해당하지 않는 비품이 필요할 경우에는 그 사용 용도가 명확하고 업무에 필요한 것인지를 먼저 판단한 후에, 예산을 고려하여 구매하는 것이 적절한 처리 과정이다. ③과 같이 단순히 품목에 없다는 이유로 제외하는 것은 적절하지 않다.

한국환경공단 신입사원 필기시험

제2회 정답 및 해설

01	02	03	04	05	06	07	08	09	10
②	②	①	④	②	②	②	⑤	①	③
11	12	13	14	15	16	17	18	19	20
④	⑤	②	②	⑤	⑤	③	②	④	③
21	22	23	24	25	26	27	28	29	30
④	⑤	③	①	④	②	⑤	⑤	⑤	③
31	32	33	34	35	36	37	38	39	40
⑤	④	②	③	③	②	⑤	①	③	②
41	42	43	44	45	46	47	48	49	50
⑤	①	①	⑤	①	③	③	②	②	⑤

01

정답 ②

- 첫 번째 빈칸 : 연료의 화학 에너지를 자동차를 움직이는 운동 에너지로 바꾸어 사용한다는 ㉠은 빈칸 앞 문장의 '필요에 맞게 에너지의 형태를 변환하여 사용'하는 예가 된다. 따라서 첫 번째 빈칸에는 ㉠이 적절하다.
- 두 번째 빈칸 : ㉢의 '이러한 원리'는 빈칸 앞 문장의 역학적 에너지를 전기 에너지로 변환하는 '압전 효과'와 연결되며, 빈칸 뒤의 내용에서는 ㉢에서 제시하는 압전 소자를 활용한 제품의 사례를 이야기하고 있다. 따라서 두 번째 빈칸에는 ㉢이 적절함을 알 수 있다.
- 세 번째 빈칸 : 빈칸 뒤 문장의 '작은 에너지를 직접 소형기기에 전달하여 사용하는 기술 방식'은 에너지 하베스팅이 소형기기에 적합한 에너지 활용 기술이 될 수 있다는 ㉡의 원인이 된다. 따라서 세 번째 빈칸에는 ㉡이 적절하다.

02

정답 ②

지문은 베토벤의 9번 교향곡에 관해 설명하고 있으며, 보기는 9번 교향곡이 '합창 교향곡'이라는 명칭이 붙은 이유에 대해 말하고 있다. 지문의 세 번째 문장까지는 교향곡에 대해 설명을 하고 있으며, 네 번째 문장부터는 교향곡에 대한 현대의 평가 및 가치에 대해 설명을 하고 있다. 따라서 보기의 문장은 교향곡에 대한 설명과 교향곡에 성악이 도입되었다는 세 번째 문장 다음인 ㉡에 들어가는 것이 가장 적절하다.

03

정답 ①

경청함으로써 상대방의 입장에 공감하며 이해하게 된다.

04

정답 ④

탄소배출권거래제는 의무감축량을 초과 달성했을 경우 초과분을 거래할 수 있는 제도이다. 따라서 온실가스의 초과 달성분을 구입 혹은 매매할 수 있음을 추측할 수 있으며, 빈칸 이후 문단에서도 탄소배출권을 일종의 현금화가 가능한 자산으로 언급함으로써 이러한 추측을 돕고 있다. 따라서 ④가 빈칸에 들어갈 말로 가장 적절하다.

오답분석

① 청정개발체제에 대한 설명이다.
② 제시문에는 탄소배출권거래제가 가장 핵심적인 유연성체제라고는 언급되어 있지 않다.
③ 제시문에서 탄소배출권거래제가 6대 온실가스 중 이산화탄소를 줄이는 것을 특히 중요시한다는 내용은 확인할 수 없다.
⑤ 탄소배출권거래제가 탄소배출권이 사용되는 배경이라고는 볼 수 있으나, 다른 감축의무국가를 도움으로써 탄소배출권을 얻을 수 있다는 내용은 제시문에서 확인할 수 없다.

05

정답 ②

제시된 글에서 '당분 과다로 뇌의 화학적 균형이 무너져 정신에 장애가 왔다고 주장'한 것과, '정제한 당의 섭취를 원천적으로 차단'한 실험 결과를 토대로 추론하면 '과다한 정제당 섭취는 반사회적 행동을 유발할 수 있다.'로 귀결된다.

06

정답 ②

마지막 문단에 따르면 우리 춤은 정지 상태에서 몰입을 통해 상상의 선을 만들어 내는 과정을 포함한다. 따라서 처음부터 끝까지 쉬지 않고 곡선을 만들어낸다는 설명은 옳지 않다.

오답분석

① 첫 번째 문단에서 '우리 춤은 옷으로 몸을 가린 채 손만 드러내 놓고 추는 경우가 많기 때문이다.'를 통해 알 수 있다.
③ 두 번째 문단에서 '예컨대 승무에서 ~ 완성해 낸다.'를 통해 알 수 있다.

④ 세 번째 문단에서 ‘그러나 이때의 ~ 이해해야 한다.’를 통해 알 수 있다.
⑤ 마지막 문단에서 ‘이런 동작의 ~ 몰입 현상이다.’를 통해 알 수 있다.

07

정답 ②

직장에서의 프라이버시 침해 위협에 대해 우려하는 것이 제시된 글의 논지이므로 ②는 제시문의 내용과 부합하지 않는다.

08

정답 ⑤

쇼펜하우어는 표상의 세계 안에서의 이성의 역할, 즉 시간과 공간, 인과율을 통해서 세계를 파악하는 주인의 역할을 함에도 불구하고 이 이성이 다시 의지에 종속됨으로써 제한적이며 표면적일 수밖에 없다는 한계를 지적하고 있다.

오답분석

① 세계의 본질은 의지의 세계라는 내용은 쇼펜하우어 주장의 핵심 내용이라는 점에서는 옳지만, 제시된 글의 주요 내용은 주관 또는 이성 인식으로 만들어내는 표상의 세계는 결국 한계를 가질 수밖에 없다는 것이다.
② 제시문에서는 표상 세계의 한계를 지적했을 뿐, 표상 세계의 극복과 그 해결 방안에 대한 내용은 없다.
③ 제시문에서 의지의 세계와 표상 세계는 의지가 표상을 지배하는 종속관계라는 차이를 파악할 수는 있으나, 중심 내용으로는 적절하지 않다.
④ 쇼펜하우어가 주관 또는 이성을 표상의 세계를 이끌어 가는 능력으로 주장하고 있다는 점에서 타당하나 글의 중심 내용으로는 적절하지 않다.

09

정답 ①

세조의 집권과 추락된 왕권 회복을 위한 세조의 정책을 설명하는 (나) 문단이 첫 번째 문단으로 적절하며, 이후 세조의 왕권 강화 정책 중 특히 주목되는 술자리 모습을 소개하는 (라) 문단이 다음으로, 이후 당시 기록을 통해 세조의 술자리 모습을 설명하는 (가) 문단이, 마지막으로 세조의 술자리가 가지는 의미를 해석하는 (다) 문단이 적절하다.

10

정답 ③

제시된 글은 지진에 의해 발생하는 ‘쓰나미’의 피해에 대해 설명하는 글로, 두 번째 문단과 세 번째 문단은 ‘쓰나미’의 피해에 대한 구체적인 사례를 제시하고 있다. 따라서 제목으로 가장 적절한 것은 ③ 강력한 물의 재해 ‘쓰나미’이다.

11

정답 ④

(A)와 (B)를 통해 공장이 서로 모여 입지하면 비용을 줄여 집적 이익을 얻을 수 있다는 사실과 벤다이어그램에서 색칠된 교차 면이 그러한 이익을 얻을 수 있는 집적지라는 사실을 알 수 있다. 따라서 두 공장이 집적했을 때와 세 공장이 집적했을 때의 교차 면의 크기에 따라 세 개의 공장이 집적하는 것이 두 공장이 집적하는 것보다 더 많은 집적 이익을 얻을 수 있음을 추론할 수 있다.

오답분석

① (A)를 통해 공장의 집적으로 이익을 얻을 수 있다는 사실은 알 수 있지만, 그러한 집적으로 인한 문제점은 제시문을 통해 추론할 수 없다.
② (A)를 통해 사회적 집적과 규모 집적의 의미 차이는 알 수 있지만, 이익의 효과 차이는 제시문을 통해 추론할 수 없다.
③ (B)를 통해 운송비 최소점에서의 집적 조건은 알 수 있지만, 공장의 업종이 동일해야 하는지는 추론할 수 없다.
⑤ 공장의 집적으로 인한 문제점과 해결방안은 제시문에 나타나 있지 않다.

12

정답 ⑤

케플러식 망원경은 상의 상하좌우가 뒤집힌 도립상을 보여주며, 갈릴레이식 망원경은 상의 상하좌우가 같은 정립상을 보여준다.

오답분석

① 최초의 망원경은 네덜란드의 안경 제작자인 한스 리퍼쉬(Hans Lippershey)에 의해 만들어졌지만, 이 최초의 망원경 발명에는 리퍼쉬의 아들이 발견한 렌즈 조합이 계기가 되었다.
② 갈릴레오는 초점거리가 긴 볼록렌즈를 망원경의 대물렌즈로 사용하고 초점거리가 짧은 오목렌즈를 초점면 앞에 놓아 접안렌즈로 사용하였다.
③ 갈릴레오는 자신이 발명한 망원경으로 금성의 각 크기가 변한다는 것을 관측함으로써 금성이 지구를 중심으로 공전하는 것이 아니라 태양을 중심으로 공전하고 있다는 것을 증명하였다.
④ 케플러식 망원경은 장초점의 볼록렌즈를 대물렌즈로 하고 단초점의 볼록렌즈를 초점면 뒤에 놓아 접안렌즈로 사용한 구조이다.

13

정답 ②

(라) 문단에서 ‘갑돌’의 성품이 탁월하다고 볼 수 있는 것은 그의 ‘성품이 곧고 자신감이 충만’하며, 다수의 옳지 않은 행동에 대하여 ‘비판의 목소리를 낼 것이며 그렇게 하는 데에 별 어려움을 느끼지 않을 것’이기 때문이다.
또한 (다) 문단에 따르면 탁월한 성품은 올바른 훈련을 통해 올바른 일을 바르고 즐겁게 그리고 어려워하지 않으며 처리할 수 있는 능력을 뜻한다. 따라서 아리스토텔레스의 입장에서는 ‘엄청난 의지를 발휘’하고 자신과의 ‘힘든 싸움’을 해야 했던 ‘병식’보다는 잘못된 일에 ‘별 어려움’ 없이 ‘비판의 목소리’를 내는 ‘갑돌’의 성품을 탁월하다고 여길 것이다.

14
정답 ②

(나)는 논제를 친근하고 익숙한 사례(리라 켜기, 말 타기 등)에 비유해서 설명하고 있지, 함축적 의미의 어휘를 사용하거나 개념 정의를 하고 있지는 않다.

15
정답 ⑤

보기는 어떤 행위가 도덕적인 행위가 되려면 '행위자의 감정이나 욕구 또는 성향'은 배제돼야 하며, '도덕 법칙을 지키려는 의지에서 비롯된 것이어야 한다.'고 주장하고 있다. 또한 (다) 문단에 따르면 아리스토텔레스는 '늘 관대한 행동을 하고 그런 행동에 감정적으로 끌리는 성향을 갖고 있어야 비로소 관대함에 관하여 성품의 탁월함을 갖고 있다고 할 수 있다.'고 여기므로 아리스토텔레스는 도덕적 행위에 있어 '도덕 법칙에 대한 의지'보다는 '성향, 성품'을 강조한다고 볼 수 있다. 따라서 보기의 입장에서 아리스토텔레스의 의견을 비판하려면 아리스토텔레스가 강조한 '성품, 성향'은 부정하고, '의지'는 강조할 필요가 있다.

16
정답 ⑤

편차는 변량에서 평균을 뺀 값으로, 편차의 총합은 항상 0이 된다. 편차의 특성을 이용하면 $0+(-3)+x+3+9+(-3)=0$이 되므로 $x=-6$이다.

17
정답 ③

중앙값은 관찰값을 최솟값부터 최댓값까지 크기 순으로 배열하였을 때 순서상 중앙에 위치하는 값을 말하며 관찰값의 개수가 짝수인 경우, 중앙에 위치하는 두 관찰값의 평균이 중앙값이 된다. (가)~(마) 직원의 점수를 크기 순대로 나열하면 91, 85, 83, 79, 76, 75가 되며 관찰값의 개수가 짝수이므로 중앙에 위치하는 두 관찰값 83과 79의 평균인 81이 중앙값이 된다.

18
정답 ②

전체 도수가 40이므로 a의 값은 $40-(3+4+9+12)=40-28=12$이다.
따라서 교육 이수 시간이 40시간 이상인 직원은 $12+a=24$명이다. 그러므로 뽑힌 직원의 1년 동안 교육 이수 시간이 40시간 이상일 확률은 $\frac{24}{40}=\frac{3}{5}$이다.

19
정답 ④

구거법은 '어떤 수를 9로 나눈 나머지는 그 수의 각 자리의 숫자의 합을 9로 나눈 나머지와 같다.'는 사실을 이용한 검산법이다. 검산을 할 때 각수를 9로 나눈 나머지만 계산해서 좌변과 우변을 9로 나눈 나머지가 같은지만 확인하는 방법을 통해 역연산 방법보다 더 빠르게 계산 할 수 있다.

오답분석

① 역연산은 원래의 연산 순서를 거꾸로 계산하는 방법이므로 곱셈과 나눗셈보다 덧셈과 뺄셈을 먼저 계산하지만, 곱셈과 나눗셈의 정해진 우선순위는 없다.
② 덧셈의 역연산은 뺄셈 연산이고, 곱셈의 역연산은 나눗셈을 이용한 연산이다.
③ 구거법과 역연산 방법 중 무엇이 더 간단한지는 알 수 없다.
⑤ 구거법으로 검사했을 때 정답과 오답의 나머지가 9가 차이가 날 경우 검산을 해도 틀린 곳을 발견 못 할 수도 있다.

20
정답 ③

- 첫 번째 문제를 맞힐 확률 : $\frac{1}{5}$
- 첫 번째 문제를 틀릴 확률 : $1-\frac{1}{5}=\frac{4}{5}$
- 두 번째 문제를 맞힐 확률 : $\frac{2}{5}\times\frac{1}{4}=\frac{1}{10}$
- 두 번째 문제를 틀릴 확률 : $1-\frac{1}{10}=\frac{9}{10}$

∴ 두 문제 중 하나만 맞힐 확률 : $\frac{1}{5}\times\frac{9}{10}+\frac{4}{5}\times\frac{1}{10}=\frac{13}{50}$
$=26\%$

21
정답 ④

i) 네 번째 시합에서 홍보부서가 우승할 경우는 네 경기 모두 홍보부서가 이겨야하므로 확률은 $\frac{1}{2}\times\frac{1}{2}\times\frac{1}{2}\times\frac{1}{2}=\frac{1}{16}$이다.
ii) 다섯 번째 시합에서 홍보부서가 우승할 경우는 홍보부서는 네 번째 시합까지 3승 1패를 하고, 다섯 번째 시합에서 이겨야 한다. 홍보부서가 한 번 졌을 경우는 총 4가지이므로 확률은 $4\times\left(\frac{1}{2}\times\frac{1}{2}\times\frac{1}{2}\times\frac{1}{2}\right)=\frac{1}{4}$이다.

따라서 홍보부서가 네 번째 시합 또는 다섯 번째 시합에서 결승에 우승할 확률은 $\frac{1}{16}+\frac{1}{4}=\frac{1+4}{16}=\frac{5}{16}$임을 알 수 있다.

22
정답 ⑤

먼저 영희와 친구들의 선호 메뉴를 살펴보면, A는 다른 친구들과 선호하는 메뉴가 겹치지 않는 것을 확인할 수 있기 때문에 영희와 B, C를 중심으로 파악한다.
영희와 B, C의 선호 메뉴를 고려하여 겹치는 메뉴가 무엇인지를 파악해보면, 영희와 C는 돈가스, B와 C는 제육덮밥이 겹치는 것을 확인할 수 있다. 또한 C는 돈가스와 제육덮밥을 동시에 주문할 수 없으므로 영희와 친구들이 각자 다른 메뉴를 고르는 경우의 수는 '(전체 모든 경우의 수)−(영희와 C가 돈가스를 같이 고르는 경우의 수)−(B와 C가 제육덮밥을 같이 고르는 경우의 수)'이다.
따라서 영희와 친구들의 주문에 대한 경우의 수는 $(3\times3\times3\times4)-(3\times3)-(3\times3)=90$개이다.

23

정답 ③

총 평균이 65점이므로 여섯 명의 점수의 합은 65×6=390점이다. 중급을 획득한 세 사람의 평균이 62점이므로 세 사람 점수의 합은 62×3=186점이다. S의 시험 점수 최댓값을 구하라고 하였으므로 S가 고급을 획득했다고 가정하면 S를 포함해 고급을 획득한 2명의 점수의 합은 390−186−54=150점이다. 고급을 획득한 S의 점수가 최댓값인 경우는 고급을 획득한 다른 한 명의 점수가 합격 최저 점수인 70점을 받았을 때이므로 80점이 S가 얻을 수 있는 시험 점수의 최댓값이다.

24

정답 ①

고슴도치와 거북이가 경주한 거리는 두 가지 방법으로 구할 수 있다.

첫 번째는 고슴도치의 속력과 걸린 시간(경현이의 예상시간, 30초)을 곱하여 거리를 구한다.

3m/분×30초$=3\times\frac{30}{60}=1.5$m

두 번째는 거북이의 속력과 걸린 시간(영수의 예상시간, 2.5분)을 곱하여 거리를 구한다.

3m/분×$\frac{1}{5}$×2.5분$=0.6\times2.5=1.5$m

따라서 고슴도치와 거북이가 경주한 거리는 1.5m이다.

25

정답 ④

1원당 부피를 판별하면 되므로, 총부피를 가격으로 나누어 가장 큰 값을 갖는 생수를 고르면 된다.

- A : (500×20)÷6,000≒1.67ml/원
- B : (700×15)÷4,000≒2.63ml/원
- C : (1,000×10)÷5,000=2.00ml/원
- D : (1,500×8)÷4,500≒2.67ml/원
- E : (2,000×6)÷5,500≒2.18ml/원

1원당 부피가 가장 큰 D업체를 고르는 것이 가장 이득이다.

26

정답 ②

ㄱ. 감염된 의료인력 중 의사의 수는 간호인력 수의 $\frac{25}{190}\times100$ ≒13.2%로 15% 미만이다.

ㄷ. 지역사회감염으로 감염된 간호인력 수의 30%는 76×0.3=22.8명인데, 간호인력 중 감염경로불명 등으로 감염된 인원은 21명으로 이보다 낮다.

오답분석

ㄴ. 일반진료로 감염된 인원들 중에서 간호인력이 차지하는 비율은 $\frac{57}{66}\times100$≒86.4%로 원내 집단발생 으로 감염된 인원들 중 간호인력의 비율인 $\frac{23}{32}\times100$≒71.9%보다 높다.

ㄹ. 전체 감염 의료인력 중 기타 인원이 차지하는 비중은 $\frac{26}{241}\times$ 100≒10.8%로, 지역사회감염 등에 따라 감염된 인원 중 기타 인원이 차지하는 비율인 $\frac{18}{101}\times100$≒17.8%보다 낮다.

27

정답 ⑤

2020년 1분기와 2분기의 수출국경기 EBSI는 모두 100 미만이므로, 2019년 4분기부터 2020년 2분기까지 수출국경기가 더욱 악화될 것임을 전망하고 있다.

오답분석

① 2020년 1 ~ 4분기의 국제수급상황 EBSI는 모두 100 미만이므로 기업들은 2020년 3분기까지 뿐만 아니라 4분기에도 국제수급상황이 직전분기 대비 악화될 것으로 전망하고 있다.

② 2021년 1분기 자금사정 EBSI는 100 이상이므로 기업들은 자금사정이 개선될 것이라고 생각한다.

③ 수출단가 EBSI는 2020년 2분기에 100을 초과하므로 직전분기 대비 개선될 것이라고 생각한다.

④ 2020년 3분기까지는 수출채산성 EBSI가 100 미만과 초과를 반복하며 악화와 개선을 반복할 것이라고 기대되지만, 2020년 4분기 EBSI는 3분기와 마찬가지로 100 미만이다. 따라서 4분기에도 3분기에 이어 전 분기 대비 수출채산성 여건이 악화될 것으로 전망한다.

28

정답 ⑤

ㄴ. 2021년, 2020년 정부지원금 모두 G기업이 1위이므로 2019년 또한 1위라면, 3개년 연속 1위이다.

ㄷ. F기업과 H기업은 2020년에 비해 2021년 정부지원금이 감소하였다.

ㄹ. 2021년 상위 7개 기업의 총 정부지원금은 454,943만 원으로 2020년 총 정부지원금 420,849만 원에 비해 454,943−420,849=34,094만 원 증가하였다.

오답분석

ㄱ. 정부지원금이 동일한 기업은 없다.

29

정답 ⑤

전체 밭벼 생산량은 2,073톤이고, 광주・전남 지역의 밭벼 생산량은 1,662톤이다. 비율을 구하면, $\frac{1,662}{2,073}\times100$≒80.17%이다. 따라서 ⑤는 옳지 않다.

30

정답 ③

제시된 조건에 따르면 밀크시슬을 월요일에 섭취하는 경우와 목요일에 섭취하는 경우로 정리할 수 있다.

구분	월	화	수	목	금
경우 1	밀크시슬	비타민B	비타민C	비타민E	비타민D
경우 2	비타민B	비타민E	비타민C	밀크시슬	비타민D

따라서 수요일에는 항상 비타민C를 섭취한다.

오답분석

① 월요일에는 비타민B 또는 밀크시슬을 섭취한다.
② 화요일에는 비타민E 또는 비타민B를 섭취한다.
④ 경우 1에서는 비타민E를 비타민C보다 나중에 섭취한다.
⑤ 비타민D는 밀크시슬보다 나중에 섭취한다.

31

정답 ⑤

A ~ E의 진술을 차례대로 살펴보면, A는 B보다 먼저 탔으므로 서울역 또는 대전역에서 승차하였다. 이때, A는 자신이 C보다 먼저 탔는지 알지 못하므로 C와 같은 역에서 승차하였음을 알 수 있다. 다음으로 B는 A와 C보다 늦게 탔으므로 첫 번째 승차 역인 서울역에서 승차하지 않았으며, C는 가장 마지막에 타지 않았으므로 마지막 승차 역인 울산역에서 승차하지 않았다. 한편, D가 대전역에서 승차하였으므로 같은 역에서 승차하는 A와 C는 서울역에서 승차하였음을 알 수 있다. 또한 마지막 역인 울산역에서 혼자 승차하는 경우에만 자신의 정확한 탑승 순서를 알 수 있으므로 자신의 탑승 순서를 아는 E가 울산역에서 혼자 승차하였다.
따라서 A ~ E의 승차 역을 정리하면 다음과 같다.

<table>
<tr><th>구분</th><th colspan="2">서울역</th><th colspan="2">대전역</th><th>울산역</th></tr>
<tr><td>탑승객</td><td>A</td><td>C</td><td>B</td><td>D</td><td>E</td></tr>
</table>

따라서 'E는 울산역에서 승차하였다.'는 항상 참이 된다.

오답분석

① A는 서울역에서 승차하였다.
② B는 대전역, C는 서울역에서 승차하였으므로, 서로 다른 역에서 승차하였다.
③ C는 서울역, D는 대전역에서 승차하였으므로, 서로 다른 역에서 승차하였다.
④ D는 대전역, E는 울산역에서 승차하였으므로, 서로 다른 역에서 승차하였다.

32

정답 ④

다섯 번째 조건에 따라 C항공사는 제일 앞 번호인 1번 부스에 위치하며, 세 번째 조건에 따라 G면세점과 H면세점은 양 끝에 위치한다. 이때 네 번째 조건에서 H면세점 반대편에는 E여행사가 위치한다고 하였으므로 5번 부스에는 H면세점이 올 수 없다. 따라서 5번 부스에는 G면세점이 위치한다. 또한 첫 번째 조건에 따라 같은 종류의 업체는 같은 라인에 위치할 수 없으므로 H면세점은 G면세점과 다른 라인인 4번 부스에 위치하고, 4번 부스 반대편인 8번 부스에는 E여행사가, 4번 부스 바로 옆인 3번 부스에는 F여행사가 위치한다. 나머지 조건에 따라 부스의 위치를 정리하면 다음과 같다.

1) 경우 1

<table>
<tr><td>C항공사</td><td>A호텔</td><td>F여행사</td><td>H면세점</td></tr>
<tr><td colspan="4">복도</td></tr>
<tr><td>G면세점</td><td>B호텔</td><td>D항공사</td><td>E여행사</td></tr>
</table>

2) 경우 2

<table>
<tr><td>C항공사</td><td>B호텔</td><td>F여행사</td><td>H면세점</td></tr>
<tr><td colspan="4">복도</td></tr>
<tr><td>G면세점</td><td>A호텔</td><td>D항공사</td><td>E여행사</td></tr>
</table>

따라서 항상 참이 되는 것은 ④이다.

33

정답 ②

먼저 A가 출장을 간다면 다음의 두 가지 경우로 나뉜다.

<table>
<tr><td rowspan="2">A출장</td><td>→ B출장, C안 감</td></tr>
<tr><td>→ B안 감, C출장</td></tr>
</table>

다음, C가 출장을 가면 D와 E 중 한 명이 출장을 안 가거나 둘 모두 안 가는 3가지 경우가 생긴다. C가 출장을 가지 않으면 D와 E는 출장 여부를 정확히 모르므로 4가지 경우가 발생한다. 또한 B가 출장을 가지 않으면 F는 출장을 가므로 나타내면 다음과 같다.

<table>
<tr><td rowspan="7">A출장</td><td rowspan="4">→ B출장, C안 감</td><td>→ D출장, E안 감</td><td rowspan="4">→ F출장 또는 안 감</td></tr>
<tr><td>→ D안 감, E출장</td></tr>
<tr><td>→ D안 감, E안 감</td></tr>
<tr><td>→ D출장, E출장</td></tr>
<tr><td rowspan="3">→ B안 감, C출장</td><td>→ D출장, E안 감</td><td rowspan="3">→ F출장</td></tr>
<tr><td>→ D안 감, E출장</td></tr>
<tr><td>→ D안 감, E안 감</td></tr>
</table>

따라서 직원 A가 출장을 간다면 직원 B와 둘이서 출장 가는 경우가 최소인원이 된다.

34

정답 ③

다섯 번째와 여섯 번째 조건에 따라 D는 해외취업국, E는 외국인력국에 배치된다.
네 번째 조건에 따라 B, C, F가 모두 외국인력국에 배치된다면 해외취업국에 배치될 수 있는 직원은 A와 D뿐이므로 두 번째 조건에 위배된다.
따라서 B, C, F는 D와 함께 해외취업국에 배치되며, A는 세 번째 조건에 따라 E와 함께 외국인력국에 배치된다.

오답분석

ㄱ. B는 해외취업국에 배치된다.
ㄴ. A는 외국인력국, D는 해외취업국으로, 각각 다른 부서에 배치된다.

35 정답 ③

각 조건을 논리기호로 나타내면 다음과 같다.

- ~투자조사부 → ~자원관리부
- ~사업지원부 → ~기획경영부
- 자원관리부 이전 확정
- 투자조사부, 사업지원부 중 한 곳만 이전
- 3개 부서 이상

세 번째 조건에 따르면 자원관리부는 이전하고, 첫 번째 조건의 대우에 따르면 자원관리부가 이전하면 투자조사부도 이전한다. 또한 네 번째 조건에 따라 투자조사부가 이전하여 사업지원부는 이전하지 않으며, 두 번째 조건에서 사업지원부가 이전하지 않으므로 기획경영부도 이전하지 않는다. 마지막 조건은 3개 이상의 부서가 이전한다고 했으므로 자원관리부, 투자조사부, 인사부까지 이전하게 된다.

따라서 자원관리부, 투자조사부, 인사부가 이전하고, 사업지원부, 기획경영부는 이전하지 않는다.

36 정답 ②

A는 B와 C를 범인으로 지목하고, D는 C를 범인으로 지목하고 있다. A의 진술이 진실인데 D는 거짓일 수 없으므로 A와 D의 진술이 모두 진실인 경우와, A의 진술이 거짓이고 D의 진술은 참인 경우, 그리고 A와 D의 진술이 모두 거짓인 경우로 나누어 볼 수 있다.

i) A와 D의 진술이 모두 진실인 경우 : B와 C가 범인이므로 B와 C가 거짓을 말해야 하며, A, D, E는 반드시 진실을 말해야 한다. 그런데 E가 거짓을 말하고 있으므로 2명만 거짓을 말해야 한다는 조건에 위배된다.

ii) A의 진술은 거짓, D의 진술은 진실인 경우 : B는 범인이 아니고 C만 범인이므로 B는 진실을 말하고, B가 범인이 아니라고 한 E도 진실을 말한다. 따라서 A와 C가 범인이다.

iii) A와 D의 진술이 모두 거짓일 경우 : 범인은 A와 D이고, B, C, E는 모두 진실이 된다.

따라서 A와 C 또는 A와 D가 동시에 범인이 될 수 있다.

37 정답 ⑤

한 사람이 거짓이므로 서로 상반된 주장을 하고 있는 박과장과 이부장을 비교해본다.

i) 박과장이 거짓일 경우 : 김대리와 이부장이 참이므로 이부장은 가장 왼쪽에, 김대리는 가장 오른쪽에 위치하게 된다. 이 경우 김대리가 자신의 옆에 있다는 박과장의 주장이 참이 되므로 모순이 된다.

ii) 이부장이 거짓일 경우 : 김대리와 박과장이 참이므로 이부장은 가장 왼쪽에 위치하고, 이 부장이 거짓이므로 김대리는 가운데, 박과장은 가장 오른쪽에 위치하게 된다. 이 경우 이부장의 옆에 주차하지 않았으며 김대리 옆에 주차했다는 박과장의 주장과도 일치한다.

따라서 주차장에 주차된 순서는 이부장 – 김대리 – 박과장 순서가 된다.

38 정답 ①

첫 번째와 네 번째 조건에서 여학생 X와 남학생 B가 동점이 아니므로, 여학생 X와 남학생 C가 동점이다. 세 번째 조건에서 여학생 Z와 남학생 A가 동점임을 알 수 있고, 두 번째 조건에서 여학생 Y와 남학생 B가 동점임을 알 수 있다. 따라서 여학생 W는 남학생 D와 동점임을 알 수 있다.

39 정답 ③

주어진 조건에 따라 네 명의 직원이 함께 탄 5인승 택시의 자리는 다음과 같다.

1) 경우 1

<table>
<tr><td colspan="2">택시 운전기사</td><td>• 소속 : 디자인팀
• 직책 : 과장
• 신발 : 노란색</td></tr>
<tr><td>• 소속 : 연구팀
• 직책 : 대리
• 신발 : 흰색 또는 연두색</td><td>• 소속 : 홍보팀
• 직책 : 부장
• 신발 : 검은색</td><td>• 소속 : 기획팀
• 직책 : 사원
• 신발 : 흰색 또는 연두색</td></tr>
</table>

2) 경우 2

<table>
<tr><td colspan="2">택시 운전기사</td><td>• 소속 : 디자인팀
• 직책 : 과장
• 신발 : 노란색</td></tr>
<tr><td>• 소속 : 기획팀
• 직책 : 사원
• 신발 : 흰색 또는 연두색</td><td>• 소속 : 홍보팀
• 직책 : 부장
• 신발 : 검은색</td><td>• 소속 : 연구팀
• 직책 : 대리
• 신발 : 흰색 또는 연두색</td></tr>
</table>

따라서 '과장은 노란색 신발을 신었다.'는 ③은 항상 참이 된다.

오답분석

① 택시 운전기사 바로 뒤에는 사원 또는 대리가 앉을 수 있다.
② 부장은 뒷좌석 가운데에 앉는다.
④ 부장 옆에는 대리와 사원이 앉는다.
⑤ 사원은 흰색 또는 연두색 신발을 신었다.

40 정답 ②

조건에 따라 A, B, C, D의 사무실 위치를 정리하면 다음과 같다.

구분	2층	3층	4층	5층
경우 1	부장	B과장	대리	A부장
경우 2	B과장	대리	부장	A부장
경우 3	B과장	부장	대리	A부장

B가 과장이므로 대리가 아닌 A는 부장의 직책을 가진다.

오답분석

① A부장 외의 또 다른 부장은 2층, 3층 또는 4층에 근무한다.
③ 대리는 3층 또는 4층에 근무한다.
④ B는 2층 또는 3층에 근무한다.
⑤ C의 직책은 알 수 없다.

41

정답 ⑤

주어진 조건에 따라 앞서 달리고 있는 순서대로 나열하면 'A－D－C－E－B'가 된다. 따라서 이 순위대로 결승점까지 달린다면 C는 3등을 할 것이다.

42

정답 ①

K씨는 2020년에 입사하였으므로 K씨의 사원번호 중 앞의 두 자리는 20이다. 또한 K씨의 사원번호는 세 번째와 여섯 번째 자리의 수가 같다고 하였으므로 세 번째와 여섯 번째 자리의 수를 x, 나머지 네 번째, 다섯 번째 자리의 수는 차례로 y, z라고 하자.

자리	첫 번째	두 번째	세 번째	네 번째	다섯 번째	여섯 번째
사원번호	2	0	x	y	z	x

사원번호 여섯 자리의 합은 9이므로 $2+0+x+y+z+x=9$이다. 이를 정리하면 $2x+y+z=7$이다. K씨의 사원번호 자리의 수는 세 번째와 여섯 번째 자리의 수를 제외하고 모두 다르다는 것을 주의하며 x에 1부터 대입해보면 다음과 같다.

구분	x	y	z
경우 1	1	2	3
경우 2	1	3	2
경우 3	2	0	3
경우 4	2	3	0
경우 5	3	0	1
경우 6	3	1	0

네 번째 조건에 따라 y와 z자리에는 0이 올 수 없으므로 경우 1, 경우 2만 성립하므로 K씨의 사원번호는 '201231'이거나 '201321'이다.

오답분석

② '201321'은 가능한 사원번호이지만 문제에서 항상 참인 것을 고르라고 하였으므로 답이 될 수 없다.
③ K씨의 사원번호는 '201231'이거나 '201321'이다.
④ 사원번호 여섯 자리의 합이 9가 되어야 하므로 K씨의 사원번호는 '211231'이 될 수 없다.
⑤ K씨의 사원번호 네 번째 자리의 수가 다섯 번째 자리의 수보다 작다면 K씨의 사원번호는 '201231'이다.

43

정답 ①

팀제는 조직 간의 수직적 장벽을 허물고 보다 자율적인 환경을 추구한다는 점에서 관리계층의 축소를 가져오며, 나아가 조직의 유연성을 제고할 수 있다. 팀제에서 나타날 수 있는 단점은 다음과 같다.

팀제에서 나타날 수 있는 단점

- 팀 내에서 또는 팀원 간의 갈등현상이 야기될 수 있다.
- 팀워크 발휘를 위해 필요한 인화(人和)가 저해될 우려가 있다.
- 팀원 간의 개인주의가 확산될 가능성이 있다.
- 팀원을 감독하고 통제하기 어렵다.
- 팀원의 보상에 대한 적절한 기준의 부재를 볼 수 있다.
- 팀 내부의 운영문제가 대두될 수 있다.

44

정답 ⑤

오답분석

① 계층제의 원리 : 조직의 목표를 달성하기 위한 업무를 수행함에 있어 권한과 책임의 정도에 따라 직위가 수직적으로 서열화되어 있는 것
② 분업의 원리 : 조직의 업무를 직능 또는 성질별로 구분하여 한 사람에게 동일한 업무를 분담시키는 것
③ 조정의 원리 : 조직 내에서 업무의 수행을 조절하고 조화로운 인간관계를 유지함으로써 협동의 효과를 최대한 거두려는 것
④ 적도집권의 원리 : 중앙집권제와 분권제 사이에 적절한 균형을 도모하려는 것

45

정답 ①

B사의 대응전략은 정부 및 지자체의 긴급재난지원금 지급이라는 기회요인에 따라 소비자들의 외식 증가로 인한 매출 상승을 기대하여, 높은 자본건전성이라는 강점을 토대로 광고비 지출을 늘려 고객 유치를 극대화하려는 SO전략에 해당된다.

46

정답 ③

ㄴ. 기계적 조직의 조직 내 의사소통은 비공식적 경로가 아닌 공식적 경로를 통해 주로 이루어진다.
ㄷ. 유기적 조직은 의사결정권한이 조직 하부구성원들에게 많이 위임되어 있으나, 업무내용은 기계적 조직에 비해 가변적이다.

오답분석

ㄱ. 기계적 조직은 위계질서 및 규정, 업무분장이 모두 명확하게 확립되어 있는 조직이다.
ㄹ. 유기적 조직에서는 비공식적인 상호의사소통이 원활히 이루어지며, 규제나 통제의 정도가 낮아 변화에 따라 쉽게 변할 수 있는 특징을 가진다.

47

정답 ③

ㄱ. 조직문화는 구성원들에게 일체감과 정체성을 부여한다. 특히, 외부환경이 변하게 되면 조직구성원의 결속력을 강화하는 기능을 한다.
ㄴ. 조직문화는 조직몰입을 높여준다. 구성원들은 조직에 소속감을 느끼고 조직의 목표를 달성하기 위하여 자신의 노력과 능력을 기울이므로 업무능력을 향상시킨다.
ㅁ. 지나치게 강한 조직문화는 다양한 구성원들의 의견을 받아들일 수 없게 하거나, 조직이 변화해야 할 시기에 장애요인으로 작용하기도 한다.

오답분석

ㄷ. 조직구성원들은 조직문화 속에서 활동하고 있지만 이를 의식하지 못하는 경우가 많다.
ㄹ. 조직문화는 구성원들의 행동지침으로 작용한다. 조직문화는 구성원의 사고방식과 행동양식을 규정하여, 구성원들은 조직에서 해오던 방식대로 업무를 처리하게 된다. 이는 구성원이 조직에 적응하도록 사회화하고 조직원의 일탈적 행동을 통제하는 비공식적인 통제력을 가진다.

48

정답 ②

ㄴ. '리더십 스타일'이란 구성원들을 이끌어 나가는 전반적인 조직관리 스타일을 가리키는 것이다. 조직구성원들의 행동이나 사고를 특정 방향으로 이끌어 가는 원칙이나 기준은 '공유가치'이다.

오답분석

ㄱ. 미국 선진 기업의 성공 사례를 연구한 Peters와 Waterman의 저서 「In Search of Excellence」에서는 7S 모형이 제시되어 있는데, 여기에 제시된 조직문화의 구성요소는 공유가치, 리더십 스타일, 구성원, 제도, 절차, 구조, 전략, 스킬이다.
ㄷ. 7S 모형에서 '구조'는 조직의 전략을 수행하는데 필요한 틀로서 구성원의 역할과 그들 간의 상호관계를 지배하는 공식요소를 가리킨다.
ㄹ. 7S 모형에서 '전략'은 조직의 장기적인 목적과 계획 그리고 이를 달성하기 위한 장기적인 행동지침을 가리킨다.

49

정답 ②

'(A) 비서실 방문'은 브로슈어 인쇄를 위해 미리 파일을 받아야 하므로, '(D) 인쇄소 방문'보다 먼저 이루어져야 한다. '(B) 회의실, 마이크 체크'는 내일 오전 '(E) 업무보고' 전에 준비해야 할 사항이다. '(C) 케이터링 서비스 예약'은 내일 3시 팀장회의를 위해 준비하는 것이므로 24시간 전인 오늘 3시 이전에 실시하여야 한다. 따라서 위 업무순서를 정리하면 (C) – (A) – (D) – (B) – (E)가 되는데, 여기서 (C)가 (A)보다 먼저 이루어져야 하는 이유는 현재 시각이 2시 50분이기 때문이다. 비서실까지 가는 데 걸리는 시간이 15분이므로 비서실에 갔다 오면 3시가 지난다. 그러므로 케이터링 서비스 예약을 먼저 해야 한다.

50

정답 ⑤

비품은 기관의 비품이나 차량 등을 관리하는 총무지원실에 신청해야 하며, 교육 일정은 사내 직원의 교육 업무를 담당하는 인사혁신실에서 확인해야 한다.

오답분석

기획조정실은 전반적인 조직 경영과 조직문화 개선, 예산 업무, 이사회, 국회 협력 업무, 법무 관련 업무를 담당한다.

한국환경공단 신입사원 필기시험

제3회 정답 및 해설

01	02	03	04	05	06	07	08	09	10
①	③	③	①	②	②	④	⑤	①	①
11	12	13	14	15	16	17	18	19	20
②	④	④	②	④	②	③	②	②	①
21	22	23	24	25	26	27	28	29	30
②	②	①	④	②	②	④	①	④	①
31	32	33	34	35	36	37	38	39	40
③	④	④	②	③	⑤	①	①	①	④
41	42	43	44	45	46	47	48	49	50
②	④	②	①	④	③	④	③	④	③

01

정답 ①

보기의 '이 둘'은 제시문의 산제와 액제를 의미하므로 이 둘에 관해 설명하고 있는 위치에 들어가야 함을 알 수 있다. 또 서로 상반되는 사실을 나타내는 두 문장을 이어 줄 때 사용하는 접속 부사 '하지만'을 통해 산제와 액제의 단점을 이야기하는 보기의 문장 앞에는 산제와 액제의 장점에 관한 내용이 와야 함을 알 수 있다. 따라서 (가)에 들어가는 것이 적절하다.

02

정답 ③

제시된 보기의 문장에서는 사행 산업의 경우 매출의 일부를 세금으로 추가 징수하는 경우가 있지만, 게임 산업은 사행 산업이 아닌 문화 콘텐츠 산업이라고 주장한다. 따라서 글의 흐름상 보기의 문장은 게임 산업이 이미 세금을 납부하고 있다는 내용 뒤인 (다)에 오는 것이 자연스럽다.

03

정답 ③

제시문은 고전주의의 예술관을 설명한 후 이에 반하는 수용미학의 등장을 설명하고, 수용미학을 처음 제시한 야우스의 주장에 대해 설명한다. 이어서 이것을 체계화한 이저의 주장을 소개하고 이저가 생각한 독자의 역할을 제시한 뒤 이것의 의의에 대해 설명하고 있는 글이다. 따라서 (가) 고전주의 예술관과 이에 반하는 수용미학의 등장 – (라) 수용미학을 제기한 야우스의 주장 – (다) 야우스의 주장을 정리한 이저 – (나) 이저의 이론 속 텍스트와 독자의 상호작용의 의의로 연결되어야 한다.

04

정답 ①

제시문의 화제는 '돈의 가치를 어떻게 가르쳐야 아이들이 돈에 대하여 올바른 개념을 갖게 되는가(부모들의 고민)'이므로 (A) 돈의 개념을 이해하는 가정의 자녀들이 성공할 확률이 높음 – (C) 아이들에게 돈의 개념을 가르치는 지름길은 용돈임 – (B) 만 7세부터 돈의 개념을 어렴풋이나마 짐작하게 되므로 이때부터 아이들에게 약간의 용돈을 주는 것으로 돈에 대한 교육을 시작하면 좋음 – (D) 돈에 대해서 부모가 결코 해서는 안 되는 행동과 본보기로서의 역할 강조로 배열해야 한다.

05

정답 ②

미세먼지의 경우 최소 $10\mu m$ 이하의 먼지로 정의되고 있지만, 황사의 경우 주로 지름 $20\mu m$ 이하의 모래로 구분하되 통념적으로는 입자 크기로 구분하지 않는다. 따라서 지름 $10\mu m$ 이하의 황사의 경우 입자의 크기만으로 미세먼지와 구분 짓기는 어렵다.

오답분석

① · ⑤ 제시문을 통해서 알 수 없는 내용이다.
③ 미세먼지의 역할에 대한 설명을 찾을 수 없다.
④ 제시문에서 설명하는 황사와 미세먼지의 근본적인 구별법은 구성성분의 차이이다.

06

정답 ②

합통과 추통은 참도 있지만 오류도 있다고 말하고 있다. 그리고 다음 문장에서 더욱 많으면 맞지 않은 경우가 있기 때문이라는 이유를 제시하고 있으므로, 앞 문장에는 합통 또는 추통으로 분별 또는 유추하는 것이 위험이 많다고 말하는 ②가 가장 적절하다.

07

정답 ④

제시된 글은 예비 조건, 진지성 조건, 기본 조건 등 화행 이론에서 말하는 발화의 적절성 조건을 설명하고 있다. 두 번째 문단의 '발화의 적절성 판단은 상황에 의존하고 있다.'라고 하였으므로, 발화가 적절한지는 그 발화가 일어난 상황에 따라 달라진다.

08

정답 ⑤

ㄷ. 마켓홀의 천장벽화인 '풍요의 뿔'은 시장에서 판매되는 먹을 거리가 하늘에서 떨어지는 모습을 표현하기 위해 4,500개의 알루미늄 패널을 사용했으며, 이 패널은 실내의 소리를 흡수, 소음을 줄여주는 기능 또한 갖추고 있다.

ㄹ. 마켓홀은 전통시장의 상설화와 동시에 1,200대 이상의 차량을 주차할 수 있는 규모의 주차장을 구비해 그들이 자연스레 로테르담의 다른 상권에 찾아갈 수 있도록 도왔다.

오답분석

ㄱ. 마켓홀 내부에 4,500개의 알루미늄 패널을 설치한 것은 네덜란드의 예술가 아르노 코넨과 이리스 호스캄이다.

ㄴ. 마켓홀이 로테르담의 무역 활성화에 기여했다는 내용은 본문에서 찾아볼 수 없다.

09

정답 ①

제시문의 첫 번째 문단에서는 '사회적 자본'이 늘어나면 정치 참여도가 높아진다는 주장을 하였고, 두 번째 문단에서는 '사회적 자본'의 개념을 사이버공동체에 도입하였으나 현실과 잘 맞지 않는다고 하면서 '사회적 자본'의 한계를 서술했다. 그리고 마지막 문단에서는 이 같은 사회적 자본만으로는 정치 참여가 늘어나기 어렵고 이른바 '정치적 자본'의 매개를 통해서만이 가능하다는 주장을 하고 있다. 따라서 ①이 제시문의 주제로 가장 적절하다.

10

정답 ①

청소년보호위원회는 부정했지만 동성애를 청소년에게 유해한 것으로 지정했다는 것을 알 수 있다.

11

정답 ②

지문에서는 제품의 굽혀진 곡률을 나타내는 R의 값이 작을수록 패널이 받는 폴딩 스트레스가 높아진다고 언급하고 있다. 따라서 1.4R의 곡률인 S전자의 인폴딩 폴더블 스마트폰은 H기업의 아웃폴딩 스마트폰보다 곡률이 작을 것이므로 폴딩 스트레스가 높다고 할 수 있다.

오답분석

① H기업은 아웃폴딩 패널을 사용하였다.

③ 동일한 인폴딩 패널이라고 해도 S전자의 R값이 작으며, R값의 차이에 따른 개발 난이도는 지문에서 확인할 수 없다.

④ 인폴딩 패널은 아웃폴딩 패널보다 상대적으로 곡률이 낮아 개발 난이도가 높다. 따라서 아웃폴딩 패널을 사용한 H기업의 폴더블 스마트폰의 R값이 인폴딩 패널을 사용한 A기업의 폴더블 스마트폰보다 작을 것이라고 보기엔 어렵다.

⑤ 지문에서 여러 층으로 구성된 패널을 접었을 때 압축응력과 인장응력이 동시에 발생한다고는 언급하고 있으나 패널의 수가 폴딩 스트레스와 연관된다는 사실은 지문에서 확인할 수 없다. 따라서 S전자의 폴더블 스마트폰의 R값이 작은 이유라고는 판단하기 어렵다.

12

정답 ④

1998년 개발도상국에 대한 은행 융자 총액은 500억 달러였는데, 2005년에는 670억 달러가 되었으므로 1998년 수준을 회복하고, 넘어섰다.

오답분석

① 경제적 수익을 추구하기 위한 것으로 포트폴리오 투자를 들 수 있으며, 회사 경영에 영향력을 행사하기 위한 것으로 외국인 직접투자를 들 수 있다.

② 지금까지 해외 원조는 개발도상국에 대한 경제적 효과가 있다고 여겨져 왔으나 최근 경제학자들 사이에서는 그러한 경제적 효과가 없다는 주장이 힘을 얻고 있다고 하였다.

③ 개발도상국으로 흘러드는 외국자본은 크게 원조, 부채, 투자가 있는데, 그중 부채는 은행 융자와 채권, 투자는 포트폴리오 투자와 외국인 직접투자로 나눌 수 있다.

⑤ 개발도상국에 대한 포트폴리오 투자액은 90억 달러에서 410억 달러로 320억 달러 증가하였고, 채권은 230억 달러에서 440억 달러로 210억 달러 증가하였다. 따라서 포트폴리오의 증감액이 더 크다.

13

정답 ④

제시된 글은 심리학이 경제학에 끼친 영향을 주제로 하며, 관련이 없는 것처럼 보이는 경제학과 심리학 사이의 상관관계를 고찰하고 있다. ㉠에는 문맥상 케인스가 강조한 바가 들어가야 하며, 케인스는 '인간의 행동은 경제학에서 가정하는 합리성을 갖추기보다는 때로는 직관에 의존하기도 하고 때로는 충동에 좌우되기도 한다.'고 보았다. 즉, '인간 심리의 중요성을 강조'한 것이다. 따라서 이자율이라는 합리적 근거보다는 동물적 본능이라는 직관에 더 영향을 받는다는 ④의 내용이 자연스럽다.

14

정답 ②

㉡처럼 A의 구체적인 예를 떠올리기 쉬울수록 A가 발생할 확률이 더 크다고 판단하는 것은 오류를 빚을 수 있다. 이는 실제로는 위암 때문에 죽는 사람이 교통사고 사망자보다 많지만, 대중 매체에서 교통사고 소식을 위암 사망 소식보다 더 많이 언급해서 교통사고로 사망할 가능성이 위암으로 사망할 가능성보다 더 크다고 오판하는 것과 마찬가지이다.

15

정답 ④

세 번째 문단에 따르면 카네만 등의 '확률 인지 심리학자들의 연구는 경제학의 방법론을 바꾸는 계기를 마련'하였으며, 다섯 번째 문단에 따르면 합리성에 대한 일정한 가정에 기초하여 사회 현상을 다루어 온 경제학으로 하여금 인간의 행동에 대한 가정보다는 그에 대한 관찰에서 출발할 것을 요구하는 것이라 하였다. 따라서 ④는 글의 내용과 일치한다.

오답분석

① 두 번째 문단에 따르면 '경제학에서 인간 심리의 중요성을 처음으로 강조한 사람'은 케인스이다.
② 두 번째 문단에 따르면 케인스는 경제학의 접근 방법을 바꾸어 놓는 데까지 나아가지는 못했다.
③ 세 번째 문단에 따르면 확률 인지 심리학자들은 주관적 추론의 체계적인 편향 오류를 지적했다. 하지만 그것을 시정했다는 내용은 없다.
⑤ 다섯 번째 문단에 따르면 기존의 경제학은 인간 행동에 대한 가정에 기초했으나, 카네만 등의 확률 인지 심리학자들은 인간에 대한 '관찰에서 출발'할 것을 요구한다.

16

정답 ②

㉠·㉡ 10진법은 0, 1, 2,⋯, 9의 10개의 숫자를 한 묶음으로 하여 1자리씩 올려가는 방법으로 1, 10, 100, 1,000,⋯ 과 같이 10배마다 새로운 자리로 옮겨가는 기수법이다. 이는 사람의 손가락 수에 의해 유래하였으며 현재 가장 널리 사용되고 있다.

오답분석

㉢ 2진법은 0, 1의 2개의 숫자를 한 묶음으로 하여 1자리씩 올려가는 기수법인데, 2진법에서 10001을 10진법으로 변환하면 $10001_{(2)}=(1\times2^4)+(0\times2^3)+(0\times2^2)+(0\times2^1)+(1\times2^0)$ $=16+1=17$이다.

17

정답 ③

막대 그래프 또는 꺾은선 그래프는 매출액 등 단순 수치의 증감률을 나타내는 자료 등을 이용할 때 대소를 한눈에 비교하기 적당하며, 막대 그래프에 추이선을 추가하면 증감 추이를 한 눈에 알 수 있다.
층별 그래프는 특정 합계 수치를 구성하는 각 부분 항목의 크기를 시기별로 나타내어, 각 부분 항목의 변동내역을 비교해 보고자 할 때 효과적이다.

오답분석

②·⑤ 원형 그래프 : 전체적인 비율이나 비중을 쉽게 파악할 수 있다.
④ 방사형 그래프 : 한 주제에 대해 여러 다양한 요소를 비교 계산하여 전체의 경향을 유추하거나, 경과를 나타낼 때 활용할 수 있다.

18

정답 ②

막대 그래프 작성 시 유의점

- 가로축은 명칭 구분, 세로축은 수량을 표기한다.
- 막대의 가로 폭은 모두 일정해야 한다.
- 막대 수가 부득이하게 많을 경우에는 눈금선을 기입하는 것이 알아보기 쉽다.
- 수치를 생략하지 않도록 한다.

각 그래프 작성 시 유의점

구분	유의점
선 그래프	• 가로축에 명칭구분(연, 월, 장소 등), 세로축에 수량(금액, 매출액 등)을 제시하며, 축의 모양은 L자형으로 하는 것이 일반적이다. • 선의 높이에 따라 수치를 파악하는 경우가 많으므로 세로축의 눈금을 가로축의 눈금보다 크게 하는 것이 효과적이다. • 선이 두 종류 이상인 경우에는 반드시 무슨 선인지 그 명칭을 기입해야 하며, 그래프를 보기 쉽게 하기 위해서는 중요한 선을 다른 선보다 굵게 한다든지 그 선만 색을 다르게 하는 등의 노력을 기울일 필요가 있다.
원 그래프	• 정각 12시의 선을 시작선으로 하며, 이를 기점으로 하여 오른쪽으로 그리는 것이 보통이다. • 분할선은 구성 비율이 큰 순서로 그리되, '기타' 항목은 구성 비율의 크기에 관계없이 가장 뒤에 그리는 것이 좋다. • 각 항목의 명칭은 같은 방향으로 기록하는 것이 일반적이지만, 만일 각도가 적어서 명칭을 기록하기 힘든 경우에는 지시선을 써서 기록한다.
층별 그래프	• 눈금은 선 그래프나 막대 그래프보다 적게 하고 그래프의 중간에 눈금선을 넣지 않아야 하며, 층별로 색이 달라야 한다. • 같은 항목은 옆에 있는 층과 선으로 연결하여 보기 쉽도록 한다.

19

정답 ②

A ~ E의 평균은 모두 70점으로 같으며 분산은 다음과 같다.

A :
$$\frac{(60-70)^2+(70-70)^2+(75-70)^2+(65-70)^2+(80-70)^2}{5}$$
$=50$

B :
$$\frac{(50-70)^2+(90-70)^2+(80-70)^2+(60-70)^2+(70-70)^2}{5}$$
$=200$

C :
$$\frac{(70-70)^2+(70-70)^2+(70-70)^2+(70-70)^2+(70-70)^2}{5}$$
$=0$

D :
$$\frac{(70-70)^2+(50-70)^2+(90-70)^2+(100-70)^2+(40-70)^2}{5}$$
$=520$

E :
$$\frac{(85-70)^2+(60-70)^2+(70-70)^2+(75-70)^2+(60-70)^2}{5}$$
$=90$

표준편차는 분산의 양의 제곱근이므로 표준편차를 큰 순으로 나열한 것과 분산을 큰 순으로 나열한 것은 같다.
따라서 표준편차가 큰 순서대로 나열하면 D>B>E>A>C이다.

20

정답 ①

A국가에서 10명 중 4명이 H병을 앓고 있으므로 40%가 H병에 걸려있다. H병을 검사했을 때, 오진일 확률은 40%, 정확한 진단을 받은 사람은 60%이다. 200명 중에서 H병에 걸린 사람과 걸리지 않은 사람으로 나누어 오진일 확률을 구하면 다음과 같다.

- 실제로 H병에 걸린 사람 : 200×0.4=80명
  - 오진(H병에 걸리지 않았다는 진단) : 80×0.4=32명
  - 정확한 진단(H병에 걸렸다는 진단) : 80×0.6=48명
- 실제로 H병에 걸리지 않은 사람 : 200×0.6=120명
  - 오진(H병에 걸렸다는 진단) : 120×0.4=48명
  - 정확한 진단(H병에 걸리지 않았다는 진단) : 120×0.6=72명

따라서 병에 걸렸다고 진단받은 사람은 48+48=96명이고, 이때 오진으로 진단을 받은 사람은 48명이므로 L씨가 검사 결과 병에 걸렸다고 진단받았을 때 오진일 확률은 $\frac{48}{96}\times100=50\%$이다.

21

정답 ②

전체 당원을 120명이라고 가정하고 조건부 확률로 표로 나타내면 다음과 같다. 전체 당원 중 여당이 뽑힐 확률은 $\frac{2}{3}$이므로 여당은 80명이고, 전체 당원 중 여자가 뽑힐 확률은 $\frac{3}{10}$이므로 여자는 총 36명이 된다.

구분	야당	여당	합계
남자			84
여자			36
합계	40	80	120

여당에서 뽑혔을 때 남자일 확률이 $\frac{3}{4}$이므로 80명 중 60명이 남자임을 알 수 있다.

구분	야당	여당	합계
남자	24	60	84
여자	16	20	36
합계	40	80	120

따라서 남자가 의장으로 뽑혔을 때, 의장이 야당일 확률은 84명 중 24명이므로 $\frac{24}{84}=\frac{2}{7}$이다.

22

정답 ②

총 9장의 손수건을 구매했으므로 B손수건 3장을 제외한 나머지 A, C, D손수건은 각각 $\frac{9-3}{3}=2$장씩 구매하였다. 먼저 3명의 친구들에게 서로 다른 손수건 3장씩 나눠 줘야하므로 B손수건을 1장씩 나눠준다. 나머지 A, C, D손수건을 서로 다른 손수건으로 2장씩 나누면 (A, C), (A, D), (C, D)로 묶을 수 있다. 이 세 묶음을 3명에게 나눠주는 방법은 3!=3×2=6가지가 나온다. 따라서 친구 3명에게 종류가 다른 손수건 3장씩 나눠주는 경우의 수는 6가지이다.

23

정답 ①

2021년 만화산업 수출액 중 가장 높은 비중을 차지하는 지역은 유럽이다.
2021년 전체 수출액 대비 유럽의 수출액이 차지하는 비중
: $\frac{9,742}{29,354}\times100≒33.2\%$
2021년 만화산업 수입액 중 가장 높은 비중을 차지하는 지역은 일본이다.
2021년 전체 수입액 대비 일본의 수입액이 차지하는 비중
: $\frac{6,002}{6,715}\times100≒89.4\%$
따라서 구하는 값은 89.4−33.2=56.2%p이다.

24

정답 ④

2020년부터 2021년까지 병원·의원 및 기관 7곳이 공통으로 갖고 있는 의료장비는 'CT', '유방촬영장치', '골밀도검사기' 3가지이다.

오답분석

① 2019년 골밀도검사기 총 대수는 12,017대이고, 인공신장기는 23,446대로 전체 의료장비 중 인공신장기가 가장 많다.
② 2019년부터 2021년까지 특수장비들이 가장 많은 곳은 매년 2,500대 이상인 '의원'이고, 고가장비들이 가장 많은 곳은 매년 100대 이상인 '상급종합병원'이다.
③ 상급종합병원과 종합병원을 제외한 병원·의원 및 기관에서 특수장비와 기타장비를 모두 갖춘 곳은 2020년도에는 '일반병원', '의원' 2곳, 2019년에는 '일반병원', '요양병원', '의원' 3곳이다.
⑤ 특수장비는 조사기간 매년 증가하였고, 고가장비는 2019년에 239대, 2020년에 231대, 2021년에 228대로 감소했다.

25

정답 ②

교육정도가 고졸 이하인 조사인원이 5,700명일 때, 대졸 이상인 직장인 중 '전혀 느끼지 않음'을 택한 인원은 (8,000−5,700)×0.038=87.4명으로 55명 이상이다.

오답분석

① 남자와 여자 직장인 각각 스트레스를 '느끼는 편임'을 선택한 인원이 가장 많다.

③ 사무, 서비스판매를 하는 직장인 중 스트레스를 '전혀 느끼지 않는 편임'을 택한 인원은 기능노무 직장인 중 '매우 느낌'을 택한 인원보다 1,200×0.15−2,700×0.032+1,200×0.053 =180−150=30명 적다.

④ 연령대 전체 조사대상 인원만 알고 있으므로 연령별로 조사한 인원은 비교할 수 없다.

⑤ 미혼인 직장인 중 스트레스를 매우 느끼는 인원은 2,800×0.176=492.8명으로 5,000명 미만이다.

26

정답 ②

2000년 대비 2010년의 평균 매매가격 증가율은 전국이 $\frac{14,645-10,100}{10,100}\times100=45\%$, 수도권 전체가 $\frac{18,500-12,500}{12,500}\times100=48\%$이므로 그 차이는 48−45=3%p이다.

오답분석

① 2020년 평균 매매가격은 수도권이 22,200만 원, 전국이 18,500만 원으로 수도권은 전국의 $\frac{22,200}{18,500}=1.2$배이고, 평균 전세가격은 수도권이 18,900만 원, 전국이 13,500만 원이므로 수도권은 전국의 $\frac{18,900}{13,500}=1.4$배이다.

③ 2000년 전국의 평균 전세가격은 6,762만 원으로 수도권 전체 평균 전세가격인 8,400만 원의 $\frac{6,762}{8,400}\times100=80.5\%$이다.

④ 서울의 매매가격 증가율은 다음과 같다.
- 2010년 대비 2020년 매매가격 증가율
  : $\frac{30,744-21,350}{21,350}\times100=44\%$
- 2000년 대비 2010년 매매가격 증가율
  : $\frac{21,350-17,500}{17,500}\times100=22\%$

따라서 1.5배가 아닌 2배이다.

⑤ 2010년 평균 전세가격은 '서울(15,500만 원) – 경기(11,200만 원) – 인천(10,600만 원)' 순이다.

27

정답 ④

2016년 대비 2021년 노령연금증가율은 (6,862−2,532)÷2,532×100≒171.0%이다.

28

정답 ①

오답분석

② 2016년도 최고 비율이 자료보다 낮다.

③ 2013년과 2014년의 최고 비율 수치가 자료보다 낮다.

④ 2013년과 2014년의 평균 스크린 대 바디 비율이 자료보다 낮다.

⑤ 2011년 최고 비율이 자료보다 낮고, 2013년 최고 비율은 높다.

29

정답 ④

1980년 전체 재배면적을 x라 하면, 2020년 전체 재배면적은 $1.25x$이다.

- 1980년 과실류 재배면적 : $0.018x$
- 2020년 과실류 재배면적 : $0.086\times1.25x=0.1075x$

따라서 재배면적은 $\frac{0.1075x-0.018x}{0.018x}\times100≒500\%$ 증가했다.

30

정답 ①

직원들과 조건을 하나의 명제로 보고, 순서대로 A, B, C, D, E로 간소화하여 표현하면, 각 조건들은 다음과 같다.

조건 1. ~A → ~E
조건 2. D → B
조건 3. C
조건 4. E 또는 ~C
조건 5. ~A 또는 ~B

먼저, 조건 3에 따라 C주임은 아일랜드로 파견된다.

조건 4는 둘 중 하나 이상 참이 되는 조건으로 조건 3에 의해 C → E가 되어, E는 몽골로 파견되고, 조건 1의 대우인 E → A에 따라 A대리는 인도네시아로 파견된다. 또한 조건 5에서 ~A 혹은 ~B 중 적어도 하나는 참이므로 조건 1에 의해 ~A는 거짓이므로 ~B는 참이 된다. 따라서 B대리는 우즈베키스탄으로 파견되지 않는다. 마지막으로 조건 2의 대우인 ~B → ~D에 따라 D주임은 뉴질랜드로 파견되지 않는다.

따라서 A대리는 인도네시아로, C주임은 아일랜드로, E주임은 몽골로 파견되며, B대리는 우즈베키스탄으로 파견되지 않고, D주임은 뉴질랜드에 파견되지 않으므로 ㄱ과 ㄴ은 항상 참이다.

오답분석

ㄷ. E주임은 몽골로 파견된다.

ㄹ. C주임은 아일랜드로, E주임은 몽골로 파견된다.

31

정답 ③

주어진 조건을 정리하면 1층에는 어린이 문헌 정보실과 가족 문헌 정보실, 5층에는 보존서고실, 4층에는 일반 열람실이 위치한다. 3층은 2층과 연결된 계단을 통해서만 이동이 가능하므로 엘리베이터로 이동할 수 없는 제2문헌 정보실이 3층에 위치하는 것을 알 수 있다. 제1문헌정보실은 하나의 층을 모두 사용해야 하므로 결국 남은 2층에 위치하게 된다.

1층	2층	3층	4층	5층
어린이 문헌 정보실, 가족 문헌 정보실	제1문헌 정보실	제2문헌 정보실	일반 열람실	보존 서고실

'빅데이터' 관련 도서는 정보통신, 웹, 네트워크 코너에서 찾을 수 있으므로 3층 제2문헌 정보실로 가야 한다.

32

정답 ④

b과제는 c, f, g, h과제보다 먼저 수행하므로 K가 가장 첫 번째로 수행하는 과제는 b과제임을 알 수 있다. 또한 e과제보다 먼저 수행하는 f과제를 c과제보다 나중에 수행하므로 c과제와 f과제가 각각 두 번째, 세 번째 수행 과제임을 알 수 있다. 마지막으로 남은 g과제와 h과제 중 g과제는 h과제보다 먼저 수행한다.

신입사원 K가 수행할 교육 과제의 순서를 정리하면 다음과 같다.

첫 번째	두 번째	세 번째	네 번째	다섯 번째	여섯 번째
b과제	c과제	f과제	e과제	g과제	h과제

따라서 K가 다섯 번째로 수행할 교육 과제는 g과제이다.

33

정답 ④

주어진 조건에 따라 선반에 놓여 있는 사무용품을 정리하면 다음과 같다.

5층	보드마카, 접착 메모지
4층	스템플러, 볼펜
3층	2공 펀치, 형광펜
2층	서류정리함, 북엔드
1층	인덱스 바인더, 지우개

보드마카와 접착 메모지는 5층 선반에 놓여 있으므로 선반의 가장 높은 층에 놓여 있음을 알 수 있다.

34

정답 ②

오답분석

① F와 I가 함께 탑승했으므로 H와 D도 함께 탑승해야 하고, G나 J는 A와 탑승해야 한다.

③ C와 H는 함께 탑승해야 하고, B가 탑승하는 차에는 4명이 탑승해야 한다.

④ A와 B는 함께 탑승할 수 없다.

⑤ B가 탑승하는 차에는 4명이 탑승해야 한다.

35

정답 ③

먼저 B업체가 선정되지 않으면 세 번째 조건에 따라 C업체가 선정된다. 또한 첫 번째 조건의 대우인 'B업체가 선정되지 않으면, A업체도 선정되지 않는다.'에 따라 A업체는 선정되지 않는다. A업체가 선정되지 않으면 두 번째 조건에 따라 D업체가 선정된다. D업체가 선정되면 마지막 조건에 따라 F업체도 선정된다.

따라서 B업체가 선정되지 않을 경우 C, D, F업체가 시공업체로 선정된다.

36

정답 ⑤

문제에 제시된 조건에 따르면 수녀는 언제나 참이므로 A가 될 수 없고, 왕은 언제나 거짓이므로 C가 될 수 없다. 따라서 수녀는 B 또는 C이고, 왕은 A 또는 B가 된다.

i) 왕이 B이고 수녀가 C라면, A는 농민인데 거짓을 말해야 하는 왕이 A를 긍정하므로 모순된다.

ii) 왕이 A이고 수녀가 B라면, 항상 참을 말해야 하는 수녀가, 자신이 농민이라고 거짓을 말하는 왕의 말이 진실이라고 하므로 모순된다.

iii) 왕이 A이고 수녀가 C라면, B는 농민인데 이때 농민은 거짓을 말하는 것이고 수녀는 자신이 농민이 아니라고 참을 말하는 것이므로 성립하게 된다.

37

정답 ①

6명이 앉은 테이블은 빈자리가 없고, 4명이 앉은 테이블에만 빈자리가 있으므로 첫 번째, 세 번째 조건에 따라 A, I, F는 4명이 앉은 테이블에 앉아 있음을 알 수 있다. 4명이 앉은 테이블에서 남은 자리는 1개뿐이므로, 두 번째, 다섯 번째, 여섯 번째 조건에 따라 C, D, G, H, J는 6명이 앉은 테이블에 앉아야 한다. 마주보고 앉는 H와 J를 6명이 앉은 테이블에 먼저 배치하면 G는 H의 왼쪽 또는 오른쪽 자리에 앉고, 따라서 C와 D는 J를 사이에 두고 앉아야 한다. 이때 네 번째 조건에 따라 어떤 경우에도 E는 6명이 앉은 테이블에 앉을 수 없으므로, 4명이 앉은 테이블에 앉아야 한다. 따라서 4명이 앉은 테이블에는 A, E, F, I가, 6명이 앉은 테이블에는 B, C, D, G, H, J가 앉는다. 이를 정리하면 다음과 같다.

- 4명이 앉은 테이블 : A와 I 사이에 빈자리가 하나 있고, F는 양옆 중 오른쪽 자리만 비어 있다. 따라서 다음과 같이 4가지 경우의 수가 발생한다.

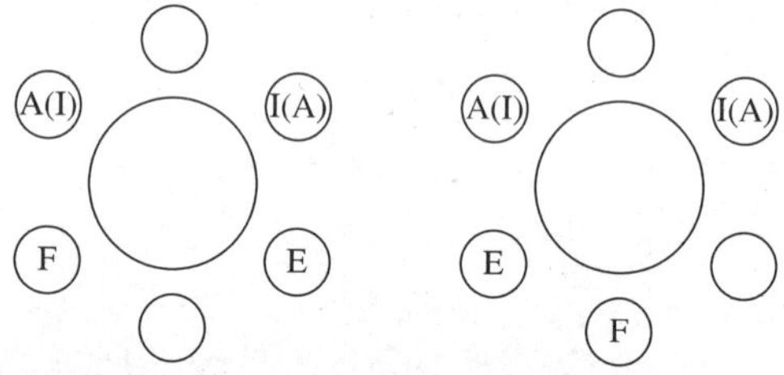

- 6명이 앉은 테이블 : H와 J가 마주본 상태에서 G가 H의 왼쪽 또는 오른쪽 자리에 앉고, C와 D는 J를 사이에 두고 앉는다. 따라서 다음과 같이 4가지 경우의 수가 발생한다.

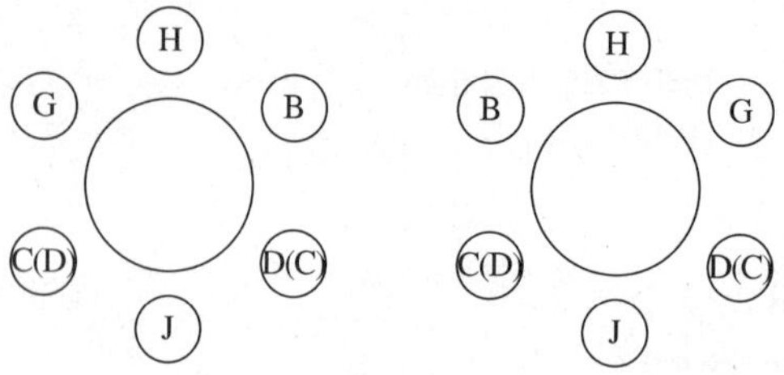

어떤 경우에도 A와 B는 다른 테이블이므로, ①은 항상 거짓이다.

38

정답 ①

두 사람은 나쁜 사람이므로 서로 충돌되는 두준과 동운을 먼저 살펴보아야 한다.

두준이를 착한 사람이라고 가정하면 '두준(T) – 요섭(F) – 준형(F) – 기광(F) – 동운(F)'이다. 그러나 이 경우 나쁜 사람이 4명이 되므로 모순이다.

즉, 두준이는 나쁜 사람이고, 요섭과 기광은 서로 대우이므로 두 사람은 착한 사람이다(두 사람이 나쁜 사람이라면 나쁜 사람은 '두준, 요섭, 기광' 3명이 된다). 따라서 '요섭, 기광, 동운'이 착한 사람이고, '두준, 준형'이 나쁜 사람이다.

39

정답 ①

오른쪽 끝자리에는 30대 남성이, 왼쪽에서 두 번째 자리에는 40대 남성이 앉으므로 네 번째 조건에 따라 30대 여성은 왼쪽에서 네 번째 자리에 앉아야 한다. 이때, 40대 여성은 왼쪽에서 첫 번째 자리에 앉아야 하므로 남은 자리에 20대 남녀가 앉을 수 있다.

1) 경우 1

40대 여성	40대 남성	20대 여성	30대 여성	20대 남성	30대 남성

2) 경우 2

40대 여성	40대 남성	20대 남성	30대 여성	20대 여성	30대 남성

따라서 항상 옳은 것은 ①이다.

40

정답 ④

첫 번째 조건에 따라 A는 선택 프로그램에 참가하므로 A는 수・목・금요일 중 하나의 프로그램에 참가한다. A가 목요일 프로그램에 참가하면 E는 A보다 나중에 참가하므로 금요일의 선택 3 프로그램에 참가할 수밖에 없다. 따라서 항상 참이 되는 것은 ④이다.

오답분석

① 두 번째 조건에 따라 C는 필수 프로그램에 참가하므로 월・화요일 중 하나의 프로그램에 참가하며, 이때, C가 화요일 프로그램에 참가하면 C보다 나중에 참가하는 D는 선택 프로그램에 참가할 수 있다.

② B는 월・화요일 프로그램에 참가할 수 있으므로 B가 화요일 프로그램에 참가하면 C는 월요일 프로그램에 참가할 수 있다.

③ C가 화요일 프로그램에 참가하면 E는 선택 2 또는 선택 3 프로그램에 참가할 수 있다.

구분	월 (필수 1)	화 (필수 2)	수 (선택 1)	목 (선택 2)	금 (선택 3)
경우 1	B	C	A	D	E
경우 2	B	C	A	E	D
경우 3	B	C	D	A	E

⑤ E는 선택 프로그램에 참가하는 A보다 나중에 참가하므로 목요일 또는 금요일 중 하나의 프로그램에 참가할 수 있다.

41

정답 ②

가장 최근에 입사한 사람이 D이므로 D의 이름은 가장 마지막인 다섯 번째에 적혔다. C와 D의 이름은 연달아 적히지 않았으므로 C의 이름은 네 번째에 적힐 수 없다. 또한 E는 C보다 먼저 입사하였으므로 E의 이름은 C의 이름보다 앞에 적는다. 따라서 C의 이름은 첫 번째에 적히지 않았다. 이를 정리하면 다음과 같이 3가지 경우가 나온다.

구분	첫 번째	두 번째	세 번째	네 번째	다섯 번째
경우 1	E	C			D
경우 2	E		C		D
경우 3		E	C		D

여기서 경우 2와 경우 3은 A와 B의 이름이 연달아서 적혔다는 조건에 위배된다. 경우 1만 성립하므로 정리하면 다음과 같다.

구분	첫 번째	두 번째	세 번째	네 번째	다섯 번째
경우 1	E	C	A	B	D
경우 2	E	C	B	A	D

E의 이름은 첫 번째에 적혔으므로 E는 가장 먼저 입사하였다. 따라서 B가 E보다 먼저 입사하였다는 ②는 항상 거짓이다.

오답분석

① C의 이름은 두 번째로 적혔고 A의 이름은 세 번째나 네 번째에 적혔으므로 항상 옳다.

③ E의 이름은 첫 번째에 적혔고 C의 이름은 두 번째로 적혔으므로 항상 옳다.

④ A의 이름은 세 번째에 적히면 B의 이름은 네 번째에 적혔고, A의 이름이 네 번째에 적히면 B의 이름은 세 번째에 적혔다. 따라서 참일 수도, 거짓일 수도 있다.

⑤ B의 이름은 세 번째 또는 네 번째에 적혔고, C는 두 번째에 적혔으므로 항상 옳다.

42

정답 ④

네 번째와 다섯 번째 결과를 통해 실용성 영역과 효율성 영역에서는 모든 제품이 같은 등급을 받지 않았음을 알 수 있으므로 두 번째 결과에 나타난 영역은 내구성 영역이다.

구분	A	B	C	D	E
내구성	3	3	3	3	3
효율성			2	2	
실용성		3			

내구성과 효율성 영역에서 서로 다른 등급을 받은 C, D제품과 내구성 영역에서만 3등급을 받은 A제품, 1개의 영역에서만 2등급을 받은 E제품은 첫 번째 결과에 나타난 제품에 해당하지 않으므로 결국 모든 영역에서 3등급을 받은 제품은 B제품임을 알 수 있다. 다섯 번째 결과에 따르면 효율성 영역에서 2등급을 받은 제품은 C, D제품뿐이므로 E제품은 실용성 영역에서 2등급을 받았음을 알 수 있다. 또한 A제품은 효율성 영역에서 2등급과 3등급을 받을 수 없으므로 1등급을 받았음을 알 수 있다.

구분	A	B	C	D	E
내구성	3	3	3	3	3
효율성	1	3	2	2	
실용성		3			2

이때, A와 C제품이 받은 등급의 총합은 서로 같으므로 결국 A와 C제품은 실용성 영역에서 각각 2등급과 1등급을 받았음을 알 수 있다.

구분	A	B	C	D	E
내구성	3	3	3	3	3
효율성	1	3	2	2	1 또는 3
실용성	2	3	1	1 또는 2	2
총합	6	9	6	6 또는 7	6 또는 8

D제품은 실용성 영역에서 1등급 또는 2등급을 받을 수 있으므로 반드시 참이 아닌 것은 ④이다.

43

정답 ②

각 빈칸에 들어갈 문화의 유형은 다음과 같다.

	유연성 · 자율성		
내부지향 · 통합	집단문화	개발문화	외부지향 · 차별
	계층문화	합리문화	
	안정 · 통제		

ㄱ. ㉠에 들어갈 조직문화의 유형은 개발문화이다.

ㄷ. 합리문화는 과업지향적인 조직문화로서, 조직구성원들의 방어적 태도, 개인주의적 성향이 드러나는 특징을 보인다. 반면 집단문화는 조직구성원 간 단결이 강조되는 조직문화이다.

오답분석

ㄴ. ㉡에 들어갈 조직문화의 유형은 합리문화이다.

ㄹ. 계층문화는 조직 계층의 공고화와 위계질서를 강조한다. 반면 합리문화는 조직의 목표달성을 위해 조직 구성원 간의 경쟁을 유도하므로 개인주의 성향이 강하다.

44

정답 ①

공식적 집단의 목표와 임무는 비교적 명확하게 규정되어 있으며, 비공식적 집단의 경우 구성원들의 필요에 따라 광범위하고 유연하게 설정된다.

오답분석

② 공식적 집단은 조직의 필요에 따라 기능적 목표를 갖고 구성되지만, 비공식적 집단은 다양한 자발적 요구들에 의해 형성된다.

③ 사내 친목회, 스터디모임 등의 비공식 집단은 구성원 간의 단결력을 향상시켜 공식적 집단의 목표인 조직의 기능수행능력을 개선할 수 있다.

④ 비공식적 집단이 자발적으로 구성되는 것과 달리, 공식적 집단의 구성원은 대개 조직의 필요에 따라 인위적으로 결정된다.

⑤ 조직 내 집단은 공식적 집단과 비공식적 집단으로 구분되며, 그 외에도 다양한 범주로 구분될 수 있다.

45

정답 ④

- A대리 : 조직 내 집단 간 경쟁의 원인은 조직 내 한정 자원을 차지하려는 목적에서 발생한다.
- B차장 : 조직 내 집단들이 상반된 목표를 추구할 때 경쟁이 발생한다.
- D주임 : 경쟁이 지나치면 집단 간 경쟁에 지나치게 많은 자원을 투입하고 본질적 목표를 소홀히 하게 되어 비능률을 초래하게 된다.

오답분석

- C주임 : 경쟁을 통해 집단 내부의 결속력을 다지고, 집단의 활동이 더욱 조직화되어 효율성을 확보할 수 있다. 하지만 지나치게 되면 자원의 낭비, 비능률 등의 문제가 초래된다. 따라서 경쟁이 치열할수록 좋다는 C주임의 설명은 적절하지 않다.

46

정답 ③

ㄴ. 조직이라는 전체로 통합되기 위하여 업무는 다양한 특성을 가지고 있다. 개별 업무들은 요구되는 지식, 기술, 도구의 종류가 다르고 이들 간의 다양성에도 차이가 있다.

ㄷ. 업무는 독립적이기도 하고 조직 내의 서열에 맞춰 순차적으로 이루어지기도 한다. 따라서 업무는 독립적인 면과 상호 유기적인 면을 모두 갖고 있다고 할 수 있다.

오답분석

ㄱ. 업무는 조직의 목적을 보다 효과적으로 달성하기 위하여 세분화되지만 궁극적으로는 같은 목적을 지향한다.

ㄹ. 연구, 개발 등과 같은 업무는 자율적이고 재량권이 많은 반면, 조립, 생산 등과 같은 업무는 주어진 절차에 따라 이루어지는 경우가 많다.

47

정답 ④

ㄱ. 간트 차트는 미국의 간트(Henry Laurence Gantt)가 1919년에 창안한 작업진도 도표로, 단계별로 업무를 시작해서 끝나는데 걸리는 시간을 바 형식으로 표시할 때 사용한다. 이는 전체 일정을 한 눈에 볼 수 있고, 단계별로 소요되는 시간과 각 업무활동 사이의 관계를 보여줄 수 있다.

ㄷ. 워크플로 시트는 일의 흐름을 동적으로 보여주는데 효과적이다. 특히 워크플로 시트에 사용하는 도형을 다르게 표현함으로써 주된 작업과 부차적인 작업, 혼자 처리할 수 있는 일과 다른 사람의 협조를 필요로 하는 일, 주의해야 할 일, 컴퓨터와 같은 도구를 사용해서 할 일 등을 구분해서 표현할 수 있다.

ㄹ. 체크리스트는 시간의 흐름을 표현하는 데에는 한계가 있지만, 업무를 세부적인 활동들로 나누고 각 활동별로 기대되는 수행수준을 달성했는지를 확인하는 데에는 효과적이다.

오답분석

ㄴ. 단계별 업무기간을 바 형식으로 표시하는 것은 워크플로 시트가 아닌 간트 차트이다.

48

정답 ③

ⓛ WO전략은 약점을 보완하여 기회를 포착하는 전략이다. ⓛ에서 말하는 원전 운영 기술력은 강점에 해당되므로 적절하지 않다.

ⓒ ST전략은 강점을 살려 위협을 회피하는 전략이다. ⓒ은 위협 회피와 관련하여 정부의 탈원전 정책 기조를 고려하지 않았으므로 적절하지 않다.

오답분석

㉠ SO전략은 강점을 살려 기회를 포착하는 전략으로, 강점인 기술력을 활용해 해외 시장에서 우위를 점하려는 ㉠은 적절한 SO전략으로 볼 수 있다.

㉣ WT전략은 약점을 보완하여 위협을 회피하는 전략이다. 안전 우려를 고려하여 안전점검을 강화하고, 정부의 탈원전 정책 기조에 협조하는 것은 적절한 WT전략으로 볼 수 있다.

49

정답 ④

공무원 복지 점수에 대한 업무는 맞춤형 복지 업무에 관한 사항을 담당하고 있는 김별라가 처리한다.

50

정답 ③

제시된 자료는 동호인 모임 지원 계획이므로 직원 친목회(동호인회)에 관한 사항을 담당하고 있는 박은선, 지원 계획에 지원금 지급에 대한 사항이 있으므로 총무업무 총괄관리를 담당하고 있는 이동헌, 모임장소 제공에서 자체 회의실과 청사 체육시설 사용 협조 요청에 대한 내용이 있으므로 회의실 및 청사관리를 담당하고 있는 김별라가 이 업무와 관련된 사람들이라고 할 수 있다.

한국환경공단 신입사원 필기시험

제4회 정답 및 해설

01	02	03	04	05	06	07	08	09	10
④	②	②	④	④	③	④	①	③	②
11	12	13	14	15	16	17	18	19	20
④	④	③	①	④	①	③	②	③	⑤
21	22	23	24	25	26	27	28	29	30
③	⑤	②	⑤	④	②	③	③	③	④
31	32	33	34	35	36	37	38	39	40
③	②	③	③	③	②	⑤	①	⑤	①
41	42	43	44	45	46	47	48	49	50
④	⑤	④	①	④	①	①	⑤	②	③

01

정답 ④

㉠ : 두 번째 문단의 내용처럼 '디지털 환경에서는 저작물을 원본과 동일하게 복제할 수 있고 용이하게 개작할 수 있기 때문에' ㉠과 같은 문제가 생겼다. 또한 이에 대한 결과로 ㉯ 바로 뒤의 내용처럼 '디지털화된 저작물의 이용 행위가 공정이용의 범주에 드는 것인지 가늠하기가 더 어려워졌고 그에 따른 처벌 위험'도 커진 것이다. 따라서 ㉠의 위치는 ㉯가 가장 적절하다.

㉡ : ㉡에서 말하는 '이들'은 '저작물의 공유' 캠페인을 소개하는 네 번째 문단에서 언급한 캠페인 참여자들을 가리킨다. 따라서 ㉡의 위치는 ㉱가 가장 적절하다.

02

정답 ②

글쓴이는 애덤 스미스의 '보이지 않는 손'에 대해 반박하기 위해 정부가 개인의 이익 활동을 제한하지 않으면 발생할 수 있는 문제점을 예를 들어 설명하고 있다. 수용 한계가 넘은 상황에서 개인의 이익을 위해 상대방의 이익을 침범한다면, 상대방도 자신의 이익을 늘리기 위해 사육 두수를 늘릴 것이다. 이러한 상황이 장기화된다면 두 번째 단락에서 말했던 것과 같이 '목초가 줄어들어 그 목초지에서 양을 키워 얻을 수 있는 전체 생산량이 줄어든다.' 따라서 ㉠'농부들의 총이익은 기존보다 감소할 것'이고 이는 ㉡'한 사회의 전체 이윤이 감소하는' 결과를 초래한다.

03

정답 ②

보기에서는 투과율이 비슷한 조직들 간의 구별이 어렵기 때문에 다른 조직과의 투과율 차이가 큰 경우로 한정된다는 X선의 활용 범위의 한계를 제시한다. 두 번째 문단의 마지막 문장에서는 이러한 한계를 극복한 것이 CT라고 말한다.
따라서 ㉠의 위치는 ㉯가 가장 적절하다.

04

정답 ④

제시문의 서론에서 지방은 건강에 반드시 필요한 것이라고 서술하고 있으며, 결론에서는 현대인들의 지방이 풍부한 음식을 찾는 경향이 부작용으로 이어졌다고 한다. 따라서 본론은 (B) 비만과 다이어트의 문제는 찰스 다윈의 진화론과 관련 있음 – (D) 자연선택에서 생존한 종들이 번식하여 자손을 남기게 됨 – (C) 인류의 역사에서 인간이 끼니 걱정을 하지 않고 살게 된 것은 수십 년의 일임 – (A) 생존에 필수적인 능력은 에너지를 몸에 축적하는 능력이었음의 순서가 적절하다.

05

정답 ④

(나)의 첫 문장에 나타난 '위와 같은 급격한 성장'에 관련된 이야기는 주어진 지문에서만 나온다. 따라서 주어진 문단 뒤에는 (나) 문단이 위치해야 한다. (나) 문단의 마지막 질문에 대한 답은 (마) 문단이고, (마) 문단 마지막에 '역선택'이 처음 나오므로, 역선택의 정의를 언급하고 있는 (가) 문단이 뒤에 오는 것이 자연스럽다. 또한 (라)에서 인터넷 쇼핑에 대한 생산자와 소비자의 인식 변화를 촉구하고 있고, (다)에서 그에 따른 소비자와 생산자의 윈윈전략을 소개하고 있다. 따라서 (나) – (마) – (가) – (라) – (다) 순서로 문단이 배열되어야 한다.

06

정답 ③

이소크라테스는 영원불변하는 보편적 지식의 무용성을 주장했을 뿐, 존재 자체를 부정했다는 내용은 본문에서 확인할 수 없다.

오답분석

① 플라톤의 이데아론은 삶과 행위의 구체적이고 실제적인 일상이 무시된 채 본질적이고 이념적인 영역을 추구하고 있다는 비판을 받고 있다.

② 물질만능주의는 모든 관계를 돈과 같은 가치에 연관시켜 생각하는 행위로, 탐욕과 사리사욕을 위한 교육에 매진하는 소피스트들과 일맥상통하는 면이 있다.
④ 이소크라테스는 이데아론의 무용성을 주장하면서 동시에 비도덕적이고 지나치게 사리사욕을 위한 소피스트들의 교육을 비판했다.
⑤ 이소크라테스는 삶과 행위의 문제를 이론적이고도 실제적으로 해석하면서도, 도덕이나 정당화의 문제보다는 변화하는 실제적 행위만 추구한 소피스트들을 비판했기에 훌륭한 말(실제적 문제)과 미덕(도덕과 정당화)을 추구했음을 알 수 있다.

07

정답 ④

고급 수준의 어휘력을 습득하기 위해서는 광범위한 독서를 해야 하므로 평소에 수준 높은 좋은 책들을 읽어야 한다는 결론이 와야 한다.

08

정답 ①

㉡ 일반 시민들이 SNS를 통해 문제를 제기하면서 전통적 언론에서 뒤늦게 그 문제에 대해 보도하는 현상이 생기게 된 것이다.

오답분석

㉠·㉢ 현대의 전통적 언론도 의제설정기능을 수행할 수는 있지만, 과거 언론에 비해 의제설정기능의 역할이 약화되었다.
㉣ SNS로 인해 역의제설정 현상이 강해지고 있다.

09

정답 ③

제시문은 우유니 사막의 위치와 형성, 특징 등 우유니 사막의 자연지리적 특징에 관한 글이다.

10

정답 ②

제시문의 핵심 내용을 보면 '반대는 필수불가결한 것이다.', '자유의지를 가진 국민의 범국가적 화합은 정부의 독단과 반대당의 혁명적 비타협성을 무력화시키는 정치권력의 충분한 균형에 의존하고 있다.', '그 균형이 더 이상 존재하지 않는다면 민주주의는 사라지고 만다.'로 요약할 수 있다. 이 내용을 토대로 주제를 찾는다면 ②와 같은 의미가 전체 내용의 핵심이라는 것을 알 수 있다.

11

정답 ④

신경교 세포가 전체 뉴런을 조정하면서 기억력과 사고력을 향상시킨다고 예상하고서, 인간의 신경교 세포를 갓 태어난 생쥐의 두뇌에 주입하는 실험을 하였다. 그리고 그 실험결과는 이 같은 가설을 뒷받침해주는 결과를 가져왔으므로 옳은 내용이라고 할 수 있다.

오답분석

① 인간의 신경교 세포를 생쥐의 두뇌에 주입하였더니 쥐가 자라면서 주입된 인간의 신경교 세포도 성장했고, 이 세포들이 주위의 뉴런들과 완벽하게 결합되어 쥐의 두뇌 전체에 걸쳐 퍼지게 되었다고 하였다. 그러나 이 과정에서 쥐의 뉴런에 어떠한 영향을 주는지에 대해서는 언급하고 있지 않다.
②·③ 제시문의 실험은 인간의 신경교 세포를 쥐의 두뇌에 주입했을 때의 변화를 살펴본 것이지 인간의 뉴런 세포를 주입한 것이 아니므로 추론할 수 없는 내용이다.
⑤ 쥐에 주입된 인간의 신경교 세포는 그 기능을 그대로 간직한다고 하였으므로 옳지 않은 내용이다.

12

정답 ④

두 번째 문단에 따르면 전문 화가들의 그림보다 문인사대부들의 그림을 더 높이 사는 풍조는 동양 특유의 문화 현상에서만 나타나는 것이므로 서양 문화에서는 아마추어격인 문인사대부들의 그림보다 전문 화가들의 그림을 더 높게 평가하였을 것이다.

오답분석

① 문인사대부들은 정교한 기법이나 기교에 바탕을 둔 장식적인 채색풍을 멀리하였고, 동기창(董其昌)은 정통적인 화공보다 이러한 문인사대부들의 그림을 더 높이 평가하였으므로 옳지 않다.
② 두 개의 회화적 전통이 성립된 곳은 오로지 극동 문화권뿐이라고 하였으므로 옳지 않다.
③ 문방사우를 이용해 그린 문인화(文人畵)는 화공들이 아닌 문인사대부들이 주로 그렸다.
⑤ 동양 문화를 대표하는 지·필·묵은 동양 문화 내에서 사유 매체로서의 기능을 담당한 것이므로 옳지 않다.

13

정답 ③

제시된 글은 국가 기술 정책 수단인 기술 영향 평가가 지니는 문제점과 그러한 문제를 해결하기 위한 새로운 시도들을 평가하고 있다. 두 번째 문단에 따르면 기술의 발전은 인간과 사회에 긍정적인 영향과 부정적인 영향을 동시에 끼치므로 기술에 대한 사회적 통제가 필요하다. 그러나 다섯 번째 문단에 따르면 기술 발전의 방향은 불확실성이 많아 기술의 영향을 정확하게 예측하기 힘들며, 또한 기술 통제를 위해 시행한 기술 정책이 의도하지 않은 결과를 낳을 수도 있다. 그러므로 기술 통제의 성공으로 이어진다는 내용은 적절하지 않다.

14

정답 ①

세 번째 문단에 따르면 초창기의 사후 평가식 기술 영향 평가는 통제의 딜레마에 빠져 원래의 목적을 달성하는 데 한계가 있었다. 네 번째 문단에 따르면 이러한 한계점을 해소하기 위해 사전적이고 과정적인 기술 영향 평가가 등장하였다. 그러나 다섯 번째 문단에 따르면 사전적이고 과정적인 기술 영향 평가 또한 통제의 딜레마를 완전히 해결했다고 답하기는 어렵다. 기술 발전의 방향은 불확실성이 많아 기술의 영향을 정확하게 예측하기 힘들기 때문이다. 그럼에도 불구하고 이러한 기술 영향 평가는 현재로서 취할 수 있는 최선의 기술 정책 수단이다. 이처럼 제시된 글은 문제를 제기한 후 그 문제를 해결하기 위한 방안을 평가하고 있다.

15

정답 ④

세 번째 문단에 따르면 통제의 딜레마는 비록 기술 영향 평가를 통해 어떤 기술이 문제가 많다고 판단할지라도, 그 기술의 개발이 이미 상당히 진행되어 있는 상태라면 그것을 중단시키는 일이 거의 불가능한 상황을 말한다. ④의 경우도 많은 자원을 투입해 기술 개발을 거의 완료했기 때문에 환경오염 가능성이 높다는 것을 알아도 기술 개발을 중단할 수 없는 상황이다.

16

정답 ①

$1\text{m/h}=\frac{1}{3,600}\text{m/s}$이므로, $7,200\text{m/h}=\frac{7,200}{3,600}\text{m/s}=2\text{m/s}$이다.

17

정답 ③

$1\text{m/s}=3.6\text{km/h}$이기 때문에 $26.3452\times3.6=94.84272$이다. 따라서 소수점 셋째 자리에서 반올림하면 94.84가 된다.

18

정답 ②

A, B, C, D항목의 점수를 각각 a, b, c, d점이라고 하자.
각 가중치에 따른 점수는 다음과 같다.

$a+b+c+d=82.5\times4=330$ … ㉠
$2a+3b+2c+3d=83\times10=830$ … ㉡
$2a+2b+3c+3d=83.5\times10=835$ … ㉢

㉠과 ㉡을 연립하면
$a+c=160$ … ⓐ
$b+d=170$ … ⓑ

㉠과 ㉢을 연립하면
$c+d=175$ … ⓒ
$a+b=155$ … ⓓ

각 항목의 만점은 100점이므로 ⓐ와 ⓓ를 통해 최저점이 55점이나 60점인 것을 알 수 있다. 만약 A항목이나 B항목의 점수가 55점이라면 ⓐ와 ⓑ에 의해 최고점이 100점 이상이 되므로 최저점은 60점인 것을 알 수 있다.

따라서 $a=60$, $c=100$이고, 최고점과 최저점의 차는 $100-60=40$점이다.

19

정답 ③

각 학년의 전체 수학 점수의 합을 구하면 다음과 같다.

- 1학년 : $38\times50=1,900$점
- 2학년 : $64\times20=1,280$점
- 3학년 : $44\times30=1,320$점

따라서 전체 수학 점수 평균은 $\frac{1,900+1,280+1,320}{50+20+30}=\frac{4,500}{100}=45$점이다.

20

정답 ⑤

관객 50명 중 A 또는 B영화를 관람한 인원은 $50-15=35$명이다. 또한 B영화만 관람한 관객은 A 또는 B영화를 관람한 인원에서 A영화를 본 관객을 제외하면 되므로 $35-28=7$명임을 알 수 있다. 따라서 관객 50명 중 한 명을 택할 경우 그 관객이 B영화만 관람한 관객일 확률은 $\frac{7}{50}$이다.

21

정답 ③

A팀이 우승하지 못할 경우는 5, 6, 7번째 경기를 모두 질 경우이다. 따라서 A팀이 우승할 확률은
$1-\left(\frac{1}{2}\times\frac{1}{2}\times\frac{1}{2}\right)=1-\frac{1}{8}=\frac{7}{8}$이다.

22

정답 ⑤

임원진 3명 중 남녀가 각 1명 이상씩은 선출되어야 하므로 추천받은 인원(20명)에서 3명을 뽑는 경우에서 남자 또는 여자로만 뽑힐 경우를 제외하는 여사건으로 구한다. 남녀 성비가 6 : 4이므로 남자는 $20\times\frac{6}{10}=12$명, 여자는 $20\times\frac{4}{10}=8$명이며, 남자 3명 또는 여자 3명이 선출되는 경우의 수는 ${}_{12}C_3+{}_8C_3=\frac{12\times11\times10}{3\times2}+\frac{8\times7\times6}{3\times2}=220+56=276$가지가 나온다.

따라서 남녀가 1명 이상씩 선출되는 경우의 수는
${}_{20}C_3-({}_{12}C_3+{}_8C_3)=\frac{20\times19\times18}{3\times2}-276=1,140-276=864$가지이고, 3명 중에 1명은 운영위원장, 2명은 운영위원으로 임명하는 방법은 3가지이다. 따라서 올해 임원으로 선출할 수 있는 경우의 수는 $864\times3=2,592$가지이다.

23

정답 ②

질병에 양성 반응을 보인 사람은 전체 중 95%이고, 그 중 항체가 있는 사람의 비율은 15.2%이므로 항체가 없는 사람은 95.0−15.2=79.8%이다. 다음으로 질병에 음성 반응을 보인 사람은 100−95=5%이므로 음성인데 항체가 있는 사람의 비율은 5−4.2=0.8%이다. 이를 정리하면 다음과 같다.

구분	항체 ×	항체 ○	합계
양성	79.8%	15.2%	95%
음성	4.2%	0.8%	5%
합계	84%	16%	100%

따라서 조사 참여자 중 항체가 있는 사람의 비율은 16%이다.

24

정답 ⑤

충북에 비해 강원의 어린이집 시설 이용률이 가장 낮은 유형은 직장 어린이집이며, 충북은 68.1%인데 비해 강원은 59.2%이므로 8.9%p의 차이를 보인다.

25

정답 ④

2020년 가입자당 월평균 수신료가 가장 높은 방송사는 8,339원인 T-broad이며, 가장 낮은 방송사는 4,552원인 CMB이므로 그 차이는 8,339−4,552=3,787원이다.

26

정답 ②

자료의 분포는 B상품이 더 고르지 못하므로 표준편차는 B상품이 더 크다.

오답분석

① • A : 60+40+50+50=200
  • B : 20+70+60+51=201
③ 봄 판매량의 합은 80으로 가장 적다.
④ 시간이 지남에 따라 둘의 차는 점차 감소한다.
⑤ 여름에 B상품의 판매량이 가장 많다.

27

정답 ③

전 지역의 50대 이상 유권자 수는 6,542천 명이고, 모든 연령대의 유권자 수는 19,305천 명이다. 따라서 전 지역의 유권자 수에서 50대 이상의 유권자 수가 차지하는 비율은 $\frac{6,542}{19,305}\times 100 \fallingdotseq$ 33.9%로 30% 이상 35% 미만이다.

오답분석

① 남성 유권자 수가 다섯 번째로 많은 지역은 전라 지역(1,352천 명)이며, 이 지역의 20대 투표자 수는 (208×0.94)+(177×0.88)=351.28천 명으로 35만 명 이상이다.
② 지역 유권자가 가장 적은 지역은 제주 지역이며, 제주 지역의 유권자 수가 전체 유권자 수에서 차지하는 비율은 $\frac{607+608}{19,305}\times 100=\frac{1,215}{19,305}\times 100 \fallingdotseq 6.3\%$로 6% 이상이다.
④ 20대 여성투표율이 두 번째로 높은 지역은 93%인 충청 지역이며, 충청 지역의 20대 여성 유권자 수는 201천 명이고, 20대 남성 유권자 수는 182천 명이다. 따라서 20대 여성 유권자 수는 20대 남성 유권자 수의 1.2배인 182×1.2=218.4천 명 이하이다.
⑤ 인천의 여성투표율이 세 번째로 높은 연령대는 30대(86%)로 30대의 경상 지역 남녀 투표자수는 남성 231×0.87=200.97천 명, 여성 241×0.91=219.31천 명으로 여성이 남성보다 많다.

28

정답 ③

2015년 고랭지감자의 재배면적은 2016년보다 넓지만 10a당 생산량은 2016년도가 2015년보다 많다.

오답분석

① 2012년 봄감자 생산량은 가을감자 생산량의 $\frac{393,632}{83,652}\fallingdotseq 4.7$배이며, 다른 연도에서도 모두 봄감자는 가을감자보다 4배 이상 생산되었다.
② 감자 생산효율이 높은 것은 적은 면적에서 많은 감자를 생산할 수 있는 것과 같으므로 10a당 생산량을 비교한다. 따라서 10a당 생산량이 높은 순서는 '고랭지감자 → 봄감자 → 가을감자' 순이며, 생산효율도 이와 같다.
④ 직접 모든 감자의 10a당 생산량 평균을 계산하는 것보다 각 감자의 전년 대비 전체 10a당 생산량 합을 구하면 쉽게 비교가 가능하다.

구분	전체 10a당 생산량
2017	2,526+3,875+1,685=8,086kg
2018	2,580+3,407+1,267=7,254kg
2019	2,152+3,049+1,663=6,864kg
2020	2,435+2,652+1,723=6,810kg

따라서 2018 ~ 2020년 동안 전년 대비 모든 감자의 10a당 생산량 합이 감소하고 있으므로 평균도 감소하는 추세이다.
⑤ 봄감자가 가장 많이 생산된 연도는 2015년도이며, 이때 고랭지감자와 가을감자의 재배면적 차이는 3,751−2,702=1,049ha이다.

29

정답 ③

2021년 방송산업 종사자 수는 모두 32,443명이다. '2021년 추세'에서는 지상파(지상파DMB 포함)만 언급하고 있으므로 다른 분야의 인원은 고정되어 있다. 지상파 방송사(지상파DMB 포함)는 전년보다 301명이 늘어났으므로 2020년 방송산업 종사자 수는 32,443−301=32,142명이다.

30

정답 ④

세 번째 조건에 따라 최부장이 회의에 참석하면 이대리도 회의에 참석한다. 이대리가 회의에 참석하면 두 번째 조건의 대우인 '이대리가 회의에 참석하면 조대리는 참석하지 않는다.'에 따라 조대리는 회의에 참석하지 않는다.

또한 최부장이 회의에 참석하면 네 번째 조건의 대우인 '최부장이 회의에 참석하면 박사원도 회의에 참석한다.'에 따라 박사원도 회의에 참석하게 된다. 박사원이 회의에 참석하면 첫 번째 조건의 대우인 '박사원이 회의에 참석하면 한사원도 회의에 참석한다.'에 따라 한사원도 회의에 참석하게 된다.

따라서 최부장이 회의에 참석하면 이대리, 박사원, 한사원은 반드시 참석하므로 총 4명이 회의에 반드시 참석한다. 김과장의 참석 여부는 주어진 조건만으로는 알 수 없다.

31

정답 ③

세 번째 조건의 대우에서 최대리가 승진하면 임대리가 승진한다. 두 번째 조건에서 최대리가 승진하면 박대리와 이대리는 승진하지 못한다. 첫 번째 조건의 대우에서 박대리가 승진하지 못하면 김대리도 승진하지 못한다. 네 번째 조건에서 김대리가 승진하지 못하면 한대리가 승진한다.

따라서 최대리, 임대리, 한대리 3명이 승진한다.

32

정답 ②

첫 번째 조건과 세 번째 조건의 대우(E가 근무하면 B도 근무한다)를 통해 A가 근무하면 E와 B가 근무한다는 결론이 도출된다. 두 번째 조건과 네 번째 조건에서 B가 근무하면 D는 근무하지 않고, C와 F도 근무하지 않는다는 결론이 도출된다.

따라서 두 조는 (A, B, E), (C, D, F)이며, D와 E는 같은 날에 근무할 수 없다.

33

정답 ③

- (가), (나), (라), (마), (바), (아)에 의해 E, F, G가 3층, C, D, I는 2층, A, B, H는 1층에 있다.
- (라)에 의해 2층이 '빈방 – C – D – I' 또는 'I – 빈방 – C – D'임을 알 수 있다.
- (나), (다)에 의해 1층이 'B – A – 빈방 – H' 또는 'H – B – A – 빈방'임을 알 수 있다.
- (마), (사)에 의해 3층이 'G – 빈방 – E – F' 또는 'G – 빈방 – F – E'임을 알 수 있다.

34

정답 ③

세 번째 조건을 이용하여 (지선, 신영, 은이) 또는 (은이, 신영, 지선)의 경우를 도출한다. 그러나 (은이, 신영, 지선)의 경우 두 번째 조건에 위배되므로, (지선, 신영, 은이)의 경우만 가능하다. 첫 번째와 마지막 조건을 이용하면 가능한 조합은 (지선, 주리, 신영, 봉선, 은이) 또는 (지선, 주리, 봉선, 신영, 은이)이다.

따라서 대근이는 화요일에 주리와 만날 것이다.

35

정답 ③

주어진 조건을 표로 정리하면 다음과 같다.

	월	화	수	목	금	토	일
오전	×	○	○	×	×	×	×
오후	×	×	×	×	○	×	×

따라서 상준이는 화요일(오전), 수요일(오전), 금요일(오후)에 운동을 했다.

36

정답 ②

A가 (가) 마을에 살고 있다고 가정하면, B 또는 D는 (가) 마을에 살고 있다. F가 (가) 마을에 살고 있다고 했으므로 C, E는 (나) 마을에 살고 있음을 알 수 있다. 하지만 C는 A, E 중 한 명은 (나) 마을에 살고 있다고 말한 것은 진실이므로 모순이다.

A가 (나) 마을에 살고 있다고 가정하면, B, D 중 한 명은 (가) 마을에 살고 있다는 말은 거짓이므로 B, D는 (나) 마을에 살고 있다. A, B, D가 (나) 마을에 살고 있으므로 나머지 C, E, F는 (가) 마을에 살고 있음을 알 수 있다.

37

정답 ⑤

대화 내용을 살펴보면 영석이의 말에 선영이가 동의했으므로 영석과 선영은 진실 혹은 거짓을 함께 말한다. 이때 지훈은 선영이가 거짓말만 한다고 하였으므로 반대가 된다. 그리고 동현의 말에 정은이가 부정했기 때문에 둘 다 진실일 수 없다. 하지만 정은이가 둘 다 좋아한다는 경우의 수가 있으므로 둘 모두 거짓일 수 있다. 또한 마지막 선영이의 말로 선영이가 진실일 경우에는 동현과 정은은 모두 거짓만을 말하게 된다. 이를 미루어 경우의 수를 표로 나타내 보면 다음과 같다.

구분	경우 1	경우 2	경우 3
동현	거짓	거짓	진실
정은	거짓	진실	거짓
선영	진실	거짓	거짓
지훈	거짓	진실	진실
영석	진실	거짓	거짓

문제에서는 지훈이 거짓을 말할 때, 진실만을 말하는 사람을 찾고 있으므로 선영, 영석이 된다.

38

정답 ①

1) C가 참이면 D도 참이므로 C, D는 모두 참을 말하거나 모두 거짓을 말한다. 그런데 A와 E의 진술이 서로 상치되고 있으므로 둘 중에 한 명은 참이고 다른 한 명은 거짓인데, 만약 C, D가 모두 참이면 참을 말한 사람이 적어도 3명이 되므로 2명만 참을 말한다는 조건에 맞지 않는다. 따라서 C, D는 모두 거짓을 말한다.
2) 1)에서 C와 D가 모두 거짓을 말하고, A와 E 중 1명은 참, 다른 한 명은 거짓을 말한다. 따라서 B는 참을 말한다.
3) 2)에 따라 A와 B가 참이거나 B와 E가 참이다. 그런데 A는 '나와 E만 범행 현장에 있었다.'라고 했으므로 B의 진술(참)인 '목격자는 2명이다'와 모순된다(목격자가 2명이면 범인을 포함해서 3명이 범행 현장에 있어야 하므로). 또한 A가 참일 경우, A의 진술 중 '나와 E만 범행 현장에 있었다.'는 참이면서 E의 '나는 범행 현장에 있었고'는 거짓이 되므로 모순이 된다.

따라서 B와 E가 참이므로, E의 진술에 따라 A가 범인이다.

39

정답 ⑤

주어진 조건을 바탕으로 먹은 음식을 정리하면 다음과 같다.

구분	쫄면	라면	우동	김밥	어묵
민하	×	×	×	×	○
상식	×	○	×	×	×
은희	×	×	○	×	×
은주	×	×	×	○	×
지훈	○	×	×	×	×

따라서 바르게 연결된 것은 민하 – 어묵, 상식 – 라면의 ⑤이다.

40

정답 ①

흔히 우리는 창의적인 사고가 특별한 사람들만이 할 수 있는 대단한 능력이라고 생각하지만, 우리는 일상생활에서 창의적인 사고를 끊임없이 하고 있으며, 이러한 창의적 사고는 누구에게나 있는 능력이다. 예를 들어 어떠한 일을 할 때 더 쉬운 방법이 없을까 고민하는 것 역시 창의적 사고 중 하나로 볼 수 있다.

오답분석

②·③·④·⑤ 모두 창의적 사고에 대한 옳은 설명으로, 이밖에도 창의적 사고란, 발산적(확산적) 사고로서, 아이디어가 많고 다양하고 독특한 것을 의미한다. 이때 이 아이디어란 통상적인 것이 아니라 기발하거나 신기하며 독창적인 것이어야 하며, 또한 유용하고 적절하며 가치가 있어야 한다.

41

정답 ④

조건들을 통해서 적극적인 사람은 활동량이 많으며 활동량이 많을수록 잘 다치고 면역력이 강화된다는 것을 알 수 있다. 활동량이 많지 않은 사람은 적극적이지 않은 사람이며, 적극적이지 않은 사람은 영양제를 챙겨먹는다는 것을 알 수 있다.
즉, 영양제를 챙겨먹으면 면역력이 강화되는지는 알 수 없다.

오답분석

① 1번째 조건, 2번째 조건의 대우를 통해 추론할 수 있다.
② 1번째 조건, 3번째 조건을 통해 추론할 수 있다.
③ 2번째 조건, 1번째 조건의 대우, 4번째 조건을 통해 추론할 수 있다.
⑤ 1번째 조건의 대우, 2번째 조건을 통해 추론할 수 있다.

42

정답 ⑤

대우 명제를 활용하여 정리하면 다음과 같다.

• 원두 소비량 감소 → 원두 수확량 감소
  [대우] 원두 수확량 감소 × → 원두 소비량 감소 ×
• 원두 수확량 감소 → 원두 가격 인상
  [대우] 원두 가격 인상 × → 원두 수확량 감소 ×
• 원두 수확량 감소 × → 커피 가격 인상 ×
  [대우] 커피 가격 인상 → 원두 수확량 감소

원두 수확량이 감소하지 않으면 원두 소비량이 감소하지 않고 커피의 가격이 인상되지 않는다. 그러나 원두 소비량과 커피 가격 인상 간의 관계는 알 수 없다.

오답분석

① 세 번째 문장의 대우 명제이다.
  원두 수확량 감소 × → 커피 가격 인상 ×
  [대우] 커피 가격 인상 → 원두 수확량 감소
② 세 번째 문장의 대우 명제와 두 번째 문장을 다음과 같이 정리하면 옳은 추론이다.
  커피 가격 인상 → 원두 수확량 감소 → 원두 가격 인상
③ 첫 번째 문장의 대우 명제로 옳은 추론이다.
④ 두 번째 문장의 대우 명제로 옳은 추론이다.

43

정답 ④

경영참가제도의 가장 큰 목적은 경영의 민주성을 제고하는 것이다. 근로자 또는 노동조합이 경영과정에 참여하여 자신의 의사를 반영함으로써 공동으로 문제를 해결하고, 노사 간의 세력 균형을 이룰 수 있다.

오답분석

① 근로자와 노동조합이 경영과정에 참여함으로써, 경영자의 고유한 권리인 경영권은 약화된다.
②·⑤ 경영능력이 부족한 근로자가 경영에 참여할 경우 합리적인 의사결정이 어렵고, 의사결정이 늦어질 수 있다.

③ 노동조합의 대표자가 소속 조합원의 노동조건과 기타 요구조건에 관하여 경영자와 대등한 입장에서 교섭하는 노동조합의 단체교섭 기능은 경영참가제도를 통해 경영자의 고유한 권리인 경영권을 약화시키고, 오히려 경영참가제도를 통해 분배문제를 해결함으로써 노동조합의 단체교섭 기능이 약화될 수 있다.

44

정답 ①

기준의 내용에서 '인적자원개발 강조', '새로운 자원 발굴', '목표달성과 경쟁에서 이기는 것 강조', '영속성과 안정성 강조'의 내용을 볼 때 전략적 강조점이 기준척도로 가장 적절함을 알 수 있다.

45

정답 ④

조직 내 갈등은 업무시간을 지체시키고, 정신적인 스트레스를 가져오지만 항상 부정적인 결과만을 초래하는 것은 아니다. 갈등은 새로운 시각에서 문제를 바라보게 하고, 다른 업무에 대한 이해를 증진시켜주며, 조직의 침체를 예방해주기도 한다.

46

정답 ①

㉠ 원가우위 : 원가절감을 통해 해당 산업에서 우위를 점하는 전략
㉡ 차별화 : 조직이 생산품이나 서비스를 차별화하여 고객에게 가치가 있고 독특하게 인식되도록 하는 전략
㉢ 집중화 : 한정된 시장을 원가우위나 차별화 전략을 사용하여 집중적으로 공략하는 전략

47

정답 ①

가. 간트 차트는 단계별로 업무를 시작해서 끝나는 데 걸리는 시간을 바(Bar) 형식으로 표시한 것으로 전체 일정을 한눈에 볼 수 있고, 단계별로 소요되는 시간과 각 업무활동 사이의 관계를 알 수 있다.

오답분석

나. 체크리스트는 업무의 각 단계를 효과적으로 수행했는지를 스스로 점검해 볼 수 있는 도구로, 시간의 흐름을 표현하는 데에는 한계가 있지만, 업무를 세부적인 활동들로 나누고 각 활동별로 기대되는 수행수준을 달성했는지 확인하는 것에 효과적이다.
다. 워크 플로 시트는 일의 흐름을 동적으로 보여 주는 데 효과적인 것으로 도형을 다르게 표현함으로써 주된 작업과 부차적인 작업, 혼자 처리할 수 있는 일과 다른 사람의 협조를 필요로 하는 일, 주의해야 할 일, 컴퓨터와 같은 도구를 사용해서 할 일 등을 구분해서 표현할 수 있다.

48

정답 ⑤

홍보용 보도 자료 작성은 주로 홍보팀의 업무이며, 물품 구매는 주로 총무팀의 업무이다. 즉, 영업팀이 아닌 홍보팀이 홍보용 보도자료를 작성해야 하며, 홍보용 사은품 역시 직접 구매하는 것이 아니라 홍보팀이 총무팀에 업무협조를 요청하여 총무팀이 구매하도록 하여야 한다.

49

정답 ②

고급 포장과 스토리텔링은 모두 수제 초콜릿의 강점에 해당되므로 SWOT 분석에 의한 마케팅 전략으로 볼 수 없다. SO전략과 ST전략으로 보일 수 있으나, 기회를 포착하거나 위협을 회피하는 모습을 보이지 않기에 적절하지 않다.

오답분석

① 값비싼 포장(약점)을 보완하여 좋은 식품에 대한 인기(기회)에 발맞춰 홍보함으로써 WO전략에 해당된다.
③ 수제 초콜릿의 스토리텔링(강점)을 포장에 명시하여 소비자들의 요구를 충족(기회)시키는 SO전략에 해당된다.
④ 소비자가 수제 초콜릿의 존재를 모르는 것(약점)을 마케팅을 강화하는 방법으로 대기업과의 경쟁(위협)을 이겨내는 WT전략에 해당된다.
⑤ 수제 초콜릿의 풍부한 맛(강점)을 알리고, 맛을 보기 전에는 알 수 없는 일반 초콜릿과의 차이(위협)도 알리는 ST전략에 해당된다.

50

정답 ③

오전 반차를 사용한 이후 14시부터 16시까지 미팅 업무가 있는 J대리는 택배 접수 마감 시간인 16시 이전에 행사 용품 오배송건 반품 업무를 진행할 수 없다.

오답분석

① K부장은 G과장에게 부서장 대리로서 회의에 참석해 달라고 하였다.
② ○○프로젝트 보고서 초안 작성 업무는 해당 프로젝트 회의에 참석한 G과장이 담당하는 것이 적절하다.
④・⑤ 사내 교육 프로그램 참여 이후 17시 전까지 주요 업무가 없는 L사원과 O사원은 우체국 방문 및 등기 발송 업무나 사무용품 주문서 작성 업무를 담당할 수 있다.

학습플래너

Date 202 . . . **D-7** **공부시간 3H50M**

- 사람으로서 할 수 있는 최선을 다한 후에는 오직 하늘의 뜻을 기다린다.
-
-

과목	내용	체크
모의고사	제1회 모의고사	○

MEMO

〈절취선〉

학습플래너

Date . . . D- 공부시간 H M

◎
◎
◎

과목	내용	체크

MEMO

〈절취선〉

한국환경공단 최종모의고사 답안카드

성 명

지원 분야

문제지 형별기재란	
( )형	Ⓐ Ⓑ

수 험 번 호						
⓪	⓪	⓪	⓪	⓪	⓪	⓪
①	①	①	①	①	①	①
②	②	②	②	②	②	②
③	③	③	③	③	③	③
④	④	④	④	④	④	④
⑤	⑤	⑤	⑤	⑤	⑤	⑤
⑥	⑥	⑥	⑥	⑥	⑥	⑥
⑦	⑦	⑦	⑦	⑦	⑦	⑦
⑧	⑧	⑧	⑧	⑧	⑧	⑧
⑨	⑨	⑨	⑨	⑨	⑨	⑨

감독위원 확인
㊞ 인

번호						번호						번호					
1	①	②	③	④	⑤	21	①	②	③	④	⑤	41	①	②	③	④	⑤
2	①	②	③	④	⑤	22	①	②	③	④	⑤	42	①	②	③	④	⑤
3	①	②	③	④	⑤	23	①	②	③	④	⑤	43	①	②	③	④	⑤
4	①	②	③	④	⑤	24	①	②	③	④	⑤	44	①	②	③	④	⑤
5	①	②	③	④	⑤	25	①	②	③	④	⑤	45	①	②	③	④	⑤
6	①	②	③	④	⑤	26	①	②	③	④	⑤	46	①	②	③	④	⑤
7	①	②	③	④	⑤	27	①	②	③	④	⑤	47	①	②	③	④	⑤
8	①	②	③	④	⑤	28	①	②	③	④	⑤	48	①	②	③	④	⑤
9	①	②	③	④	⑤	29	①	②	③	④	⑤	49	①	②	③	④	⑤
10	①	②	③	④	⑤	30	①	②	③	④	⑤	50	①	②	③	④	⑤
11	①	②	③	④	⑤	31	①	②	③	④	⑤						
12	①	②	③	④	⑤	32	①	②	③	④	⑤						
13	①	②	③	④	⑤	33	①	②	③	④	⑤						
14	①	②	③	④	⑤	34	①	②	③	④	⑤						
15	①	②	③	④	⑤	35	①	②	③	④	⑤						
16	①	②	③	④	⑤	36	①	②	③	④	⑤						
17	①	②	③	④	⑤	37	①	②	③	④	⑤						
18	①	②	③	④	⑤	38	①	②	③	④	⑤						
19	①	②	③	④	⑤	39	①	②	③	④	⑤						
20	①	②	③	④	⑤	40	①	②	③	④	⑤						

※ 본 답안지는 마킹연습용 모의 답안지입니다.

<절취선>

한국환경공단 최종모의고사 답안카드

성 명

지원 분야

문제지 형별기재란	
(　　　)형	Ⓐ Ⓑ

수 험 번 호						
⓪	⓪	⓪	⓪	⓪	⓪	⓪
①	①	①	①	①	①	①
②	②	②	②	②	②	②
③	③	③	③	③	③	③
④	④	④	④	④	④	④
⑤	⑤	⑤	⑤	⑤	⑤	⑤
⑥	⑥	⑥	⑥	⑥	⑥	⑥
⑦	⑦	⑦	⑦	⑦	⑦	⑦
⑧	⑧	⑧	⑧	⑧	⑧	⑧
⑨	⑨	⑨	⑨	⑨	⑨	⑨

감독위원 확인
㉧

번호						번호						번호					
1	①	②	③	④	⑤	21	①	②	③	④	⑤	41	①	②	③	④	⑤
2	①	②	③	④	⑤	22	①	②	③	④	⑤	42	①	②	③	④	⑤
3	①	②	③	④	⑤	23	①	②	③	④	⑤	43	①	②	③	④	⑤
4	①	②	③	④	⑤	24	①	②	③	④	⑤	44	①	②	③	④	⑤
5	①	②	③	④	⑤	25	①	②	③	④	⑤	45	①	②	③	④	⑤
6	①	②	③	④	⑤	26	①	②	③	④	⑤	46	①	②	③	④	⑤
7	①	②	③	④	⑤	27	①	②	③	④	⑤	47	①	②	③	④	⑤
8	①	②	③	④	⑤	28	①	②	③	④	⑤	48	①	②	③	④	⑤
9	①	②	③	④	⑤	29	①	②	③	④	⑤	49	①	②	③	④	⑤
10	①	②	③	④	⑤	30	①	②	③	④	⑤	50	①	②	③	④	⑤
11	①	②	③	④	⑤	31	①	②	③	④	⑤						
12	①	②	③	④	⑤	32	①	②	③	④	⑤						
13	①	②	③	④	⑤	33	①	②	③	④	⑤						
14	①	②	③	④	⑤	34	①	②	③	④	⑤						
15	①	②	③	④	⑤	35	①	②	③	④	⑤						
16	①	②	③	④	⑤	36	①	②	③	④	⑤						
17	①	②	③	④	⑤	37	①	②	③	④	⑤						
18	①	②	③	④	⑤	38	①	②	③	④	⑤						
19	①	②	③	④	⑤	39	①	②	③	④	⑤						
20	①	②	③	④	⑤	40	①	②	③	④	⑤						

※ 본 답안지는 마킹연습용 모의 답안지입니다.

한국환경공단 최종모의고사 답안카드

성 명

지원 분야

문제지 형별기재란	
(　　　)형	Ⓐ Ⓑ

수 험 번 호						
⓪	⓪	⓪	⓪	⓪	⓪	⓪
①	①	①	①	①	①	①
②	②	②	②	②	②	②
③	③	③	③	③	③	③
④	④	④	④	④	④	④
⑤	⑤	⑤	⑤	⑤	⑤	⑤
⑥	⑥	⑥	⑥	⑥	⑥	⑥
⑦	⑦	⑦	⑦	⑦	⑦	⑦
⑧	⑧	⑧	⑧	⑧	⑧	⑧
⑨	⑨	⑨	⑨	⑨	⑨	⑨

감독위원 확인
(인)

번호						번호						번호					
1	①	②	③	④	⑤	21	①	②	③	④	⑤	41	①	②	③	④	⑤
2	①	②	③	④	⑤	22	①	②	③	④	⑤	42	①	②	③	④	⑤
3	①	②	③	④	⑤	23	①	②	③	④	⑤	43	①	②	③	④	⑤
4	①	②	③	④	⑤	24	①	②	③	④	⑤	44	①	②	③	④	⑤
5	①	②	③	④	⑤	25	①	②	③	④	⑤	45	①	②	③	④	⑤
6	①	②	③	④	⑤	26	①	②	③	④	⑤	46	①	②	③	④	⑤
7	①	②	③	④	⑤	27	①	②	③	④	⑤	47	①	②	③	④	⑤
8	①	②	③	④	⑤	28	①	②	③	④	⑤	48	①	②	③	④	⑤
9	①	②	③	④	⑤	29	①	②	③	④	⑤	49	①	②	③	④	⑤
10	①	②	③	④	⑤	30	①	②	③	④	⑤	50	①	②	③	④	⑤
11	①	②	③	④	⑤	31	①	②	③	④	⑤						
12	①	②	③	④	⑤	32	①	②	③	④	⑤						
13	①	②	③	④	⑤	33	①	②	③	④	⑤						
14	①	②	③	④	⑤	34	①	②	③	④	⑤						
15	①	②	③	④	⑤	35	①	②	③	④	⑤						
16	①	②	③	④	⑤	36	①	②	③	④	⑤						
17	①	②	③	④	⑤	37	①	②	③	④	⑤						
18	①	②	③	④	⑤	38	①	②	③	④	⑤						
19	①	②	③	④	⑤	39	①	②	③	④	⑤						
20	①	②	③	④	⑤	40	①	②	③	④	⑤						

※ 본 답안지는 마킹연습용 모의 답안지입니다.

〈절취선〉

한국환경공단 최종모의고사 답안카드

성 명

지원 분야

문제지 형별기재란	
(　　　)형	Ⓐ Ⓑ

수 험 번 호						
⓪	⓪	⓪	⓪	⓪	⓪	⓪
①	①	①	①	①	①	①
②	②	②	②	②	②	②
③	③	③	③	③	③	③
④	④	④	④	④	④	④
⑤	⑤	⑤	⑤	⑤	⑤	⑤
⑥	⑥	⑥	⑥	⑥	⑥	⑥
⑦	⑦	⑦	⑦	⑦	⑦	⑦
⑧	⑧	⑧	⑧	⑧	⑧	⑧
⑨	⑨	⑨	⑨	⑨	⑨	⑨

감독위원 확인
인

1	①	②	③	④	⑤	21	①	②	③	④	⑤	41	①	②	③	④	⑤
2	①	②	③	④	⑤	22	①	②	③	④	⑤	42	①	②	③	④	⑤
3	①	②	③	④	⑤	23	①	②	③	④	⑤	43	①	②	③	④	⑤
4	①	②	③	④	⑤	24	①	②	③	④	⑤	44	①	②	③	④	⑤
5	①	②	③	④	⑤	25	①	②	③	④	⑤	45	①	②	③	④	⑤
6	①	②	③	④	⑤	26	①	②	③	④	⑤	46	①	②	③	④	⑤
7	①	②	③	④	⑤	27	①	②	③	④	⑤	47	①	②	③	④	⑤
8	①	②	③	④	⑤	28	①	②	③	④	⑤	48	①	②	③	④	⑤
9	①	②	③	④	⑤	29	①	②	③	④	⑤	49	①	②	③	④	⑤
10	①	②	③	④	⑤	30	①	②	③	④	⑤	50	①	②	③	④	⑤
11	①	②	③	④	⑤	31	①	②	③	④	⑤						
12	①	②	③	④	⑤	32	①	②	③	④	⑤						
13	①	②	③	④	⑤	33	①	②	③	④	⑤						
14	①	②	③	④	⑤	34	①	②	③	④	⑤						
15	①	②	③	④	⑤	35	①	②	③	④	⑤						
16	①	②	③	④	⑤	36	①	②	③	④	⑤						
17	①	②	③	④	⑤	37	①	②	③	④	⑤						
18	①	②	③	④	⑤	38	①	②	③	④	⑤						
19	①	②	③	④	⑤	39	①	②	③	④	⑤						
20	①	②	③	④	⑤	40	①	②	③	④	⑤						

※ 본 답안지는 마킹연습용 모의 답안지입니다.

2023 최신판 한국환경공단 NCS FINAL 실전 최종모의고사 7회분 + 무료NCS특강

개정3판1쇄 발행	2023년 03월 20일 (인쇄 2023년 02월 02일)
초 판 발 행	2021년 10월 25일 (인쇄 2021년 10월 06일)
발 행 인	박영일
책 임 편 집	이해욱
편 저	NCS직무능력연구소
편 집 진 행	김미진 · 구현정
표지디자인	조혜령
편집디자인	김지수 · 곽은슬
발 행 처	(주)시대고시기획
출 판 등 록	제10-1521호
주 소	서울시 마포구 큰우물로 75 [도화동 538 성지 B/D] 9F
전 화	1600-3600
팩 스	02-701-8823
홈 페 이 지	www.sdedu.co.kr
I S B N	979-11-383-4312-1 (13320)
정 가	17,000원

※ 이 책은 저작권법의 보호를 받는 저작물이므로 동영상 제작 및 무단전재와 배포를 금합니다.
※ 잘못된 책은 구입하신 서점에서 바꾸어 드립니다.

SD에듀가 합격을 준비하는 당신에게 제안합니다.

성공의 기회! SD에듀를 잡으십시오.

성공의 Next Step!

결심하셨다면 지금 당장 실행하십시오.
SD에듀와 함께라면 문제없습니다.

기회란 포착되어 활용되기 전에는
기회인지조차 알 수 없는 것이다.

– 마크 트웨인 –

합격의 공식 SD에듀

SD에듀

공기업 취업을 위한 NCS 직업기초능력평가 시리즈

NCS 모듈부터 실전까지 "기본서" 시리즈

공기업 취업의 기초부터 차근차근! 취업의 문을 여는 Master Key!

NCS 영역별 체계적 학습 "합격노트" 시리즈

영역별 핵심이론부터 모의고사까지! 단계별 학습을 통한 Only Way!

기업별 맞춤 학습 "기업별 NCS" 시리즈

공기업 취업의 기초부터 합격까지! 취업의 문을 여는 **Hidden Key!**

기업별 기출문제 "기출이 답이다" 시리즈

역대 기출문제와 주요 공기업 기출문제를 한 권에! 합격을 위한 **One Way!**

시험 직전 마무리 "봉투모의고사" 시리즈

실제 시험과 동일하게 마무리! 합격을 향한 **Last Spurt!**

※ **기업별 시리즈** : 부산교통공사/한국가스공사/LH 한국토지주택공사/한국공항공사/건강보험심사평가원/국민연금공단/인천국제공항공사/한국수력원자력/한국중부발전/한국환경공단/부산환경공단/한국국토정보공사/SR/신용보증기금&기술보증기금/도로교통공단/한국지역난방공사/한국마사회/한국도로공사/강원랜드/발전회사/항만공사 등

※도서의 이미지 및 구성은 변동될 수 있습니다.

현재 나의 실력을 객관적으로 파악해 보자!

모바일 OMR 답안채점 / 성적분석 서비스

도서에 수록된 모의고사에 대한 객관적인 결과(정답률, 순위)를 종합적으로 분석하여 제공합니다.

OMR 입력

성적분석

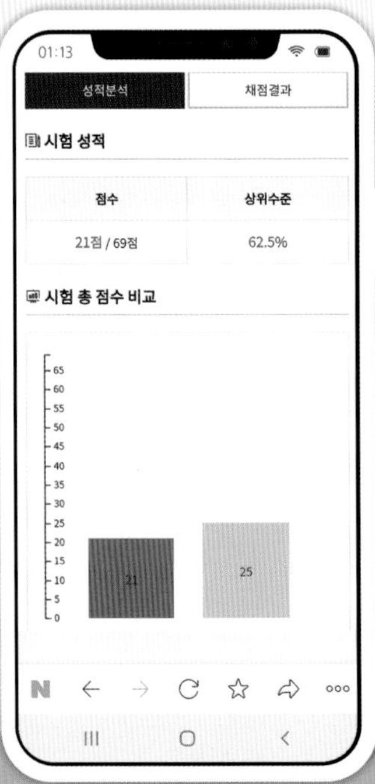

채점결과

※OMR 답안채점 / 성적분석 서비스는 등록 후 30일간 사용 가능합니다.

참여 방법

도서 내 모의고사 우측 상단에 위치한 QR코드 찍기 →  로그인 하기 →  '시작하기' 클릭 →  '응시하기' 클릭 → 나의 답안을 모바일 OMR 카드에 입력 →  '성적분석 & 채점결과' 클릭 →  현재 내 실력 확인하기